初中化学
学业评价与教学策略

杨剑春 陆建源 吴烟波 沈正斌 编著

南京师范大学出版社

图书在版编目（CIP）数据

初中化学学业评价与教学策略 / 杨剑春等编著. —
南京：南京师范大学出版社，2016.6
ISBN 978-7-5651-2585-0

Ⅰ.①初… Ⅱ.①杨… Ⅲ.①中学化学课－教学研究
－初中 Ⅳ.①G633.82

中国版本图书馆 CIP 数据核字（2016）第 069049 号

书　　名	初中化学学业评价与教学策略
编　　著	杨剑春　陆建源　吴烟波　沈正斌
责任编辑	仝玉林
出版发行	南京师范大学出版社
地　　址	江苏省南京市宁海路 122 号（邮编：210097）
电　　话	（025）83598919（总编办）　83598412（营销部）　83598297（邮购部）
网　　址	http://www.njnup.com
电子信箱	nspzbb@163.com
印　　刷	镇江中山印务有限公司
开　　本	787 毫米×960 毫米　1/16
印　　张	16.25
字　　数	292 千
版　　次	2016 年 6 月第 1 版　2016 年 6 月第 1 次印刷
书　　号	ISBN 978-7-5651-2585-0
定　　价	45.00 元
出 版 人	彭志斌

南京师大版图书若有印装问题请与销售商调换
版权所有　侵犯必究

前　言

课程标准拟定的教学目标,是一系列基本的学习要求,达成这一系列目标的主旨是提高科学素养。我们在研究与编写《初中化学教学建议》和《课程标准的教学解析和实施建议·化学(九年级)》的历程中,研究了《义务教育化学课程标准》的教学解析及实施建议;研究了从学生学习及评价的角度对学生应该知道什么和能够做什么进行具体描述;研究了将相关目标解析为学生达成"三维目标"的具体要求;研究了科学地制订"评价双向细目表",并据此来编制试题,对学生进行科学、准确的评价,以提升教学过程的示范性和可操作性。

本书分为两大部分:第一部分为初中化学分单元阶段评价与教学策略,根据人教版义务教科书结构体系进行编写,主要以人教版义务教科书的教学为基础,也兼顾其他版本教材的教学,每单元内容由"单元教学目标""评价案例分析""学习评价策略"和"学业评价样例"四个方面组成。第二部分为初中化学年段评价分析与教学建议,撰写了近三年南京市中考化学质量分析报告。

1. 单元教学目标。在梳理课标、分析教材和学情调查的基础上,结合实际教学需要,罗列出每单元需要达成的教学目标。

2. 评价案例分析。基于教学案例,就各节重点知识,教师在教学中的教学策略和方法,进行理论和实践层面的分析。

3. 学习评价策略。提出各单元中某些知识点的评价标准与建议,列出细化的评价指标,制订相应的评价量规,提供一定的评价方法的具体示例,同时给出学生完成任务的样品,并对其评分和评述。

4. 学业评价样例。根据每单元的重难点,列出每单元的评价目标细目表,并提供了一定的评价样题(从评价内容、评价意图、预估难度和参考答案四个维度出发,设计了相关样题,并对其进行评述)、单元质量评价题型细目表,使教师在设计练习对学生进行评价时,更加科学、全面、准确,体现大数据分析的目标导向。

本书由南京市教学研究室杨剑春老师领衔,并对全书进行了策划和统稿,由杨剑春、陆建源、吴烟波和沈正斌共同编著。周波、朱雪琴、汤福生、朱浩遐、韩恩峰、刘亚男、庄山等参加了本书部分内容的实验教学。教授级高级教师、金陵中学孙夕礼校长及南京市学科带头人陈敏兰、杨剑春(高淳一中副校长)等进行了审读并提出了宝贵的意见。

由于水平和时间所限,书中谬误之处在所难免,敬请各位指正。

杨剑春

2016 年 3 月

目 录

前言 / 1

绪论 / 1

第一部分　初中化学分单元阶段评价与教学策略 / 5

01　"第一单元　走进化学世界"评价与教学策略 / 7

02　"第二单元　我们周围的空气"评价与教学策略 / 21

03　"第三单元　物质构成的奥秘"评价与教学策略 / 34

04　"第四单元　自然界的水"评价与教学策略 / 47

05　"第五单元　化学方程式"评价与教学策略 / 60

06　"第六单元　碳和碳的氧化物"评价与教学策略 / 74

07　"第七单元　燃料及其利用"评价与教学策略 / 88

08　"第八单元　金属和金属材料"评价与教学策略 / 100

09　"第九单元　溶液"评价与教学策略 / 111

10　"第十单元　酸和碱"评价与教学策略 / 124

11　"第十一单元　盐　化肥"评价与教学策略 / 135

12　"第十二单元　化学与生活"评价与教学策略 / 145

第二部分　初中化学年段评价分析与教学建议 / 159

01　2013年南京市中考化学质量分析报告 / 161

02　2014年南京市中考化学质量分析报告 / 193

03　2015年南京市中考化学质量分析报告 / 219

主要参考文献 / 254

绪 论

　　学业评价是教学中的重要环节,实施有效的学业评价不但可以检查学生的学习情况、提高学生学习积极性、促进学生全面发展,而且可以为教师的教学提供重要的参考和帮助。学业评价方法必须是合适的,即使在同一门学科中,也应根据不同单元的教学内容和教学目标选择有针对性的学业评价手段,千篇一律必将导致可信性和有效性的缺乏。当前,各中学的学业评价依然主要是通过纸笔测试来进行,往往根据经典测量理论(CTT),以班级均分、及格率、优秀率以及试卷的难度、区分度等为据进行学业评价,尽管这种传统的单一的学业评价也能发挥激励作用,但也使部分中学生因成绩不佳而缺乏成就感。近年来国内的教育工作者已经对学业评价进行了许多研究工作,但是这些研究和实践还大多停留在理论主体上,而区域实施的研究成果则很少,学业评价改革滞后,学业评价的导向功能远没有得到充分利用,学生和教师在教与学中应用学业评价也缺少内在动力。

　　南京市在新课程化学学业评价标准的实践上做了有益的探索,南京地区在新课程初中化学学业评价标准的开发与区域教学质量监控的研究方面取得了突破性进展,在实施方面进行了一定的尝试,期待在实施新课程初中化学学业评价标准和区域性质量监控方面取得更大成效。

　　化学学业评价标准的实施策略就是以新课程下义务教育阶段学生学业评价为研究对象,以《义务教育化学课程标准(2011年版)》和《初中化学学业评价标准》为基本检测依据,主要研究学生学习活动过程中比较明确的学习水平测试,以及在学习活动过程中所反映出来的学习质量或学业水平的价值检测评估和确认,以此作为指导学校教师的教学与评价活动的依据,提出评价样例和实施建议,本书主要编写的是初中化学分单元阶段和学段的评价、教学策略与教学建议。

　　化学学业评价标准,是经过一定阶段的学习后,对学生应该知道什么和能够做什么的具体描述,是对学生掌握知识与技能、形成相关能力、获得相应情感体验和价值观所提出的要求。化学学科是以实验为基础的自然科学,在评价中应注意学生参与科学实验活动情况的评价。同时注意有效衡量学生是否达到课程标准的三维目标,不仅要重视终结性评价,而且要将评价贯穿于日常的教育教学活动中,发挥评价的教育功能,突出学生发展和变化的过程。

初中化学学业评价要抓住三个关键点,分别是:评价要点、评价指标和评价样例。

评价要点:是指对各主题下的教学内容进行合理加工后确定的教学要点。确定评价要点有利于帮助教师在实际教学和评价中抓住重点,更好地把握教学内容的深度和广度。

评价指标:是指在学习本主题内容后,从三个领域(三维目标)对学生期望获得的学业成就进行描述。

评价样例:是指对某个发展指标的评价,给出一个评价方法的具体示例,最好同时给出学生完成任务的样品,并对其评分。

教学目标是指教学活动主体在具体教学活动中所要达到的预期学习结果,包括"知识与技能、过程与方法、情感态度与价值观"三个方面,它是课堂教学的核心和灵魂,是教学内容的纲领性要点,是教学活动的指南性提示,是教学结果的评价性标准,是整个课堂教学行为的导向,更是教学的灵魂。

学业评价与教学都需要一定的策略。"策略"一词原指大规模军事行动的计划和指挥,是美国学者埃金等较早地将"策略"一词引入教学领域并进行研究的。自20世纪90年代以来,"教学策略"一词广泛应用于教育文献之中,也是目前教学问题研究中的新热点之一。

教学策略是实施教学过程的教学思想、方法模式、技术手段这三方面动因的最优化框架式集成整体,是教学思维对其三方面动因进行思维策略加工而形成的方法模式。教学策略是为实现某一教学目标而制订的、付诸教学过程实施的整体方案,它包括合理组织教学过程,选择具体的教学方法和材料,制订教师与学生所遵守的教学行为程序。

评价实施策略就是指依据评价标准确立量化和质性(即定量和定性)相结合的初中化学学业评价实施方法和对评价学生是否达到各目标所用实施方法的建议。具体来说就是在一定的教学情境中为了实现某一教学目标,预先根据教学目标自身特点或可能出现的问题制订的若干对应的方案,以一定的教学理论为指导,以最优化的方案来完成教学目标和适应学情的需要,并能通过选择恰当的教学技术达到教学目标的教学措施和程序的组合。并且，在实现教学目标的过程中，能根据形势的发展和变化来制订出新的方案，或者根据学情的发展和变化来选择相应的方案，最终实现目标。

本书是在南京大学方成院士、人民教育出版社王晶女士、陈晨先生及南京师范大学附属实验学校陆一鹏先生的关怀下，在江苏省中小学教学研究室朱纷女士、金陵中学孙夕礼先生的具体指导下，由南京市教学研究室杨剑春带领项目组成员在实践研究的基础上，继《初中化学教学建议》《化学教学前沿的智慧》《课程标准的教学解析和实施建议·化学（九年级）》《高中新课程实践引领·化学》《初中化学学业评价与质量分析的研究》之后的又一部新作，是在上述著作中阐述了课标解读、教学内容分析、教学目标定位、实验活动评价、讨论等活动评价、概念形成评价、调查活动评价、教学实施建议、学业评价建议等基础上，力求实行新课程初高中学段化学教学的衔接、课时目标和单元目标的衔接，明确新课程教学要求和阶段学业评价标准的评价样例和教学策略，为学生学业评价标准的实施打下坚实的基础。

本书的内容，可以帮助教师搭建课标与教材的桥梁，使教师可以更好地发挥评价的激励和导向功能，突出过程性评价和发展性评价，帮助学生树立目标、建立自信，激发内在发展动力，真正地关注学生知识与技能、过程与方法、情感态度与价值观等的全面发展。

第一部分

初中化学分单元阶段评价与教学策略

第一部分

初中生七年级数学单元目标教学设计

01 "第一单元 走进化学世界"评价与教学策略

一、单元教学目标

本单元作为中学化学起步阶段的学习内容,在激发学生学习化学的兴趣,认识学习化学的重要性,树立学好化学的信心等方面起着积极的作用。同时本单元作为化学的启蒙教育,在培养和提高学生的创新精神和实践能力,积极主动地与他人进行交流,正确地进行自我评价和相互评价,逐步掌握在化学学习中紧密联系实际,通过实验、观察、调查、资料收集、阅读、讨论、辩论等积极的学习方式获取化学知识等方面也起着先导作用。

本单元的教学目标是:①通过对日常生活现象和化学实验现象的观察和分析,初步理解化学变化、物理变化的概念。②在关于物质性质的描述中,能够初步区分哪些属于物理性质,哪些属于化学性质。③注意培养学生科学的观察和分析能力,并使他们受到科学态度和科学方法的教育。④认识实验是化学学习的重要途径,初步学会对实验现象进行观察和描述,知道记录应包括:物质发生化学变化的条件,物质变化前的颜色、状态,变化过程中的现象,变化后生成物的颜色、状态。⑤初步认识蜡烛及其燃烧情况。认识吸入空气和呼出气体成分的差异。通过探究活动了解化学学习的特点。⑥了解实验室规则,初步养成良好的实验习惯。⑦了解常用危险化学品标志。了解化学试剂取用原则,学会药品取用的方法(粉末状、块状、液体药品的取用,量筒、滴管的使用等)。了解酒精灯使用的注意事项,初步学会给试管里的液体或固体物质加热的方法。⑧初步学会玻璃仪器的洗涤方法。

本单元包括"物质的变化和性质""化学是一门以实验为基础的科学"和"走进化学实验室"三个课题的教学内容,是以最基础的化学概念和方法为主的学习内容,丰富多彩,但学科性较强。教材注意创设良好的学习情境,从日常生活现象与化学实验出发,突出了化学是一门以实验为基础的科学,引导学生体会化学实验是获取化学知识和学习科学探究方法等的重要手段。

二、评价案例分析

《义务教育化学课程标准(2011年版)》指出,实验是学生学习化学、实现科学探究的重要途径。在课程目标中要求学生"初步形成基本的化学实验技能,能设计和完成一些简单的化学实验"。在内容标准中要求达到的目标是"能积极参与做化学实验;能顺利地完成实验操作;能在实验操作中注意观察和思考结合"。

如何达到以上的目标,实施好化学实验教育是必不可少的。教师在实施化学实验教学中应有一定的手段和方法,要求教师立足于学生已有的认知水平,精心设计每个实验,合理组织教材内容,展开教学活动,使学生获得知识和技能的同时,智能得到发展,创新能力得到加强。

教师的启发式讲授能使学生深刻地理解化学实验。在初中化学实验教学策略中,教师的启发讲授是起主导及核心作用的。通过教师的启发讲授,能够使课堂上的诸多知识内容及讨论的话题,在学生的思维中巧妙地连接起来,帮助学生正确理解该实验的教学目标,启迪和引导学生进行有效观察和有序操作,适时地纠正学生的错误操作,解答学生在实验中遇到的疑难,引导学生结合实验事实和理解进行总结和概括。

教师在启发讲授时,要注意:点明主旨;小跨度、多层次启发;操作要领及要求简洁明确;充分估计学生在操作上可能出现的错误甚至危险,防患于未然,在实验开始之前就引导学生想明白、弄清楚。

例如,在学生初次进入实验室进行基本操作实验时,启发讲授尤为重要,教师不仅要讲授每种实验器材的使用和注意事项,还要指出各种仪器在实验中可能产生的错误操作,如:酒精灯在使用时经常出现的错误操作;托盘天平使用时的注意事项;试管使用时为什么会炸裂,帮助学生进行分析并总结出可能造成试管炸裂的原因。对于常见的化学实验操作,教师同样先讲授,再让学生练习。

【案例】

片段1:

在进入实验室时,教师准备的蜡烛没有放在桌面上,而是在实验桌抽屉里,教师并不是直接让学生观察蜡烛,而是问学生:"你对蜡烛了解多少?"学生由于个体的不同,出现了诸多答案,有红色、白色等几种颜色,还有生日蛋糕上的各种造型,有学生说有气味,也有说无气味。然后,教师让学生拿出抽屉里的蜡烛,再进一步观察。

随后教师问:"那么蜡烛的硬度怎么样呢?"学生回答有硬的,有比较软的。之后教师提出了一个判断的标准:将一张纸折叠,用折痕处去轻轻刮一下蜡烛,居然能刮下一点蜡,由此得出结论,蜡烛的硬度比较小,或者说较软。然后师生进行了蜡烛与水的密度的比较。

片段2:

在进行蜡烛燃烧过程的探究中,教师注意首先让学生按照教材要求进行操作:在观察烛焰之后,取一根火柴,拿住一端迅速平放入火焰中,约1秒后取出。

教师问:烛焰的哪一部分温度最高?

学生回答:外焰温度高。(也有说焰心温度高的……)

教师追问:你确定这部分温度最高的依据是什么?

学生回答:这部分烧得最黑。

教师继续追问:为什么会变黑呢?变黑可能是因为什么?

经过思考,学生回答:变黑可能是因为火柴梗烧成木炭了。

随后在进行验证蜡烛燃烧的产物时,当干冷的烧杯罩在火焰上方时,一部分同学没观察到烧杯内壁有水雾,反而看到一层黑色物质。之所以没有得出蜡烛燃烧生成水这一结论,是因为他们只看到了黑色物质,没看到水雾。教师结合上面的现象,与学生一起分析,烧杯中的黑色物质可能是炭黑。

片段3:

点燃并分析吹灭的蜡烛的白烟之后,快下课了,教师说:"关于蜡烛,其实我还有很多疑问,需要和同学们一起来思考,如:蜡烛是怎么制作的?为什么火焰下面会形成凹形杯子状?为什么烛芯不会燃烧?蜡烛油为什么跑到燃烧的部位?外焰的黑烟是什么?火焰明亮的原因是什么?……"

随后教师建议学生可以利用空余时间搜索一下《蜡烛的化学史》这本书,因为里面详细介绍了法拉第关于蜡烛的6次圣诞科学讲座内容。在后来的学习中,教师对这个问题进行了跟踪关注,学生根据教师提供的线索,小组合作,研读了《蜡烛的化学史》,重现了蜡烛的燃烧实验,他们终于明白,原来一支小小的蜡烛,蕴含了这么多的科学道理。

【评析】

用提出问题、组织学生进行探究实验的方法学习实验的基本操作方法和科学探究的步骤是一个创造。教师用几个问题引导学生通过实验认识蜡烛的构造、性质、燃烧的现象和熄灭后的现象,使学生从理性上提高了对蜡烛的认识;同时又能让学生体验运用已有的知识通过实验探究认识事物、解决问题的方法。其间还复习了二氧化碳常用的检验方法,一举多得。

三、学习评价策略

本课题位于九年级化学上册起始部分,是学生接触到的第一个化学活动与探究实验。学生在化学的第一节课上对这门学科有了一个初步印象,知道了化学研究的对象是物质,但是对于怎么研究、利用什么方法研究并不清楚,通过这节课将对这个问题有个完整的认识;同时在这节课中,学生将会与化学实验第一次亲密接触,怎么进行实验、科学探究的方法又是什么,将会直接影响到以后实验探究的学习。因此,本课是化学实验的基础,对全部初中化学乃至今后的化学学习起到至关重要的作用。

学生刚接触化学不久,对于化学的了解几乎为零。在毫无化学基础,从未接触过化学实验的前提下,如何引导学生实验、如何引导学生透过现象看本质将是九年级化学教学中的重要环节。

本课题在教法上主要采取通过师生平等对话,引导学生思考问题,并引导学生通过实践活动来探索学习知识。在以学生为主体的实践活动中,建议按科学探究实验的一般程序即"发现问题—提出假设—设计实验—实验求证—得出结论"来引导学生,由学生分组进行实验、讨论得出结论。

探究呼出气体和空气中气体成分的区别活动,是学生接触化学以来的第二个探究性实验活动,学生能力明显表现不足,所以评价时应更多关注学生参与实验的积极性、实验技能的掌握情况,评价学生观察、描述和分析实验现象的能力以及实验习惯和科学态度等等,具体可以从是否积极参与实验操作活动,并善于与他人合作,是否规范地称取药品,是否保持实验台的整洁,是否注意节约化学药品,是否客观、准确地观察和记录实验现象,能否主动、流畅地交流自己的实验成果,能否规范地书写化学实验报告,能否体验到实验探究的乐趣,能否对实验方案的可行性进行初步论证等方面进行评价。

(一)学习内容出现的时间及其评价标准的描述

(1)学习内容:对人体吸入的空气和呼出气体的探究。

(2)学习内容出现的时间:人教版九年级化学上册第一单元课题2"化学是

一门以实验为基础的科学"。

（3）学习内容评价标准的描述：认识吸入空气和呼出气体成分的差异；通过探究活动了解化学学习的特点。

（二）探究实验活动评价方法的综述

有关探究实验活动的评价，依据《义务教育化学课程标准（2011年版）》所提供的内容，可以满足多元化的评价操作，即发挥多个评价主体的作用，运用多样化的评价方法对学生的发展和行为的变化进行多方面的评价，以此来促进学生的个性化发展。有关探究性实验活动的多元化评价，主要包括评价主体的多元化，评价方式的多元化，评价标准的个性化，评价内容的个性化等。

依据系统的有关探究性实验的评价目标，拟定相应的评价量规，是揭示相关活动学习中蕴含的量化因素。这是系统反映相关学习活动可导向、可促进、可激励的学习因素，也是调动学生自主参与活动、进行自主学习的可比较、可观察、可调控的具体学习内容。

1. 设计实验方法的评价

实验评价是指针对实验目的和要求，对已有的多种实验方案进行科学的论证和评判，选择最佳方案，并在必要时提出改进意见的过程。评价实验设计方法时，必须考虑设计方案遵循的科学性、可行性、规律性和创新性。要根据学生设计的多种方案，从原理是否科学合理、操作是否简单易行、所用试剂是否经济实惠、实验现象是否明显、是否体现"绿色化学"进行评价。

2. 实验探究方法的评价

传统纸笔测验是侧重对学生知识掌握的结果进行评价，但对学生在探究能力、实验技能、情感态度与价值观等方面的发展，则更需要通过学生的活动表现来评价。实验探究方法属于活动表现评价方法中的一种。化学学科是以实验为基础的自然学科，通过实验探究，不仅在知识与技能方面可以很好地度量学生相关概念的掌握情况，还能在过程与方法、情感态度与价值观等方面对学生做出全面的评价。

（三）对人体吸入的空气和呼出气体的探究的评价过程

（1）仪器和药品：澄清石灰水、火柴、集气瓶（6个）、玻璃片（4个）、导气管、细木条、水槽、试管刷、酒精灯、卫生纸、废液缸和抹布。

（2）实验步骤：

① 将两个集气瓶装满水倒立在水槽中。

② 用排水法收集呼出的气体。

③ 分别向一瓶盛有呼出气体和一瓶盛有空气的集气瓶中倒入石灰水,然后盖上玻璃片振荡。

④ 观察现象,得出结论并告知老师。

⑤ 分别用点燃的木条伸入另一瓶呼出气体和另一瓶空气中。

⑥ 观察现象,得出结论并告知老师。

⑦ 洗涤、整理仪器。

(四)评价目标和量规

1. 探究呼出气体和空气中气体成分的区别活动和评价目标

(1)考查学生观察、描述与解释简单化学现象的能力,初步学会运用所学的知识从化学的角度对有关物质的性质、变化进行分析、判断的能力,简单化学问题的探究能力。

(2)在教学中,可以考查学生的参与意识、合作精神、获取和加工化学信息的能力以及科学探究的能力等。

(3)观察学生在化学实验活动中的表现,了解学生参与实验的积极性和对实验技能的掌握情况,评价学生观察、描述和分析实验现象的能力以及实验习惯和科学态度等,了解学生参与探究活动和进行交流讨论的积极性、合作意识和合作能力,考查学生的实验技能的掌握情况、记录和处理数据的能力以及依据实验数据写出实验报告的能力。

2. 探究呼出气体和空气中气体成分的区别活动的评价量规

评价指标	评价内容	评价等级及分值			得分		
		A(5分)	B(4分)	C(3分)	自评(20%)	互评(30%)	教师评(50%)
研究计划(1分)	小组设立可行的计划开展探究方案	计划由小组成员共同协商制订;计划中有明确的分工,研究的程序规范,主要任务和活动的安排合理并与研究主题密切相关、研究进程安排切实可行	计划由小组长提出,再征求大家意见;计划中小组成员分工基本明确、程序基本规范、任务和活动安排或太多或太少、实际操作中需要较大调整	计划由小组长制订,计划中小组成员分工不明确,很少有和主题密切相关的研究任务和活动,可行性不强	0.2	0.3	0.5

续表

评价指标	评价内容	评价等级及分值			得分		
		A(5分)	B(4分)	C(3分)	自评(20%)	互评(30%)	教师评(50%)
研究活动(2分)	研究过程中包括资料的收集、内容的记录等活动的参与情况	每次活动都有明确的主题和任务,有助于研究的进行;活动开展规范,有翔实的记录,效率高	多数活动有助于研究进行,基本可以达到预期的目的;活动开展较规范,多数有活动记录	很多活动和主题关系不密切;多数活动效率不高,没有活动记录	0.4	0.6	1.0
小组协作(1分)	同学之间的合作情况,任务的分担,感情的融洽等	所有学生积极参与小组活动,分工明确,共同承担任务;每个小组成员都有明确的角色,并能有效扮演自己的角色;小组成员关系融洽,能够通过讨论共享他人的观点和想法	多数成员积极参与活动,任务主要由小组的几个成员承担;小组成员角色基本确定,但成员没有很好地扮演自己的角色;小组成员基本围绕一个问题进行讨论	小组任务由小组中一个人承担,小组成员之间能很好地进行交互;小组成员进行简短的会谈;部分学生对于交互不感兴趣、分心,小组成员之间并没有角色分配	0.2	0.3	0.5
研究成果(1分)	能否得出吸入气体和呼出气体中二氧化碳含量、水含量、氧气含量的比较	研究成果正确,形式多样,达到研究目的,体现了小组研究的过程和各成员的贡献	成果基本达到研究的目的,基本能够体现研究过程,能体现几个成员的贡献	没有达到研究目的,仅体现小组个别成员的贡献,不能充分体现研究的过程	0.2	0.3	0.5

(五) 评价过程的注意事项

(1) 为了帮助学生了解自己的学习状况,增强学习的信心,明确进一步发展的努力方向和需要克服的弱点,评价结果最好采用评语(定性报告,在写实性记录的基础上做分析性描述)与等级计分(定量报告)相结合的方式来呈现。

(2) 注意发挥好评价的激励功能。设计评价内容应顾及大多数学生的实际水平,评价反馈应充分肯定每个学生在学习中所付出的努力,增强他们克服学习困难的勇气,帮助学生发现自己的优点,看到自己的潜力,使学生具有更持久、更强大的学习动力。

(3) 评价标准必须具体、清晰,有很强的针对性,让学生明白是非,以确保评价的效度和信度,评价内容维度全面、界定清楚。

(六)真实的学生作业及评分

(1) 一号作业。

探究人体吸入气体和呼出气体的不同

器材:空集气瓶(4个)、水槽、木条、酒精灯、澄清石灰水、吸管、玻璃片。

步骤及现象:

①收集两瓶空气;

②用排水集气法收集两瓶呼出气体;

③将两根燃着的木条分别插入空气样品和呼出气体样品中,空气中木条继续燃烧,呼出气体中火焰变小甚至熄灭;

④向空气样品和呼出气体样品中分别滴入相同滴数的澄清石灰水,呼出气体中澄清石灰水变浑浊;

⑤取两片玻璃片,向其中的一片哈气,哈气的玻璃片上出现水雾,另一片无变化。

结论:

①呼出气体中氧气含量变低了;

②呼出气体中二氧化碳含量增高了;

③呼出气体中水蒸气的含量增高了。

评价:4分。这个同学基本弄清了此探究活动的目的,但实验原理不是太清楚;内容无科学性错误。基本能清楚地描述实验的设计和操作过程,在教师的指导下,实验操作过程基本流畅,操作过程虽有不规范,但能认真观察实验现象,实验报告中实验现象记录基本完整,条理清晰,结论分析正确。

(2) 二号作业。

人体呼出气体和吸入气体的实验报告

实验步骤:把水槽里注满水,将装满水的集气瓶倒放入水槽中,用导管对集气瓶吹气,将集气瓶中的水排净后用玻璃片盖紧,然后把澄清石灰水倒入集气瓶中,将带火星的木条放入集气瓶中。

实验现象:澄清石灰水变浑浊、小木条熄灭。

结论:呼出气体为二氧化碳。

实验步骤:取两个空集气瓶,用玻璃片将瓶口盖好。

结论:吸进气体为空气。

评价:2分。这个同学基本不清楚此次探究性实验活动的目的,对实验原理也不太清楚,只是机械地模仿别人完成实验。初步了解实验仪器及性能、使用方法及注意事项,但不能准确地取用仪器,操作过程多处出现不规范,对实验现象观察得不是很清楚,实验报告中实验现象记录不完整。

四、学业评价样例

(一)"第一单元 走进化学世界"评价目标细目表

知识点	认知性目标			技能性目标		体验性目标		
	知道(A)	了解(B)	理解(C)	模仿操作(a)	独立操作(b)	体验(Ⅰ)	关注(Ⅱ)	树立(Ⅲ)
1. 化学是在分子、原子的层次上,研究物质的性质、结构、组成以及变化规律的自然科学	√					√		
2. 学生亲近化学、热爱化学并渴望了解化学的情感,关注与化学有关的社会问题		√					√	
3. 原子论、分子学说在学科发展中的作用		√						

续表

知识点	认知性目标			技能性目标		体验性目标		
	知道（A）	了解（B）	理解（C）	模仿操作（a）	独立操作（b）	体验（Ⅰ）	关注（Ⅱ）	树立（Ⅲ）
4. 化学变化、物理变化的初步概念			√		√	√		
5. 区分哪些属于物理性质、哪些属于化学性质			√					
6. 物理变化与化学变化的联系		√				√		
7. 化学变化时伴随着能量变化		√						
8. 科学探究可以通过实验、观察等多种手段获取事实和证据				√				
9. 蜡烛及其燃烧情况		√			√	√		
10. 吸入空气和呼出气体成分的差异		√			√	√		
11. 实验室规则	√							
12. 常用危险化学品标志	√							
13. 化学试剂取用原则，药品取用的方法（粉末状、块状、液体药品的取用，量筒、滴管的使用等）	√				√	√		
14. 酒精灯使用的注意事项，给试管里的液体或固体物质加热的方法	√				√	√		
15. 玻璃仪器的洗涤方法			√					
16. 常用仪器的使用及操作注意事项		√						

（二）评价样题

1．评价内容

【题目内容】

如图是市场充气包装的食品，它使用的是什么气体呢？某兴趣小组对此进行了研究。

（1）经访问有关人员，了解到这样包装的目的是为了防止食品挤压变形或食品腐败，且从经济性、环保等因素考虑，工厂使用的包装气体是空气或空气的成分之一。请你以此调查结果为依据，对包装气体的成分提出三种猜想，并说明你猜想的依据：

	猜想一	猜想二	猜想三
我对包装气体的猜想			
我猜想的依据			

（2）请设计实验，检验上述三种猜想的正确性，填写下列实验报告。

实验方法及操作	可能观察到的现象及结论

（3）从获得气体的难易和经济性考虑，若只是为了防止食品挤压变形，最好使用的气体是_____。

2．评价意图

【内容维度】

（1）常见气体的性质。

（2）实验探究的步骤和方法。

【能力维度】

（1）了解关注物质的性质及变化过程的特点和方法。

（2）阅读和信息分析处理能力。

【学科思想】

化学实验方案设计的基本思路是：明确实验目的→确定反应原理→选择仪器药品→设计实验装置及操作步骤→记录现象和数据→分析得出结论。实验方案的评价应注意目标明确、科学合理、简便易行、安全环保、节约快捷、效果显著等。

【评价特点】

本题从食品的包装问题进行问题的分析,提出食品包装袋中填充气体成分的探究,对于填充气体需要满足的条件,需要根据具体试验品的要求来考虑。

食品包装袋内填充的气体,一般需要满足的要求是:无毒、无异味、来源广、价格低廉,不和食品中任一成分反应。根据题目中学生的调查,工厂一般使用空气或者空气中的一种成分,空气中含有氧气、氮气、二氧化碳、稀有气体等。由于氧气具有氧化性,很容易导致食品变质,所以不宜做填充气体。稀有气体相对较少,所以一般不用于食品包装(高档食品也有使用的)。

(1) 提出猜想就是要围绕空气的成分和我们分析的填充气体需要满足的条件进行,所以就提出了如空气、二氧化碳、氮气甚至稀有气体(从安全性角度考虑,一般工厂要选用空气防止婴儿吸入填充气体造成窒息死亡)。由于对于稀有气体我们不清楚检验方法,猜想时可以故意回避。

(2) 论证猜想:论证猜想要先取样,尽可能选择简单的操作,并且保证取样的准确性,然后针对猜想进行有关实验的验证,对于二氧化碳的检验我们可以借助澄清石灰水。

(3) 从以上分析中可知,最经济和获得最容易的填充气体应该是空气,因为空气不需要进一步分离和加工,直接使用,但是建议回答:干燥的空气(防止食品受潮)。

3. 预估难度 0.7 左右

4. 参考答案

(1)

	猜想一	猜想二	猜想三
我对包装气体的猜想	空气	二氧化碳(CO_2)	氮气(N_2)
我猜想的依据	防止挤压变形	防止挤压变形或食品腐败	防止挤压变形或食品腐败

(2)(其他设计思路也可以,合理即可)

实验方法及操作	可能观察到的现象及结论
① 用针筒将包装袋内的气体取出,将其压入澄清石灰水中	若澄清石灰水变浑浊,则包装袋内气体是二氧化碳
② 若澄清石灰水不变浑浊,再将包装袋内气体用针筒抽出,用排水法收集于集气瓶中,将燃着的木条伸入集气瓶内,观察燃烧情况	若木条正常燃烧,则包装袋内气体是空气,若木条熄灭,则包装袋内气体是氮气

(3) 干燥的空气

(三)"第一单元　走进化学世界"质量评价题型细目表

知识点	题型	题号	认知性目标 A	认知性目标 B	认知性目标 C	技能性目标 a	技能性目标 b	体验性目标 Ⅰ	体验性目标 Ⅱ	体验性目标 Ⅲ	难度
1. 化学是在分子、原子的层次上，研究物质的性质、结构、组成以及变化规律的自然科学	选择题（单）	1	√					√			0.85
2. 学生亲近化学、热爱化学并渴望了解化学的情感,关注与化学有关的社会问题	选择题（单）	2	√								0.8
3. 原子论、分子学说在学科发展中的作用	填空题	17		√							0.8
4. 化学变化、物理变化的初步概念	选择题（单）填空题	3/16			√			√			0.9
5. 区分哪些属于物理性质、哪些属于化学性质	选择题（单）	4		√							0.85
	填空题	16		√							0.85
6. 物理变化与化学变化的联系	填空题	21			√			√			0.7
7. 化学变化时伴随着能量变化	填空题	23			√			√			0.7
8. 科学探究可以通过实验、观察等多种手段获取事实和证据	选择题（单）填空题	5	√								0.85
		7	√								0.85
		15			√						0.6
		22		√							0.7
		23		√							0.7
9. 蜡烛及其燃烧情况	填空题	23			√			√			0.7

续表

知识点	题型	题号	认知性目标 A	认知性目标 B	认知性目标 C	技能性目标 a	技能性目标 b	体验性目标 Ⅰ	体验性目标 Ⅱ	体验性目标 Ⅲ	难度
10. 吸入空气和呼出气体成分的差异	填空题	22			√				√		0.7
11. 实验室规则	选择题（单）	10	√								0.85
	填空题	18		√							0.75
12. 常用危险化学品标志	选择题（单）	6	√								0.85
13. 化学试剂取用原则,药品取用的方法（粉末状、块状、液体药品的取用,量筒、滴管的使用等）	选择题（单）	12									0.8
		18									0.85
	填空题	20			√				√		0.7
14. 酒精灯使用的注意事项,给试管里的液体或固体物质加热的方法	选择题（单）	8	√			√					0.85
		13	√								0.85
	填空题	14	√								0.8
		20			√						0.7
15. 玻璃仪器的洗涤方法	选择题（单）	14									0.8
	填空题	19		√							0.85
16. 常用仪器的使用及操作注意事项	选择题（单）	9		√							0.7
	选择题（单）	11		√							0.7
	填空题	19		√							0.75

[注 ①认知性目标:A. 知道。B. 了解。C. 理解。技能性目标:a. 模仿操作;b. 独立操作;体验性目标:Ⅰ. 体验;Ⅱ. 关注;Ⅲ. 树立。②题型:选择题(单)、选择题(双)、填空题、计算题、实验题、探究题、活动交流题等。]

从上表中可以看出,本单元重点考查了物理变化与化学变化的联系;酒精灯使用的注意事项,给试管里的液体或固体物质加热的方法;常用仪器的使用及操作注意事项等。对科学探究可以通过实验、观察等多种手段获取事实和证据的内容进行了多题考查。

02 "第二单元 我们周围的空气"评价与教学策略

一、单元教学目标

本单元是继"走进化学世界"后具体地从化学这门自然科学的角度系统学习单质化合物知识,研究物质组成、性质、制法的开始;由宏观用途到微观反应;由反应原理到实际操作,难度和要求逐渐提高和具体化,为今后学习单质、化合物知识打下基础,是引领学生真正进入化学世界的重要台阶。同时,本单元是隶属于课程标准内容中"身边的化学物质——地球周围的空气""物质的化学变化——化学变化的基本特征、认识几种化学反应""化学与社会发展——化学与能源和资源的利用"等方面的重要教学内容,是实施课程目标的重要起始阶段。由于刚起步,本单元知识相对比较简单且有较多的实验内容,学生的可参与机会多,教学互动空间较大。

本单元的教学目标是:①了解空气的主要成分,初步认识混合物和纯净物。②通过共同设计探究空气中氧气的体积分数,学习从混合气体中除去某种气体进而测定其含量的方法。培养自主探究精神,体验探究乐趣。③了解氧气、氮气、稀有气体的主要用途及相关性质。④知道空气是一种宝贵的自然资源,养成关注环境、热爱自然的情感。⑤知道氧气的物理性质。⑥认识氧气能与许多物质发生化学反应,氧气的化学性质比较活泼。⑦了解化合反应、氧化反应、缓慢氧化及相关事例。⑧了解实验室制氧气的反应原理、实验装置、收集方法、操作步骤以及注意事项等,认识催化剂及催化作用,初步学会运用简单装置制取氧气,并验证氧气的性质。⑨认识分解反应的特点。⑩通过催化剂和氧气制法、性质的探究学习,培养学生严谨求实、勤于思考、勇于创新的科学精神。

在本单元教学中不宜进行的拓展的内容有:①大容量介绍空气成分的发现史。②大气污染物的详细分类。③氮气、稀有气体超教材要求扩展。④微观角度分析氧化还原反应。⑤催化剂的催化机理。

二、评价案例分析

本单元主要研究有关空气的知识，在日常生活中学生是有丰富的感性认识的，可从学生已有的直接经验和知识背景出发架构新的知识体系。在此基础上，教师要联系生活实际提出问题，充分利用学生已有知识创设好教学情境，激发学生强烈的求知欲，从氧气等具体物质入手，引导学生探究学习、研究物质的基本模式，为今后的化学学习提供样式和范例。

本单元教学中应让学生进行科学探究活动，教师除了需要设计能激发其内在需求的情境外，还应布置能激发学生进行探究活动的任务。学生有了足够的任务驱动，就能将这个任务作为自己进行探究活动的动力，可以保证有足够的热情投入到探究活动中来，这也是保证探究活动自主进行的最基本保障。让学生证明袋子里存在空气这一看似简单的生活现象，先让学生小组讨论使用什么方法来证明，再用实验验证，最后汇报交流。学生经历了一次严谨的"科学实证"过程，能从中感受到"科学的结论要经得起实验的反复进行，一句定义，一个结论的提出必须建立在科学实证的基础之上"等科学研究思想。"空气存在、空气比水轻、空气能流动"这些结论的呈现都是建立在学生充分证据基础之上，让学生学会用事实说话，这在本堂课中表露无遗，也是教材教学目标要求所需。

通过学生的亲身探究、设计、动手操作实验，培养了学生科学探究的兴趣，严肃认真的科学态度，同学间合作的互助精神，不但使学生获得了知识，也使其综合能力得到了提高，利用实验、多媒体教学，生动直观，效果好。同时还发现，学生动手操作能力有待提高。

【案例】 铁丝在氧气中燃烧教学

教师：为什么铁丝要绕成螺旋状？为什么铁丝底部要绕一根火柴？
（创设问题情景，激活学生学习热情。）
学生：为了提高温度，为了增大铁丝受热面积。
教师：在空气中给铁丝加热，铁丝能不能燃烧？
学生：不能。
教师演示实验：教师将铁丝绕成螺旋状，并在铁丝的末端绕上一根火柴，用坩埚钳夹住铁丝在酒精灯加热，到火柴梗快燃尽时，伸入盛有氧气的集气瓶中。意外出现了，铁丝没有燃烧。同学们在底下窃窃私语。

教师：今天实验不成功，那么大家讨论一下：失败的原因可能有哪些呢？
（教师机智地引导学生思考失败的原因。）

学生讨论、交流、汇报：

甲组：老师收集气体时没有等到气泡连续产生时，就开始收集了；还有可能是集气瓶太小，预留的水太多了。这些都可能导致氧气不纯。

乙组：铁丝上面也许有锈，老师没有用砂纸打磨干净。

丙组：老师伸入的动作有点快，使瓶内氧气受热膨胀逸出。

丁组：可能是因为火柴没有快燃尽就伸入集气瓶，导致火柴消耗了一部分集气瓶内的氧气。

教师：为了验证大家的猜想，请同学们课下准备几段粗细相同的铁丝，其中一段带有铁锈，其他用砂纸擦亮，准备下节课用。

第二节课，同学们按照自己预计的猜想进行了如下实验：

甲组：将一根缠绕好火柴的光亮的铁丝加热到快燃尽时，缓慢伸入"刚有气泡产生就开始收集氧气"的瓶中。

乙组：将一根缠绕好火柴的生锈铁丝加热到快燃尽时，缓慢伸入装有氧气的集气瓶中。

丙组：将一根缠绕好火柴的光亮的铁丝加热到快燃尽时，迅速伸入装有氧气的集气瓶中。

丁组：将一根缠绕好火柴的光亮的铁丝加热到没有燃尽时，缓慢伸入第三个集气瓶中，铁丝没有燃烧。

（分别汇报自己小组的实验情况，包括描述实验现象。只有乙组和丙组同学没有看到铁丝燃烧的现象。）

教师总结：做任何实验都要认真仔细，提前做好充分准备。若遇到失败不能退缩，要敢于面对，查找原因。

【评析】

一次失败的实验给我们留下许多思考：根据教学内容进行演示实验，能够创设良好的教学情境，加深学生对所学知识的理解，但课前要做好充分准备，以保证在课堂上成功地演示。一旦实验失败要勇于承认，因势利导，把出现的事情与教学联系起来，并巧妙引导学生分析，探讨失败原因，扭转被动局面，同样可达到预期的教学效果。

就本节课来说，教者虽然多用了一课时，但教者的处理还是智慧的，因为他没有让学生带着疑问、困惑和猜想进入下一课学习，不仅使学生了解到铁丝能在氧气中剧烈燃烧,火星四射,同时也通过探究了解了影响铁丝燃烧的因素。虽然开始演示失败了,但教师的勇于承认,激发了学生求知欲望,给了学生继续探索的勇气。在查找原因的过程中,培养学生提出问题的能力,使学生能够发现和提出有探究价值的化学问题,敢于质疑,勤于思考,逐步形成独立思考的能力,善于与人合作,具有团队精神。培养学生学习化学的兴趣,乐于探究物质变化的奥秘,体验科学探究的艰辛和喜悦,感受化学世界的奇妙与和谐;培养学生树立辩证唯物主义的世界观,养成务实求真、勇于创新、积极实践的科学态度。

教师勇于承认失败,实事求是,在求真的科学精神、科学方法上也能给学生起到良好的示范作用。

学生在学习本课题之前已经学过氧气与碳、硫、红磷等所发生的一些具体的化学反应,他们可以学会认识一种纯净物的性质与变化规律的具体研究方法,同时在学习过程中将进一步深化对课题1中所学的物理性质、化学性质、物理变化、化学变化的认识。这将为今后学习元素及其化合物知识奠定良好的知识和方法基础。本节课的教学内容,是对上节课空气教学内容认识上的细化和深化,也为下节课制取氧气从知识和方法上做好了相应的准备。这就形成了本节课承上启下的教材特点。

对本课题的学习,学生有如下准备:① 学生已经知道了氧气的存在和氧气的用途,但对氧气的物理性质和化学性质以及它在生产生活中的应用缺乏比较系统的了解。② 在第一单元的学习中学生了解了一些基本的实验操作,但操作不够规范。③学生对通过实验研究物质及其变化的方法有所了解,但还不会运用。④学生目前求知欲比较强烈,思维相对活跃,都好学好问好动手。

三、学习评价策略

九年级学生刚开始学习的化学知识是非常粗浅的,要求也比较低。学生科学概念的建立往往需要经历一个从表象到抽象的过程,如何让表象的东西更自然地被建构成学生今后脑子中存在的抽象符号,图景的介入,将起到很好的过渡与纽带作用。在教学中教师要把握好内容的深度和广度,搭建更多、更形象的"脚手架",从而突破教学难点。以"探究某物质是分解过氧化氢溶液的催化剂"教学为例,它是以实验为基础,可以采用探究教学法。通过学生积极参与分组实验,变"课堂"为"学堂",变被动为主动,充分发挥学生在学习中的主体作用,由学生自己通过观察、思考、分析,寻找新的催化剂。让学生在实际操作中探究科学的实验方法,掌握科学知识,培养实验基础上的分析、思维能力。可以课前让学生分组交流从图书馆或网上搜集到的有关催化剂资料,并讨论、提出猜想和假设,设计实验方案、实验、验证假设。通过这样的探究实验,学生们发现了促使双氧水分解的多种新催化剂——猪肝、煮熟的马铃薯、红砖粉末、硫酸铜溶液等,从而深刻掌握了"催化剂"的概念。在此探究过程中,学生懂得了如何到图书馆及网上查阅相关资料,并能够筛选有用的资料和信息。在这次研究性实验活动中,学生亲身经历和了解科学探究的基本过程:发现问题、提出假设→设计方案、进行实验→收集证据、验证假设→表达交流、反思评价,培养了科学素养,包括科学精神、科学方法、科学思维能力等。

以下是"催化剂的概念"描述的方法评价案例。

(一)学习内容出现的时间及其评价标准的描述

(1)学习内容:催化剂的概念。

(2)学习内容出现的时间:人教版九年级化学上册第二单元课题3"制取氧气"。

(3)学习内容评价标准的描述:理解催化剂的概念,认识催化剂的重要作用。通过实验认识氧化铜、氧化铁等也可做实验室制氧气的催化剂。通过催化剂的探究学习,培养学生严谨求实、勤于思考、勇于创新的科学精神。

(二)描述的方法的综述

描述方法属于活动表现评价方法中的一种。学生通过对概念的述说、判断、举例等方式表达对概念的理解。教师则可以通过这种相对量化的方式有效度量学生是否理解和掌握了概念的内涵与外延。在这个表达当中,学生表达的也不仅仅是对概念的理解,还表达了自己的情感和价值观,这种方式也更人性化。鉴于对催化剂的认识,在预习时采用此方法特别合适,通过学生的表达,可以即时发现学生对概念理解中存在的问题。

既要让学生掌握考纲的基本要求——理解催化剂的概念,又要让学生通过研究催化剂的实验增加一些实验技能,同时通过对催化剂的种类、作用、发现等的了解,扩展知识,感受科学家的思想、科学家的品质,从而树立正确的科学观念。为了达成以上目标,可以采取课前预习,通过描述催化剂的方法对学生的学业进行量化评价,课后则由学生结合本节课内容对课前预习的学业进行修改,并进一步对催化剂的性质进行探究,根据小组选择的方向对实验分析研究。通过学生独立完成和小组合作探究相结合的方式对催化剂的相关内容进行学业评价,整个过程涉及的技能较多,可以给学生多元化的展示机会,评价也较为全面,将更利于对目标的落实。

(三)催化剂的概念的评价过程

(1) 引出研究内容。

展示部分学生课前预习的关于催化剂的材料(与本节课的教学设计联系相对紧密的),引入实验:过氧化氢溶液在常温下的分解情况,对比加入二氧化锰后实验现象的不同。

(2) 提出疑问:二氧化锰在此实验中的作用是什么?

学生各抒己见:加快反应的速度,或者作为反应物生成了氧气等。

(3) 引导小组设计实验验证猜想。

理论结合实验得出:二氧化锰为该反应的催化剂,进一步分析催化剂的概念。

(4) 通过一些反应进一步对催化剂的概念进行一些辨析。

比如:一个反应只有一种催化剂;催化剂只有二氧化锰;二氧化锰只能做催化剂;任何反应都需要催化剂;等等。

(5) 小结课堂内容,展示课前部分学生预习的关于催化剂的材料(拓展了解的一些内容)。

(6) 布置任务。

通过课前的预习和此节课的学习,同学们对于催化剂的概念和性质有了一个大体的了解,可是也许还存在一些困惑。下面我们就来进一步研究催化剂的一些性质,请小组选择研究课题,讨论、设计实验,完成实验报告(一般应包括以下几个方面:课题内容、原理、药品仪器、操作、预计的现象及结论,格式不限)。

可选择的课题:①一个反应是否只对应一种催化剂,以过氧化氢分解制氧气为例探究。②加入催化剂的质量的多少是否会影响化学反应的速度。③加入催化剂的质量的多少是否会影响化学反应的产物。④加入催化剂的颗粒大小是否会影响化学反应的速度。⑤如果有别的想研究的课题,可以与老师交流后再进行。

(四)评价标准和评价尺度

(1) 制订方法:教师采用定性评价与定量评价相结合的方式,同伴交流互评。

(2) 评价尺度:

①5分。内容无科学性错误;语言表述准确;逻辑思维较为严密;有自己整

合的内容;问题有一定的深度。

②4分。内容无科学性错误;语言表述准确;思维相对严密;有自己的困惑。

③3分。内容无科学性错误;语言表达清楚;虽未自己整合但有一定的参考价值。

(五)评价过程的注意事项

在采用描述的方法评价催化剂的概念时,应注意以下事项:

①对催化剂的描述是以预习的学业形式呈现的,所以在评价时,除了要关注一定的科学性外,更重要的是关注学生个体的努力程度和思考程度。因为此次的评价主要是为了让学生对催化剂有一个初步的了解,鼓励学生学会独立思考、发现问题。

②关于催化剂的实验很多,对于九年级学生而言,教师在采用实验分析法时,要给学生一定的指导方向,否则学生不知道该做什么,更不能选择较好的适宜的内容来进行研究,反而导致内容太大无法研究下去,无法形成阶段性的研究成果,不利于学生掌握科学的方法,反而会打击学生的学习积极性,不利于学生学习可持续发展。

③课前预习主要是对学生个体进行评价,关注的是个人思考的成果,而课后的实验分析,主要是关注团队完成的实验报告,两者结合,形成最终的评价。

④评价时,对于学生的研究成果要充分给予关注和鼓励。比如对于课前预习的催化剂的描述,可以将其分为两部分,一部分和教学设计联系较紧密的放在课前的引入,激发学生兴趣,激活学生学习热情,而另一部分相对联系不是很紧密的可以放在结束时,用来开阔学生的眼界,以便了解更多的催化剂相关知识,是一个升华。千万不可对学生的成果视而不见,这样只会打消学生学习参与的念头,不利于今后活动的开展。

(六)真实的学生作业及评价

(1)一号作业。

二氧化锰,催化剂就是你吗?我在实验室制备氧气的反应原理中,认识了你,在过氧化氢分解中,你加快了过氧化氢分解的反应速率,而你的质量和化学性质居然都没有改变。我又在氯酸钾分解生成氧气中,再次遇见了你,催化剂真的就是你吗?可我,却在高锰酸钾制备氧气的反应原理中又发现了你的踪迹——反应的生成物。我迷惑了,你不是催化剂吗?

评价:5分。就九年级学生而言,内容无科学性错误。拟人化的手法,让我们觉得精彩、亲近,语言清楚、准确。该生通过预习了解了初中非常重要的三个反应——过氧化氢、氯酸钾、高锰酸钾的分解制备氧气,围绕着二氧化锰和催化剂的关系,发现问题,提出自己的困惑。

(2)二号作业。

特定的催化剂只对特定的化学反应有效,这常被称为催化剂的"选择性"。当然,这种选择也是一种"双向选择"。这就意味着,并不存在一种催化剂,能够催化一切的化学反应。一般情况下,某种催化剂只对特定的某个或某类化学反应具有催化作用。同时,也不存在一个化学反应,所有催化剂都能对其有催化作用。例如,二氧化锰在过氧化氢溶液分解中起催化作用,能加快化学反应速率,但对其他的化学反应就不一定有催化作用。某些化学反应并非只有唯一的催化剂,例如,过氧化氢溶液分解中能起催化作用的还有硫酸铜溶液、氧化铁等等。

评价:5分。该生通过查询网络资料,编写了一段适宜初中学生阅读的关于催化剂的文字,而且较好地把所学内容融合在其中,准确描述了所学内容。

四、学业评价样例

(一)"第二单元 我们周围的空气"评价目标细目表

知识点	认知性目标			技能性目标		体验性目标		
	知道(A)	了解(B)	理解(C)	模仿操作(a)	独立操作(b)	体验(Ⅰ)	关注(Ⅱ)	树立(Ⅲ)
1. 空气成分及各成分的用途	√						√	
2. 纯净物和混合物				√			√	
3. 设计实验,探究空气中氧气的体积分数		√			√			√
4. 探究空气中氧气体积分数实验结果的误差原因分析		√					√	
5. 氧气、氮气、稀有气体的主要用途及相关性质	√						√	

续表

知识点	认知性目标			技能性目标		体验性目标		
	知道(A)	了解(B)	理解(C)	模仿操作(a)	独立操作(b)	体验(Ⅰ)	关注(Ⅱ)	树立(Ⅲ)
6. 空气污染的原因、危害及防治措施	✓						✓	
7. 文字表达式表示化学反应过程		✓		✓			✓	
8. 绿色化学的理念	✓						✓	
9. 氧气的物理性质	✓							
10. 氧气能与很多物质发生化学反应,氧气的化学性质比较活泼		✓			✓		✓	
11. 许多物质在氧气中和在空气中燃烧现象不同,从实验中获取化学信息		✓			✓			✓
12. 化合反应、氧化反应		✓					✓	
13. 缓慢氧化及相关事例		✓					✓	
14. 化学反应中的能量变化		✓					✓	
15. 实验室制取氧气的原理、装置、步骤及注意事项			✓	✓				✓
16. 催化剂及催化作用	✓						✓	
17. 运用简单装置制取氧气		✓			✓	✓		
18. 通过铁、碳在氧气中燃烧的实验探究,验证氧气的性质		✓			✓	✓		
19. 分解反应的特点		✓					✓	
20. 通过实验认识氧化铁、氧化铜也可做实验室制取氧气的催化剂	✓				✓	✓		

续表

知识点	认知性目标			技能性目标		体验性目标		
	知道(A)	了解(B)	理解(C)	模仿操作(a)	独立操作(b)	体验(Ⅰ)	关注(Ⅱ)	树立(Ⅲ)
21.通过比较分析,探究温度、浓度等也会影响过氧化氢溶液制取氧气的速率		√			√	√		
22.对实验失败、收集氧气不纯等的原因进行分析、纠正		√			√		√	

(二)评价样题

1. 评价内容

【题目背景】

(1) 书本中实验探究空气中氧气的体积分数,对此反应原理的解释,以及误差的分析。

(2) 通过实验探究锻炼学生观察、分析能力。

【题目内容】

化学实验是学习化学的基础,某兴趣小组同学在测定空气中氧气含量的实验中重新进行了探究:如图是"空气中氧气体积分数测定"实验的改进装置。主要操作是:在实际容积为 200 mL 的集气瓶里,先装进 100 mL 的水,再按图连好仪器,按下热的玻璃棒,白磷立即被点燃。

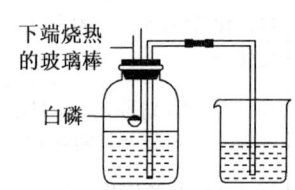

(1) 白磷和红磷的成分相同,请写出白磷燃烧的化学方程式:_____。

(2) 白磷从燃烧到熄灭冷却的过程中,瓶内水面的变化是_____,若实验非常成功,最终集气瓶中水的体积约为_____ mL。

(3) 集气瓶里预先装进的 100 mL 水,在实验过程中起到的作用有_____(填写序号)。

a. 加快集气瓶冷却　b. 液封导气管末端以防气体逸出

c. 缓冲集气瓶内气压的骤然升高

(4) 某学生进行上述实验时,忘记用弹簧夹夹紧胶皮管,结果测得氧气的含量会_____(选填"偏大""偏小"或"不变")。

(5) 用木炭代替红磷做上述实验,是否可行? 答_____(选填"是"或"否")。

2. 评价意图

【内容维度】

(1) 实验探究空气中氧气的体积分数。

(2) 了解木炭、红磷在氧气中燃烧的产物。

【能力维度】

(1) 通过测定空气中氧气的含量认识空气的组成,学习从混合气体中除去某种气体进而测定其含量的方法。

(2) 提高阅读、分析、推断能力和对知识的迁移能力。

(3) 学会分析实验结果的误差原因。

【学科思想】

(1) 实验过程影响实验结果,细节决定成败。

(2) 培养自主探究精神,体验探究乐趣。

【评价特点】

空气中氧气含量的测定实验是初中化学的一个重要实验,同时也是历年各地中考命题的热点。本题是在课本实验的基础上进行拓展、创新,考点是用白磷测定氧气在空气中的体积分数,着重考查了学生的基础知识和基本技能,注重基础又兼顾层次区分,旨在考查同学们的实验探究能力及创新思维能力,关注了学生在具体情境中运用所学知识与技能分析和解决实际问题的能力。

本题问题设计中,要求学生从具体问题分析,根据设计的步骤中的不同现象去思考、探究,考查考生多角度、多层面思考问题、分析问题、解决问题的能力,突出了化学学科的应用性。还注重考查以实验为核心的科学探究能力,强化了试题的开放性,鼓励学生创新,有利于培养学生利用化学知识解决实际问题的能力。

3. 预估难度:0.68 左右

4. 参考答案

(1) $4P + 5O_2 \xrightarrow{\text{点燃}} 2P_2O_5$

(2) 70

(3) abc

(4) 不变

(5) 否

（三）"第二单元　我们周围的空气"质量评价题型细目表

知识点	题型	题号	认知性目标			技能性目标		体验性目标			难度
			A	B	C	a	b	I	II	III	
1. 空气成分及各成分的用途	选择题 填空题	1、2、16	√						√		0.9
2. 纯净物和混合物	选择题	3			√				√		0.8
3. 设计实验，探究空气中氧气的体积分数	填空题	19		√			√			√	0.6
4. 探究空气中氧气体积分数实验结果的误差原因分析	填空题	19		√					√		0.6
5. 氧气、氮气、稀有气体的主要用途及相关性质	选择题	5、8	√						√		0.8
6. 空气污染的原因、危害及防治措施	选择题	12	√						√		0.8
7. 文字表达式表示化学反应过程	填空题	17、18		√		√			√		0.7
8. 绿色化学的理念	填空题	18	√						√		0.8
9. 氧气的物理性质	选择题	9	√						√		0.9
10. 氧气能与很多物质发生化学反应，氧气的化学性质比较活泼	填空题	17		√			√		√		0.7
11. 许多物质在氧气中和在空气中燃烧现象不同，从实验中获取化学信息	选择题	4		√			√			√	0.9
12. 化合反应、氧化反应	选择题	14		√					√		0.7
13. 缓慢氧化及相关事例	选择题	11		√					√		0.8
14. 化学反应中的能量变化	选择题	13		√					√		0.8
15. 实验室制取氧气的原理、装置、步骤及注意事项	选择题	6、15			√	√				√	0.8

续表

知识点	题型	题号	A	B	C	a	b	I	II	III	难度
16. 催化剂及催化作用	选择题 填空题	7、20	√						√		0.9
17. 运用简单装置制取氧气	填空题	18		√			√	√			0.6
18. 通过铁、碳在氧气中燃烧的实验探究,验证氧气的性质	选择题	13		√			√	√			0.8
19. 分解反应的特点	选择题	10		√					√		0.8
20. 通过实验认识氧化铁、氧化铜也可做实验室制取氧气的催化剂	选择题	7	√				√		√		0.8
21. 通过比较分析,探究温度、浓度等也会影响过氧化氢溶液制取氧气的速率	填空题	20		√		√		√			0.5
22. 对实验失败、收集氧气不纯等的原因进行分析、纠正	填空题	18		√		√		√			0.8

用在细目表的规划下命制出的试卷来考查学生,检测我们的劳动成果,如果我们能了解命题细目表的制作过程,那教学就会更有的放矢。本细目表中第20题是一道综合性较强的习题,选题时应注意知识点覆盖要全,问题设计要有梯度。

03 "第三单元 物质构成的奥秘"评价与教学策略

一、本单元教学目标

本单元仍然处于学习化学的启蒙初步阶段,与前两个单元学习不同的是,开始集中学习相对抽象的化学理论和化学用语,这是将前一阶段积累的感性化学基础知识提升为化学事实,进入形成与发展基础化学思维和技能的重要阶段。本单元内容是初中化学"双基"的重要组成部分,是初中化学原理的核心内容。这些内容对学生来说,既是进行化学探究活动过程中分析思维的基础,也是通过体验形成正确的情感态度和科学价值观的重要载体;对今后学习而言,既是拓展化学认知的理论基础,更是必不可少的学习工具。

本节的教学目标是:①了解原子是由质子、中子和电子构成的。理解原子中,核电荷数=质子数=核外电子数。②初步了解相对原子质量的概念,并学会查找相对原子质量。③了解原子质量主要集中在原子核上。④理解元素的概念。认识氢、碳、氧、氮等与人类关系密切的常见元素。了解元素符号的意义,记住一些常见元素的名称和符号。⑤记住地壳中含量最多的四种元素的名称。知道元素周期表是学习和研究化学的重要工具。知道元素的简单分类。⑥初步了解原子核外的电子是分层排布的。了解原子结构的表示方法。了解原子结构与元素化学性质的关系。⑦了解离子的形成过程,掌握离子的概念及表示方法,认识离子是构成物质的一种粒子。

学生通过本单元学习,形成初步的"元素观"和"微粒观"等。在本单元的教学过程中,必须从学生将来适应现代化社会生活和终身学习的高度,奠定可持续发展的科学素养的基本要素;需要充分启动与绪言、氧气、水、分子、原子等已学内容的链接,增强由感性知识向抽象的理性认知过渡的发展过程,渗透在运用中逐步理解概念和原理的过程;并为后续学习奠定基础。

二、评价案例分析

自本课题开始,学生将从化学认识物质的角度,对微观世界进行一系列的探究活动,这是一个循序渐进的认识过程。

在前面的学习中,学生通过观察身边的一些常见的物质,认识了它们所发生的不少奇妙的变化,很多学生对化学产生了好奇心,提出"物质之间为什么会发生化学变化?""物质到底是由什么构成的?"等疑问。这些问题不仅是这个单元的切入点,也是学生学习的动力。学生对于生活中湿衣服晾干、蔗糖的溶解、闻到远处的花香、给足球打气等现象有着强烈的探究欲。

对初学化学的中学生来说,分子、原子这些肉眼看不见的、手摸不着的微观粒子非常抽象。如何提高课堂的时效性,让学生理解微粒的观念,掌握微粒的知识,树立微粒的观点,是摆在老师面前具有挑战性的问题。

【案例】 分子运动的探究

[揭秘]揭示"笑脸魔术"实验的秘密:分别介绍浓氨水和酚酞溶液的组成,然后教师演示氨水滴入酚酞溶液中酚酞溶液由无色变红的实验。

[提问]你还有什么问题?(学生可能存在的问题:氨气能使无色酚酞溶液变红,但氨气溶解在水里,酚酞在纸上,并没有接触,为什么还会出现变红的现象呢?)

[猜想]学生可能做的猜想:氨气分子运动到滤纸上,酚酞就变红了。……

[设计]你能设计一个实验来验证我们的猜想吗?(学生思考)

[方案]若学生设计有困难,教师引导学生阅读课本上氨分子的扩散实验(见图1),让学生讲述对方案的理解。

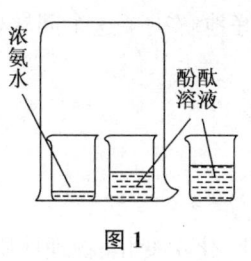

图1

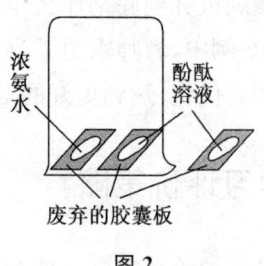

图2

[改进]师:氨气有刺激性气味,这种药品以量少为好,我们把方案改进一下,想一想,用废弃的胶囊板能代替小烧杯吗?(能,把液体滴入凹槽里,一个凹

槽可代替一个烧杯。）同学们想一想，还可以用什么来代替烧杯？（例如，瓶盖、小果冻杯等。）

［实验］学生用改进后的方案进行实验（见图2）。

（说明：实验中有学生在烧杯内使用了多个凹槽，分别滴入酚酞做实验，发现离氨水越近的酚酞红色越深，出现渐远渐淡的实验效果，粗略地勾画出氨分子的运动轨迹，是对本实验的又一次创新。）

［交流］你看到了什么？此实验说明什么？

［拓展］其实，我们在做实验时闻到了氨气的刺鼻气味，也说明了氨分子在不断运动。

［环保］让学生将废液集中起来，再滴加稀盐酸以中和浓氨水，并指导学生观察酚酞由红色变成无色的实验现象。

（说明：避免教室里的氨气味影响学生整节课，且体现用所学知识、从身边小事做起进行环保教育，并渗透酸碱中和概念。）

［延伸］本实验中氨分子可以运动到酚酞溶液中，酚酞分子却没有运动到氨水中，这说明了什么？（氨分子比酚酞分子运动得剧烈，同种物质的分子性质相同，不同种物质的分子性质不同。）

【评析】

利用问题创设情境，唤起学生思考的欲望，激发学生的想象力，将学生的形象思维引向抽象思维。这些问题的设置很有必要，也是恰到好处的。当问题提出后，学生急切地想知道原因，但是利用以前的知识与方法却解决不了，这样在教师的引导下从一个新的角度、换一种思维方式尝试着解决问题。利用这些问题，建立起物质及其变化的宏观现象和微观本质的联系，使学生认识到从微粒的角度分析问题的必要性，能用学习的知识解决新的问题。

物质的微观世界到底是什么样子的呢？仅靠学生的想象和教师的讲解很难做到，在上述案例中，教师采用了演示实验很好地解决了这个问题，又通过实验改进将演示实验优化，达到更好的效果。

三、学习评价策略

在前面的学习中学生已经学习了物理变化、化学变化、物理性质、化学性质、化学实验基本操作。在小学自然课和初中物理课中已经学习过物质的三态变化、物质的热胀冷缩等相关知识。这为新知识的学习做好了铺垫。并且学生对简单的物理变化和化学变化、物理性质和化学性质有辨别能力,也具备一定的操作技能。

有关物质结构概念形成能够帮助学生形成微粒观、元素观,在中学化学教学中,引导学生建立"物质微粒观"和物质变化的"动态平衡观"是非常重要的,尤其是在化学教育启蒙阶段,就应该引导学生初步完成这两种化学观念的建立,这将为整个中学化学的学习奠定基础。有关物质结构概念的评价,是落实《义务教育化学课程标准(2011年版)》中"帮助学生用微粒观念去学习化学"等相关课程内容的重要学习途径之一。在数量上,这类概念约占初中化学全年学习中概念的18.0%。进行有关物质结构概念的评价,是完善初中化学学业评价,落实课程标准倡导的学习评价方式多样化,以及依据课程标准提升初中化学教育教学质量的重要途径和措施。

(1) 能够引导并促进学生主动学习。

有关物质结构的评价量规,需要通过结合学生熟悉的现象和已有的经验,创设生动直观的情景,从身边的现象和简单的实验入手,引导学生主动学习。科学探究中涉及的教学目标不仅通过实验探究的过程来达成,其他的学习活动也是达成相关教学目标的重要途径之一。因此,有关物质结构概念的评价量规,必须引导学生主动参与学习的过程、主动体验科学探究的方法和观念。

(2) 能够激励学生逐步形成微粒观、元素观。

有关物质结构概念的评价量规,还需要注意按照学生的认知规律与物质构成相关概念的内容,形成由深入浅、由表及里的教学顺序。通过把握概念的形成过程的逻辑顺序,密切结合有关元素化合物的教学,分阶段逐步提高学生认识微观结构的水平,从而建立比较明晰的概念系统。

(3) 若干活动的评价量规。

为了体现有关物质结构概念的评价量规的系统性,相关学习活动的评价量规就应该保持相对一致,并且综合考虑阶段性。这样,既有利于学生参与评价,也有利于教师引导学生通过阶段性的学习活动获得发展。

【案例】 有关元素的评价量规(学完"第三单元课题3"后)

(1) 5分。标准:①能收集并认识氢、碳、氧、氮等与人类关系密切的常见元素;②能书写一些常见元素的名称和符号;③能将常见的元素进行简单的分类;④能够根据元素原子序数在元素周期表中找到指定的元素。

(2) 4分。标准:①能收集并认识氢、碳、氧、氮等与人类关系密切的常见元素;②能书写一些常见元素的名称和符号,但不够完整;③能将常见的元素进行简单的分类;④能够根据元素原子序数在元素周期表中找到指定的元素。

(3) 3分。标准:①能收集并认识氢、碳、氧、氮等与人类关系密切的常见元素;②能书写一些常见元素的名称和符号;③能将常见的元素进行简单的分类。

(4) 2分。标准:①能收集并认识氢、碳、氧、氮等与人类关系密切的常见元素;②"3分标准的②③"项中,两项均基本没有达成。

物质结构概念的评价量规采用5分制,结合学习活动目标、评价目标和学生可能完成的具体作业等,突出以知识与技能、过程与方法为主体的评价量规。

(一)学习内容出现的时间及其评价标准的描述

(1) 学习内容:分子和原子。

(2) 学习内容的出现时间:人教版九年级化学上册第三单元课题1"分子和原子"。

(3) 用描述的方法评价原子构成的概念形成。

(二)描述方法的综述

描述方法属于活动评价方法的一种。度量学生是否准确地理解化学的概念,一个很重要的标准就是度量学生是否理解和把握概念的内涵与外延,而化学概念的内涵与外延是学生在学习活动过程中不断自我建构形成的,因此评价学生概念的理解和掌握情况可以通过他们在活动中的表现有效度量,如通过学生的述说、讨论、判断或举例子等。同时这一相对量化的评价方式也更人性化,它充分关注学生在概念形成过程中情感、态度、价值观方面的发展。鉴于原子构成的认识,采用此方法特别适合。

原子的构成是化学特色知识的本源和生长点。明晰质子,才能理解元素;明晰电子,才能更好地把握离子,从根本上理解化合价,进而对化学式有准确的理解;对化学式的意义理解后,才能为相对原子质量乃至后面的质量守恒定律的理解奠定坚实的化学基础。鉴于这种认识,一定要让学生明白原子的构成如何。

质子、中子、电子这些小微粒不可见、不可感,单个粒子根本感受不到,只有集合表现才能被感知。它们是如何被发现的?怎样才能让学生信服这些粒子的存在并建立正确的微粒观呢?怎样让学生感受、理解并认可?鉴于这种考虑,教师试图通过讲故事的方式呈现原子构成的发现史,在过程中让学生明白质子、中子、电子这些微粒是如何而来的,在过程中使学生产生对这种发现的震撼,感慨于人类的智慧与方法,充分领略其中的科学思想和科学方法,在故事情境的推进和探究中激发学生的情感与同步思维。因此展开过程教学,能在过程中让学生的思维插上飞翔的翅膀,在微观的世界中翱翔,使学生产生对这些粒子的爱和认同,并准确把握它们的特征,通过这样的方式,再现历史事实,激发学生的探究欲和求知欲,也在过程中感受科学的思想和方法并不断内化自己研究事物、认识事物的观点和方法。三维目标就这样落实了。

综合上面的分析,对于原子的构成要展开认识它们的过程教学,要让学生真切地感受到四种粒子的存在,并内化为自己的认知和情感,产生对它们深深的爱,这一切可以通过他们的描述体现出来。因此,对原子的构成采用描述的方法评价。

(三) 分子和原子的评价过程

(1) 引出研究内容。

展示:一杯水。

问水的构成→水分子→追问水分子的构成→氢原子和氧原子→追问原子的构成→原子核和电子→追问原子核构成→质子和中子(学生的预习成果)。

感受:原子的小。拿出尺子在本子上画出 1.48 厘米长的线段,盯住线段想象:把它分成一亿等份,每一份的长度就相当于一个氧原子的直径。

(2) 提出疑问:这么小的原子,科学家竟然还能发现里面隐藏着质子、中子和电子,这些粒子是怎么发现的呢?

(3) 讲述原子构成的发现史。

①1803 年道尔顿提出原子论;

②1897 年汤姆生发现电子;

③1911 年卢瑟福发现原子核;

④1920 年卢瑟福又发现质子;

⑤1932 年查得威克发现中子。

以学生心中的困惑为暗线,以科学史实情节为动力,以讲故事的口吻完成上述五个史实的介绍,从而建构起对原子结构的认识。

(4) 建构原子构成知识。

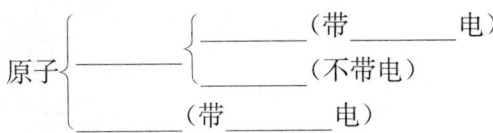

(5) 布置任务。

此时此刻,面对原子结构的发现史,大家心中一定会感慨很多,请大家写一篇短文描述你心中的原子,文体不限。大家要充分发挥自己的想象力,写出心中的原子。

(四)评价标准和评价尺度

(1)制订方法:教师采用定性评价与定量评价相结合的方式,同伴交流互评。

(2)评价尺度:

5分	4分	3分
①内容无科学性错误 ②涉及知识点在三个或三个以上 ③情感丰富、独到 ④语言生动准确	①内容无科学性错误 ②涉及知识点在三个或三个以上 ③情感丰富、独到	①内容无科学性错误 ②涉及知识点在三个或三个以上

(五)评价过程的注意事项

对九年级的学生来说,最难理解的莫过于原子结构。如何让原子结构的微观模型在学生头脑中建构,一个很好的办法就是讲故事,赋予这些微粒以情感,在故事的情境中通过描述、模型展示等让学生对这些微粒可见、可感。并且让学生从心里感受到从道尔顿、汤姆生到卢瑟福等科学家对原子结构的假设和探索,人类逐步打开了这么小的原子的内部结构是多么伟大!因此,对原子的构成注重情感的评价。

(六)真实的学生作业及评分

(1)一号作业。

微小

微小的存在

安静地运动

静悄悄

坚固的金属与稀有气体的赛跑

飘浮在空气中

徘徊在海洋里

歌唱着与我们同行在道路上

小小的身躯里

包裹着原子核与电子

有时,我会乖乖地稳定

有时,我又会变得焦躁浮躁不再稳定

我是化学变化中的最小粒子

我乐于交友

喜欢热闹

我会与朋友们构成新的物质

交的朋友数目类型不同,新的物质也不同

有时是坚硬的金刚石

有时是可以吸附的活性炭

有时还是晶莹剔透的水分子

我是科学家的骄傲

我也是研究化学变化的基奠

我是未来的蓝图

请大家记住我

小小的原子

大大的未来

从前探索巨大宇宙的阿姆斯特朗说过这样一句话:我个人的一小步

全人类的一大步

如今探索微观世界的我应该这么说

我个人的一丝一毫

全人类的幸福未来

评价:5分。此文从多个角度诠释了对原子的认识,思辨力强,语言优美,折射出学生对物质构成的粒子的准确理解以及原子的地位,诗情画意的陈述,赋予化学知识以美感。

(2) 二号作业。

嗨!大家好,我是"原来如此"小粒子,人们亲切地称我为原子。说实话,尽管人们在我身上倾注了大量的心血,可我并不领情,我生来不喜欢在外人面前抛头露面,只愿在自己的世界里或深居简出,自得其乐;或到处游荡,浪迹天涯;或呼朋唤友,玩玩七十二般变化。总之,我自宇宙诞生以来,就俯仰天地之间,与天地同寿,怡然自得,活得实在洒脱极了。可是,打从地球一不小心造化出了人类以后,这个世界便让他们搞得鸡犬不宁。可怕的人类到处穷根探源,后来居然追究到了我的头上,几千年来,前仆后继,乐此不疲,一心想到我生活的世界中窥探一番,平生最恨有人鬼头鬼脑地窥视自己的隐私,无奈近几百年来,人类揭去了我一层又一层的面纱,几乎要暴露无遗于人前,真是羞愧至极。而且,自从侵入我的世界后,人类毫不顾及我的感受,津津有味地到处东张西望,而且还对我动手动脚,以为发现了新大陆,兴奋地大呼小叫,好像知道了宇宙的奥秘,口中念念有词:原来如此,原来如此……从此我这个"原来如此"的小东西,便被人类自作主张地唤作"原子"。

评价:5分。角色体验,以原子的身份进行自我简介,让人感觉亲切,对原子的一些特征把握准确到位。

四、学业评价样例

(一)"第三单元 物质构成的奥秘"评价目标细目表

知识点	认知性目标			技能性目标		体验性目标		
	知道(A)	了解(B)	理解(C)	模仿操作(a)	独立操作(b)	体验(Ⅰ)	关注(Ⅱ)	树立(Ⅲ)
1. 物质是由分子、原子等微小的粒子构成的,并理解分子、原子的概念		√	√					
2. 用分子、原子的观点解释一些简单的现象			√					
3. 通过实验探究活动认识分子、原子的特征			√	√				
4. 原子由原子核和核外电子构成,在原子中,核电荷数=质子数=核外电子数	√	√	√					
5. 由于原子的质量集中在原子核上,可近似认为:相对原子质量=质子数+中子数;学会查找相对原子质量	√		√	√				
6. 初步认识原子核外的电子是分层排布的,理解原子结构与元素化学性质的关系		√	√					

续表

知识点	认知性目标			技能性目标		体验性目标		
	知道（A）	了解（B）	理解（C）	模仿操作（a）	独立操作（b）	体验（Ⅰ）	关注（Ⅱ）	树立（Ⅲ）
7. 了解粒子结构示意图的表示方法，根据粒子的结构示意图区分原子、阳离子、阴离子		√	√	√				
8. 离子的形成过程，离子的概念以及表示方法	√	√	√	√				
9. 知道元素的概念，认识氢、碳、氧、氮等与人类关系密切的常见元素	√							
10. 元素符号的意义，书写常见元素的名称和符号	√	√		√				
11. 地壳中含量最多的前四种元素及生物细胞中的常见元素	√							
12. 元素的简单分类	√	√	√	√				
13. 能根据元素的原子序数在元素周期表中找到指定的元素	√			√	√			
14. 形成"化学变化过程中元素不变"的观念				√				
15. 元素与物质、分子、原子概念间的联系	√	√	√					

（二）评价样题

1. 评价内容

【题目背景】

（1）学生知道了物质是由分子、原子等微观粒子构成的。

（2）学生了解了原子结构示意图和离子结构示意图。

【题目内容】

"见著知微，见微知著"是化学思维方法。

(1) 从宏观知微观。

①50 mL 水与 50 mL 乙醇混合后,溶液体积小于 100 mL,微观解释为_____;

②气体 X 在氧气中燃烧生成氮气和水,X 分子中一定含有的原子是_____和_____(填符号)。

(2) 从微观知宏观。

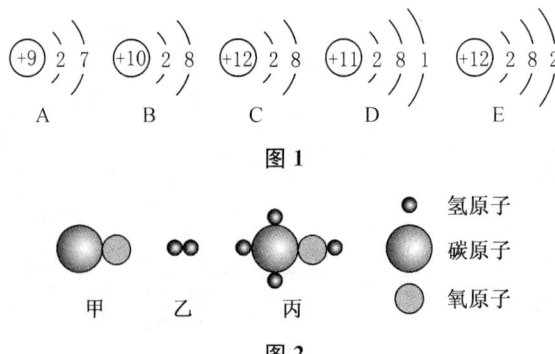

图 1

图 2

①图 1 中,微粒 A 最外层电子数是_____,在化学反应中容易_____(填"得"或"失")电子;

②微粒 A、B、C、D、E 中,对应单质化学性质最稳定的是_____(填编号,下同),属于同一种元素的是_____和_____;

③甲和乙在催化剂、高温高压条件下反应生成丙,三种物质微观结构示意图如图 2 所示,该反应的符号表达式为_____。

2. 评价意图

【内容维度】

(1) 分子和原子的定义、特征。

(2) 原子结构示意图与离子结构示意图。

【能力维度】

(1) 分子和原子的定义、特征。

(2) 符号表达式的书写技巧。

【学科思想】

(1) 树立基本的微粒观。

(2) 宏观、微观、符号三重表征的运用。

【评价特点】

本题考查化学用语的意义及书写,解题关键是分清化学用语所表达的对象是分子、原子、离子还是化合价，才能在化学符号前或其他位置加上适当的计量数来完整地表达其意义，并根据物质的化学式的书写规则正确地书写物质的化学式、符号表示等。

本题的难度不大，主要考查同学们对常见的化学用语(元素符号、原子符号)的书写和理解能力。

3．预估难度 0.75 左右

4．参考答案

(1) ①分子间有间隔　②N　H

(2) ①7　得　②B　C　E　③$CO+2H_2 \xrightarrow{\text{催化剂、高温高压}} CH_3OH$

(三)"第三单元　物质构成的奥秘"评价题型细目表

知识点	题型	题号	认知性目标			技能性目标		体验性目标			难度
			A	B	C	a	b	Ⅰ	Ⅱ	Ⅲ	
1. 物质是由分子、原子等微小的粒子构成的，并理解分子、原子的概念	填空题	17		√	√						0.7
	填空题	18		√	√						0.7
2. 用分子、原子的观点解释一些简单的现象	填空题	17		√							0.7
	选择题	7		√							0.9
	选择题	8		√							0.7
3. 通过实验探究活动认识分子、原子的特征	填空题	20			√	√					0.7
4. 原子由原子核和核外电子构成，在原子中，核电荷数＝质子数＝核外电子数	选择题	1	√	√							0.8
5. 由于原子的质量集中在原子核上，可近似认为：相对原子质量＝质子数＋中子数；学会查找相对原子质量	选择题	1	√	√		√					0.8
	选择题	15	√			√	√				0.7
6. 初步认识原子核外的电子是分层排布的，理解原子结构与元素化学性质的关系	选择题	4		√	√						0.8

续表

知识点	题型	题号	认知性目标 A	认知性目标 B	认知性目标 C	技能性目标 a	技能性目标 b	体验性目标 Ⅰ	体验性目标 Ⅱ	体验性目标 Ⅲ	难度
7. 了解粒子结构示意图的表示方法，根据粒子的结构示意图区分原子、阳离子、阴离子	选择题	4		√	√	√					0.8
	选择题	11		√	√	√					0.8
	选择题	12		√	√	√					0.8
	选择题	15		√	√						0.7
8. 离子的形成过程，离子的概念以及表示方法	填空题	16	√	√	√						0.8
	填空题	19	√	√	√	√					0.7
9. 知道元素的概念，认识氢、碳、氧、氮等与人类关系密切的常见元素	选择题	3	√								0.9
10. 元素符号的意义，书写常见元素的名称和符号	选择题	2	√	√		√					0.9
11. 地壳中含量最多的前四种元素及生物细胞中的常见元素	选择题	10	√								0.9
12. 元素的简单分类	选择题	5	√	√	√	√					0.9
13. 能根据元素的原子序数在元素周期表中找到指定的元素	选择题	6	√		√	√					0.8
	选择题	13	√		√	√					0.7
	填空题	19	√		√	√					0.7
14. 形成"化学变化过程中元素不变"的观念	选择题	14				√					0.8
15. 元素与物质、分子、原子概念间的联系	填空题	17	√	√	√						0.7
	选择题	9	√	√	√						0.8

从上表中可以看出，本测试的难度均控制在 0.7 以上，原因是学生初次接触化学理论知识，课标要求较低，同时也为了使学生树立良好的学习化学的信心。

04 "第四单元 自然界的水" 评价与教学策略

一、本单元教学目标

本单元从化学角度引领学生系统认识水的组成、作用、水资源及其污染与防治等社会问题，并以水为载体，进一步扩展化学基本概念和化学实验操作技能。本单元仍然处于学习化学的启蒙初步阶段，需要进一步巩固并深化从身边事物中学习化学知识的方法。与第一、二单元学习不同的是，首次开始通过宏观事物和社会热点问题，研究物质的微观结构的初步知识——分子和原子，初步形成结构决定性质的化学基本观点。因此，教学过程中需要努力将物质的微粒性渗透并贯穿于整个单元的教学，以此为核心组织其他内容的教学资源，开始逐步培养学生形成由宏观到微观从本质上认识化学原理，再由微观到宏观从原理统筹与概括物质性质的基本学习过程与方法，为下一单元系统认识物质结构知识奠定基础。本单元科学探究的教学，应让学生熟悉实验基本操作，学习沉淀、过滤、蒸馏，以及验证、区别等简单化学实验过程，完善"收集证据""解释与结论"的方法和技能，为学习设计实验并进行实验反思奠定基础。

本节的教学目标是：①通过水的电解实验探究活动认识水的组成。通过自学讨论等形式，了解单质、化合物的区别，认识氧化物。②知道认识事物的途径有多种，但科学的研究物质组成的方法，则必须通过实验进行分析研究。③进一步理解化学反应的实质，巩固用文字表达式描述化学性质的技能。了解氢气的可燃性，以及纯净的氢气点燃有轻微的爆鸣声。④通过对生活中的实验分析，了解纯水与自然水、硬水与软水的区别。通过自来水厂的净化过程，了解吸附、沉淀、过滤、蒸馏等净化水的方法；初步学会过滤操作。⑤通过调查、采样、采访、实验等活动，培养学生收集信息、实地考察、与他人交往、表达等探究能力。认识水资源的宝贵，形成卫生、合理用水的意识。⑥了解世界和我国的水资源状况，学习用辩证的方法看待水资源的丰富和有限。知道海洋中蕴藏着丰富的资源。⑦认识节水标志。从节约用水和防治水污染来认识保护水资源的必要性；了解典型的水污染源，及其水被污染后的危害。⑧初步认识一些基本的治理水污染的原理及方法。通过资料的采集、阅读，依据提供的数据进行简单的定量计算分析等过程，培养学生关心社会、为社会做贡献的社会责任感。

水是学生非常熟悉的物质之一，通过电解水的实验引导学生认识化学研究物质的科学过程和方法，并以相关化学史实为学习资料，启发学生通过思维活动，结合水的分解反应来揭示化学反应的实质——化学反应有新物质生成，反应前后组成物质的元素种类不变，进而从物质组成元素角度，学习对纯净物进行初步分类。由于学生进入化学学习时间有限，因此从化学角度认识事物，并对事物进行分类、比较等，对学生而言都是陌生和不习惯的。在教学过程中，需要教师充分利用相关实验提供的有效信息进行因势利导，并通过一段时期的学习历程进行不断巩固。

二、评价案例分析

化学是在原子、分子水平上研究物质的组成、结构、性质及其应用的一门基础自然科学。化学用语作为交流和研究化学知识的工具，是化学学科中最为重要的组成部分。"化学式与化合价"是人教版九年级化学第四单元课题4的内容，这部分内容是化学用语的组成成分之一。学生在此之前已经学习了元素符号的书写和意义、原子的结构示意图等化学用语。此外，通过第二单元课题2"氧气性质"的学习，学生已经初步接触到部分物质的化学符号。学完化学式与化合价之后，学生又要学习表示物质变化的化学方程式，化学式与化合价的学习对化学方程式的学习起到桥梁的作用，如果这部分内容学不好势必要影响到化学方程式的学习，进而影响到初中化学乃至高中化学的学习。

【案例】

一节课有效地引入等于成功了一半，引入的方式可以有多种，关键是不要扯断了知识本身和学生认知特点的根，这是课堂有效引入的灵魂。通往学生认知基础和思维水平的入口有很多，教师要做的是选择其中一个最自然、最直接的入口。下面看看两位教师是如何引入的。

A教师整理了前面学到过的化学符号让学生填空，然后从这些化学符号中归纳总结化学式的定义。

B教师用多媒体展示了五张图片,分别是:化妆水(标签上有化学式 H_2O)、乐百氏矿泉水瓶(标签上有偏硅酸的化学式 H_2SiO_3 和部分离子的符号)、药品碳酸氢钠片说明书(标签上有碳酸氢钠的化学式 $NaHCO_3$)、化学试剂高锰酸钾(标签上有高锰酸钾的化学式 $KMnO_4$)、空气质量预报说明中有二氧化硫(化学式 SO_2)、二氧化氮(化学式 NO_2)。接着教师引导学生认识到化学式就在我们的身边,学好物质的化学式对我们认识自然界中物质和解决相关问题非常有用,并分析这些化学式本身表示了物质的组成,从而自然地过渡到化学式的定义。

【评析】 A教师从已学的化学符号引入化学式的定义,从知识本身来说,非常自然,但是之前对化学式的学习学生还处于懵懵懂懂的状态,直接让学生书写,对于部分后进生来说有些困难,学生会表现出畏难情绪。

B教师通过生活中常见物质的标签、说明书上标有的化学符号引入化学式的定义,将生活经验和化学联系起来,让学生感受到化学的真实性和重要性,了解化学与我们的日常生活是密切相关的,这一引入正是体现了新课程的基本理念之一。

【案例】

一节有效的化学课应该是预设与生成的完美结合。精心预设是必要的,生成让预设变得更加完整。一位有智慧的教师对于课堂中生成的问题不会回避,而是巧妙应对,让课堂充满智慧。下面是两位教师讲授化学式意义的教学片段:

A教师首先让学生看书自学化学式 H_2O 的意义,接着教师设计了一个小组讨论,让学生自己总结一般物质化学式的意义并填写在已经设计好的学案上,此时学生的活动是只顾着自己写,只有极少数人在讨论,使讨论成为了一种形式。而对于学生在填写过程中暴露的思维上的错误,教师没有能及时纠正过来,在学生填写完毕后只是简单对了下答案。

B教师先由元素符号表示的意义自然地过渡到化学式的意义,在学生学习了课本中 H_2O 的意义之后,又让学生思考 CO_2 的意义,实现了知识的水平迁移,接着总结一般物质的化学式的意义。这时候有一位学生站起来问"为什么化学式 Fe 只有三种意义",这个问题是之前教师没有预想到的,此时教师没有回避,而是引导学生分析由原子直接构成的物质的化学式就只有三层意义,而由分子构成的物质一般有四层意义。接着再由一般物质化学式的意义回答 P_2O_5 的意义,实现了知识的纵向迁移。

【评析】 A、B两位教师在处理课堂生成的问题时的态度是不一样的,一位采用回避的态度,一位则是积极面对。教师如果能够有效利用在课堂中生成的问题,往往能够使学生更好地掌握知识,使课堂更加高效、灵动。

三、学习评价策略

通过小学科学和初中物理的学习以及生活中经验的积累,学生不仅知道水是生活中常见的物质之一,而且对水的物理性质有了一定的了解。但对水的组成,学生并不能完全理解。通过电解水实验可以了解水通电能分解成氢气和氧气,组成这两种物质的元素都来源于水,从而知道水是由氢元素和氧元素组成的。通过前面的学习,学生已经知道了纯净物和混合物的概念,同时了解了如何区分混合物和纯净物。

依据系统的有关兴趣实验的评价目标,拟定相应的评价量规,是揭示相关活动学习中蕴含的量化因素。

(1) 能够引导并促进学生"动"起来。

学习游戏以其提供信息方式的新颖和具有趣味性,可以激发学生的积极情绪,使学生对信息的印象深刻,从而促进学生记忆力的发展。有机会让每一个学生表现各自的独特思维方式和参与方式,因此有助于学生的创造力和想象力的发展,游戏教学有助于学生用自己熟悉的图示去整合外部的信息,同时通过学习又可调整和发展自己的图示,使他们的认知结构发展和完美起来。

(2) 能够激励学生"动"中发展。

初中生的心理发展状况正处于一个叛逆、爱玩等易变化阶段。人的心理发展过程实际上是人固有的潜能的外化过程。在这个过程中,起决定作用的不是人先天的潜能状况,而是人外化潜能的技巧。而心理调适则是潜能外化的准备阶段,关系到个体能否进入外化范围,能否进行高质量的潜能外化。因而教学中应注意中学生的心理发展状况,尤其是初次接触化学学科。我们作为教师应该以一种轻松的教学方式进行授课,游戏教学就是这么一种优秀的教学方式,在轻松的教学环境下能更好地促进学生的心理发展,从而达到教学的最佳效果,使得学生在良好的身心环境下学习发展,通过游戏教学的方式化解初中生的心理问题,达到良好的、健康的学习状态。

(一) 学习内容出现的时间及其评价标准的描述

(1) 学习内容:爱护水资源。

(2) 学习内容出现的时间:人教版九年级化学上册第四单元课题1"爱护水

资源"。

学习游戏活动,是落实《义务教育化学课程标准(2011版)》中的相关教学目标的学习途径之一,在教学中可以根据学生的具体情况和教学需要展开相应的活动。进行学习游戏的评价,可以考查学生的参与意识、合作精神等,同时也可以完善初中化学学业的评价,提升初中化学教学的质量。

(3)学习内容评价标准的描述:通过复习纯净物、混合物的概念,区别化合物与混合物。在进一步强调的同时,复习物质的分类,学生能根据具体的概念将物质进行分类。

(二)学习游戏方法综述

学习游戏就是以游戏的形式教学,也就是说让学生在生动活泼的气氛中、欢乐愉快的活动中、在激烈的竞赛中,甚至是在刺激和不知不觉中学到了教材中的内容,或者学到了学生必须掌握的课外科学知识。学习游戏是"游戏"和"学习"二者巧妙结合体,是化学教学中常用的一种策略,能够增加学生的亲身体验,体现新课程理念下学生自主、合作、探究的学习方式,是师生之间、学生之间交往互动与共同发展的过程。游戏活动紧密联系学生的生活实际,从学生已有的生活经验和知识出发,可创设生成有趣的课堂情境,强化学生对化学概念、原理的理解,为学生提供加深化学方法的理解和运用的机会,激发学生对化学学习的兴趣,以及学好化学的愿望。

(三)有关"爱护水资源"的学习游戏评价

我们在进行人教版九年级化学(上册)第四单元教学时,结合课题1"爱护水资源"的内容,请同学们讨论关于水的相关内容,并把讨论的有关内容画在小黑板上。

(四)评价标准和评价尺度

(1)5分:能出色完成对应的目标内容。

(2)4分:能完成对应的目标内容。

(3)3分:基本能完成对应的目标内容。

(4)2分:能完成对应的大部分目标内容。

(5)1分:能完成对应的部分目标内容。

	自我评价					小组评价					教师评价				
	5	4	3	2	1	5	4	3	2	1	5	4	3	2	1
水相关知识的掌握															
如何保护水资源相关知识的掌握															
学习游戏的参与度															
与本组同学的配合度															
对其他同学的评价准确度															
合计															
其他表现	备注：有其他突出表现,可额外加1分														
总计															

（五）评价过程及注意事项

水是我们身边非常熟悉的物质,对人类的作用极为重要,所以了解水资源,使学生懂得水资源污染的原因、危害及保护水资源极为重要性。通过对水资源与文明的发源的关系的介绍,让学生感受"地球——人类家园"的美好情感。利用学习游戏的活动形式让学生真正动起来,在想一想、议一议、做一做的游戏活动中,提高学习的积极性和有效性。教师观察学生在游戏活动中的表现,了解学生参与游戏的积极性、相关知识的掌握情况,关注学生三维学习目标的达成,强化评价的诊断与发展功能,过程评价与结果评价并重。

（六）典型的学生作业及评价内容

（1）一号作业。

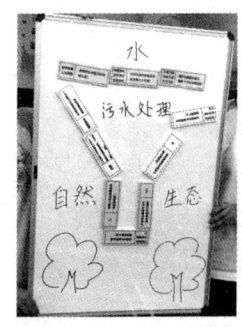

评价:5分。能准确地表述出相关内容间的正确关系,无科学性错误,布局设计合理。小组汇报体现了自然和生态的理念,对水资源保护、维护生态、保护自然等,充满了热情与期待,富有创意。

(2)二号作业。

评价:5分。内容的组织能准确、科学、完整地表达主题思想,相互关系明确,界面美观、有新意。也体现了宏观到微观的化学思想方法。

四、学业评价样例

(一)"第四单元　自然界的水"评价目标细目表

知识点	认知性目标			技能性目标		体验性目标		
	知道(A)	了解(B)	理解(C)	模仿操作(a)	独立操作(b)	体验(Ⅰ)	关注(Ⅱ)	树立(Ⅲ)
1. 世界和我国的水资源状况,用辩证的方法看待水资源的丰富与有限		√						√
2. 认识节水标志,从节约用水和防治水污染来认识保护水资源的必要性			√				√	
3. 典型的水污染及水污染后的危害	√						√	

续表

知识点	认知性目标			技能性目标		体验性目标		
	知道(A)	了解(B)	理解(C)	模仿操作(a)	独立操作(b)	体验(Ⅰ)	关注(Ⅱ)	树立(Ⅲ)
4. 一些基本治理水污染的原理及方法		√						
5. 一些生活和生产中常见的节水方式	√					√		
6. "三废"处理的必要性以及处理的一般原则		√					√	
7. 从性质和用途的角度归纳分析,认识水对生命活动的重大意义		√					√	
8. 通过对生活中的实验分析,了解纯水与自然水、硬水与软水的区别			√				√	
9. 明矾净水的作用原理		√						
10. 活性炭净水的作用原理		√						
11. 自来水的形成过程,吸附、沉淀、过滤、蒸馏等净化水的方法,以及净化程度高低				√	√		√	
12. 过滤的操作要点及实验误差分析				√		√		
13. 生活中和实验室中硬水软化的方法	√							
14. 硬水的危害	√							
15. 蒸馏的原理及操作			√	√				
16. 自制净化水的简易装置		√			√	√		
17. 科学家对水的组成进行测定的实验		√					√	

续表

知识点	认知性目标			技能性目标		体验性目标		
	知道(A)	了解(B)	理解(C)	模仿操作(a)	独立操作(b)	体验(Ⅰ)	关注(Ⅱ)	树立(Ⅲ)
18. 水的电解实验探究活动认识水的组成			√			√		
19. 电解水实验设计的原理、装置、操作、现象、误差分析及结论			√			√		
20. 依据实验信息,推断简单物质组成的方法及原理			√					
21. 单质、化合物、氧化物的概念			√					
22. 化学反应的宏观和微观本质			√					√
23. 氢气的可燃性,以及氢气的验纯	√			√		√		
24. 实验方法区分氧气和氢气			√		√	√		
25. 常见元素及原子团的常见化合价	√							
26. 化合价的表示方法		√		√				
27. 用化学式表示某些常见物质的组成,并能利用化合价推求化学式			√		√			
28. 根据化学式求元素的化合价			√		√			
29. 化学式的意义		√						
30. 相对分子质量的含义,能利用相对分子质量、相对原子质量进行物质组成的简单计算			√		√			

续表

知识点	认知性目标			技能性目标		体验性目标		
	知道 (A)	了解 (B)	理解 (C)	模仿操作 (a)	独立操作 (b)	体验 (Ⅰ)	关注 (Ⅱ)	树立 (Ⅲ)
31. 能看懂某些商品标签上标记的物质成分及其含量			√		√		√	
32. 能根据某种氮肥包装或产品说明书标记的含氮量推算它的纯度			√		√		√	
33. 元素的原子的最外层电子数与元素化合价的关系		√						
34. 根据元素的质量比求原子的数目比			√		√			
35. 根据物质的质量比求分子的数目比			√		√			

（二）评价样题

1. 评价内容

【题目背景】

（1）书中介绍了常见的净水方法，如：过滤、蒸馏。

（2）通过综合性题目提高学生的信息分析、数据处理等能力。

【题目内容】

3月22—28日"中国水周"，其主题为"节约水资源，保障水安全"。

（1）下列关于水的说法中，不正确的有_____（填序号）。

①水是由氢元素和氧元素组成的化合物

②清澈、透明的泉水是纯净物

③合理施用农药、化肥，以减少水体污染

④将活性炭放入硬水中可使其软化

⑤洗菜、洗衣后的水用来浇花、冲洗厕所

(2)自然界中的水一般要净化后才能使用。吸附、过滤、蒸馏等三种净化水的操作中,单一操作相对净化程度最高的是_____。

(3)下图表示自来水消毒过程中发生的一个反应的微观过程:

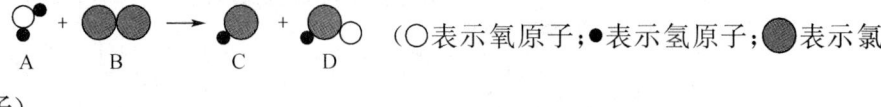
（○表示氧原子；●表示氢原子；⬤表示氯原子）

①写出上述物质中单质的化学式:_____;②物质 D 中氯元素的化合价为_____。

2．评价意图

【内容维度】

(1)水的组成元素。

(2)净水的常用方法。

【能力维度】

(1)根据分子的构成分析元素组成。

(2)通过综合性题目提高学生的信息分析、数据处理等能力。

【学科思想】

(1)宏观、微观、符号的转化。

(2)培养学生获取信息并进行加工的基本素养。

【评价特点】

本题侧重考查水资源的净化、利用和保护,又结合水的组成进行考查,综合性较强。本题中第一小题主要考查根据水的组成进行分析判断、根据纯净物的基本概念进行分析判断、根据硬水软化的方法进行分析判断。第二小题主要考查的是吸附、过滤只能除去水中的不溶性杂质,不能除去可溶性的杂质,蒸馏可以除去水中的可溶性杂质得到纯水。第三小题主要考查根据分子的构成推测物质的化学式,根据化合物中元素的化合价的代数和为零进行相关的计算。

3．预估难度:0.75 左右

4．参考答案

(1)①②

(2)蒸馏

(3)① Cl_2 ②+1 价

(三)"第四单元 自然界的水"教学质量评价题型细目表

知识点	题型	题号	分值	认知性目标 A	认知性目标 B	认知性目标 C	技能性目标 a	技能性目标 b	体验性目标 Ⅰ	体验性目标 Ⅱ	体验性目标 Ⅲ	难度
1. 节水标志,从节约用水和防治水污染来认识保护水资源的必要性	选择题(单)	1	2	√								0.9
	填空题	16	2	√								0.8
2. 一些生活和生产中常见的节水方式	选择题(单)	2	2	√								0.9
	填空题	16	3		√							0.8
3. 对生活中的实验分析,了解纯水与自然水、硬水与软水的区别	选择题(单)	3	2		√							0.8
	填空题	16	3		√							0.8
4. 活性炭净水的作用原理	填空题	18	1	√								0.9
5. 自来水的形成过程,吸附、沉淀、过滤、蒸馏等净化水的方法,以及净化程度高低	选择题(多)	18	3			√						0.6
	填空题	18	2		√							0.8
	选择题(单)	4	2		√							0.8
6. 过滤的操作要点及实验误差分析	填空题	18	4		√			√				0.7
	选择题(单)	5	2	√								0.8
7. 自制净化水的简易装置	填空题	18	2		√							0.7
8. 电解水实验设计的原理、装置、操作、现象、误差分析及结论	选择题(单)	7	2		√							0.8
	实验题	19	10			√	√			√		0.6
9. 依据实验信息,推断简单物质组成的方法及原理	选择题(单)	15	2			√						0.5

续表

知识点	题型	题号	分值	认知性目标 A	认知性目标 B	认知性目标 C	技能性目标 a	技能性目标 b	体验性目标 Ⅰ	体验性目标 Ⅱ	体验性目标 Ⅲ	难度
10. 单质、化合物、氧化物的概念及分类	选择题（单）	8	2		√							0.7
	填空题	16	2			√						0.6
11. 化学式的意义及正确书写化学式	选择题（单）	6	2			√						0.7
	选择题（单）	10	2			√						0.6
12. 根据化学式求元素的化合价	选择题（单）	9	2			√						0.7
13. 相对分子质量的含义，能利用相对分子质量、相对原子质量进行物质组成的简单计算	选择题（单）	11	2			√						0.7
	计算题	20	8			√						0.5
14. 能看懂某些商品标签上标记的物质成分及其含量	选择题（单）	12	2			√			√			0.7
15. 根据元素的质量比求原子的数目比	选择题（单）	13	2			√						0.7
16. 化学反应的宏观和微观本质	选择题（单）	14	2			√						0.6
17. 元素的原子的最外层电子数与元素化合价的关系	填空题	17	10			√						0.6

从上表中可以看出，测试的重点有：元素化合价，化学反应的宏观和微观本质，能看懂某些商品标签上标记的物质成分及其含量，相对分子质量的含义，能利用相对分子质量、相对原子质量进行物质组成的简单计算，化学式的意义及正确书写化学式。

05 "第五单元 化学方程式"评价与教学策略

一、单元教学目标

本单元的教学内容,包含了化学反应概念和定律、常用化学用语、化学定量分析研究等知识。在本单元之前,学生通过学习氧气、自然界的水和物质构成的奥秘等知识,对于化学变化中物质所发生的性质变化已经有了一定的认识。但是,所牵涉的化学反应均用文字表达,这种表示方法无法全面反映反应物和生成物的组成,也无法反映出各个物质间量的关系,不利于进一步深入学习化学。通过本单元的学习,学生就可以从宏观角度、微观角度认识化学反应,深化对化学变化实质的理解;并将它们集中起来,运用化学方程式对具体物质的化学性质进行表述。

本单元的教学目标是:①会设计实验探究质量守恒定律。②根据质量守恒定律,从元素质量守恒的角度对相关反应进行分析和计算。③能用质量守恒定律解释常见化学反应现象。④能运用质量守恒定律进行综合计算。⑤通过具体化学反应分析,进一步理解化学方程式的含义。⑥了解书写化学方程式应遵守的原则。能正确书写简单的化学方程式。⑦在正确书写化学方程式的基础上,进行简单计算。⑧认识定量研究对于化学学科发展的重大作用。

在本单元教学中不宜拓展的知识有:用字母代替元素符号或数字进行的有关计算。

九年级的学生正处在由具体形象思维向抽象逻辑思维过渡的时期,他们的心理发展阶段由图像把握向符号把握发展,分析与思考仍须依赖具体形象或图像的支持,才能认识事物和明白事理。学生对化学这门以实验为基础的学科,积累的化学知识有限,当结合实验,从量的方面研究化学反应的规律,并运用化学方程式进行抽象的定量分析,其知识和心理准备都不充足,使得本单元学习内容在理解上有一定的难度。在教学中要让学生学会从组成元素,反应物和生成物的质量,参与反应的分子、原子的种类与数量等认识化学反应。在教学过程中,教师要合理运用教学策略,从定性和定量的两个角度出发,激发学生学习的主动性。并有针对性地选择相应的评价措施,调动学生学习的积极因素,提升课堂教学效率。

二、评价案例分析

质量守恒定律是专门从定量角度讨论化学反应中的物质的质量关系,要求学生建立定量认识化学反应的意识,知道定量研究在化学科学发展乃至人类社会发展中的重大作用。教学中,教师往往能充分关注教学内容在学生观念建构中的功能与价值,从定量研究的角度,启蒙对控制变量重要性的认识,提高量化研究事物的技能与能力,但实验操作能力的培养和实验的重要性往往被教师忽视。有些教师实验时不规范甚至不做实验,这样会造成学生对定律理解不准确。实验探究的成功与否,是课堂教学是否成功的关键,也是引导学生自己思考问题,培养学生的自主探究能力的重要方法。让学生通过实验探究得出质量守恒定律,突出了学习的重点,也调动了学生学习兴趣,更是很好地帮助学生释疑,把理论与实践相结合,有利于形成自由开放的课堂探究氛围。

在本单元教学中,教师在进行教学设计时要有问题意识。没有问题,也就没有发现,就没有真正意义上的思考,更说不上创新。带着问题进行教学设计,以探索和研究的姿态,从学生的角度去思索,就会在教学设计过程中发现问题并找到解决问题的各种办法,就会在和学生的互动中开阔自己的视野,提高教学实效。

【案例】 验证质量守恒定律教学

教师:创设问题情景、激发认知冲突:

1. 化学变化的特征是什么?化学变化中常伴随哪些现象?

2. 一根火柴燃烧后只剩下灰烬,酒精燃烧后连灰烬也没有留下,物质从世界上消失了吗?

3. 一个蜂窝煤燃烧后质量变轻了,一小堆的木炭燃烧后质量也变轻了。

4. 两枚铁钉放置在空气中一段时间后重新称量,质量变大了。

根据问题 3、4 或根据你的生活经验和化学知识,你认为物质在发生化学变化的前后,总质量变大、变小,还是不变?(请你参与小组讨论,确定小组猜想)

学生讨论,进行猜想与假设:物质在发生化学变化的前后,总质量变大、变小、不变三种都有可能。

实验探究:提供 4 个实验让学生进行小组探究,教师进行指导和督促。

实验 1:蜡烛燃烧前后质量变化测定实验。

实验 2:硫酸铜溶液与氢氧化钠溶液发生反应的定量探究。

实验 3:石灰石与稀盐酸反应的定量探究(敞口容器内进行)。

实验 4:石灰石与稀盐酸反应的定量探究(密闭容器内进行)。

(实验前教师要注意根据学生的水平进行分组,要引导学生观察反应前后物质的状态及颜色变化;规范操作,准确称量反应前后两次质量。实验过程中教师巡视,指导实验,并及时纠正学生的错误操作。)

学生讨论、交流、汇报:

实验 1:一段时间后,称量质量,发现质量变小。

实验 2:一段时间后,称量质量,发现质量不变。

实验 3:一段时间后,称量质量,发现质量变小。

实验 4:一段时间后,称量质量,发现质量不变。

(分别汇报自己小组的实验情况。包括描述实验现象、对两次称量结果进行比较,一定要如实汇报,培养他们严谨求学的态度。对可能出现的意外,教师要引导学生去分析原因,使学生在"做"中学,学中"做"。)

教师:对化学反应中物质的质量变化关系,你会得到哪些结论?

学生讨论、交流、汇报:参加化学反应的各物质的质量总和,等于反应后生成的各物质的质量总和。实验 1 中前后质量不等,是因为生成的二氧化碳和水逸散到空气中了。实验 3 中生成的二氧化碳气体逸散到空气中了。因此在验证质量守恒定律时,要在密闭的容器中进行。

教师分析解释:通过化学变化的实质——在化学变化中,分子分解成原子,原子重新组合成新的分子,结合课本微观示意图进行分析,从而对质量守恒定律进行解释。

(使学生的认识由感性上升到理性,进一步理解定律的内涵,透过表面看到本质。从微观本质加深对定律内涵的认识。)

【评析】

德国大教育家第斯多惠说："科学知识是不应该传授给学生,而应该引导学生去发现它们,独立地掌握它们。"本教学片段中就是利用"最近发展区"和"建构主义"理论,根据学生已有的经验,给学生一个平台,让学生主动地建构知识。在教学中,教师带领学生分析具体的化学反应,明确分析程序,并且贯穿始终地给学生设问:是什么的质量没有变?反应物有哪些,生成物有哪些?不满足于学生只说出反应物的总质量等于生成物的总质量。只有这样,才能使学生形成正确合理的化学反应及其质量的分析方式和习惯。

同时,教师主要通过引导学生进行实验探究,给学生充分的动手、动口、动脑的时间,突显了学生的主体作用。通过实验探究化学反应前后质量是否守恒,从探究中发现问题、分析问题,从而想办法解决问题,提高学生的解决问题能力。通过实验装置的改进,提高学生设计实验的能力,培养学生的创新精神。在学生之间相互交流时,学生都能各抒己见,发表自己的观点。在课堂教学中,教师应该改变以往那种讲解知识为主的传授者的角色,努力成为一个善于倾听学生想法的聆听者。(教师在实验前针对学生水平,进行异质分组,保证小组同学能较快地完成实验,并对问题进行思考以及分析,避免了一部分学生的思维代替另一部分学生的思维,使每个学生都有了不同的进步。)

本课题通过一系列实验和探究活动,从量的方面来揭示化学反应的客观规律——质量守恒定律,为化学方程式及其计算的教学,做好从宏观和微观两方面的理论分析的准备。本课题中有关质量守恒定律的实验是学生接触的第一个定量化学实验。在前期的学习中,学生已经积累了较为丰富的相关知识和相应的微观想象能力与分析综合能力。质量守恒定律是化学启蒙中的重要定律之一,对其的理解和运用,将直接影响书写化学方程式和根据化学方程式的计算等内容的学习过程。

对本课题的学习,学生有如下准备:①已了解元素符号、化学式、化学反应的实质,初步掌握了一些简单的化学反应。②初步掌握了简单的化学实验基本操作技能,而对化学探究学习方法的了解尚处于启蒙阶段。③学生学习了两个月的化学,情绪和心理都处于比较兴奋、好奇状态,在教学中可以好好抓住这一点。④对学生而言,同龄伙伴的影响远超过成人对他们的影响。合作、讨论是他们乐于接受的学习方式,所以本课易采用实验探究法、合作学习法。

三、学习评价策略

质量守恒定律这部分内容以质量守恒定律为中心,包含质量守恒定律、化学方程式的书写及计算。还包含了许多以前学过的概念,如微粒分子、原子的概念,化学反应的微观实质,元素的概念,化学式的概念、意义、定量分析等等。所以在形成性评价时,应注意将问题分散到各个知识点,避免因不当的评价方式导致学生机械地记忆质量守恒定律、化学方程式。可以参照建立学习档案的形式,在每个节点对学生进行适宜的学业评价,并将其收集,直至化学方程式的书写和计算也可采取类似的评价方法。学生可以参照过去学业评价中存在的问题,进行不断的总结,更好更扎实地掌握本部分的内容,有效避免简单机械的习题训练。教师则可以通过这样的方式对学生进行形成性评价,给予指导。

在系统学习分子、原子、离子、元素,能够运用相对原子质量对化学式进行定量分析等基础知识与技能以后,将通过一系列实验和探究活动,从量的方面来揭示化学反应的客观规律——质量守恒定律,为化学方程式及其计算的教学,做好从宏观和微观两方面的理论分析的准备。质量守恒定律是化学启蒙中的重要定律之一,对其的理解和运用,将直接影响书写化学方程式和根据化学方程式的计算等内容的学习过程。可以让学生利用调查研究了解质量守恒定律的发现史,通过研究,学生不仅能学习它的发展过程,还能学习当中化学家的品质。这对提高学生的科学素养,培养学生的科学精神和科学态度,以及辩证唯物主义思想有着重要作用。以下是"质量守恒定律"调查研究法评价案例。

(一)学习内容出现的时间及其评价标准的描述

(1)学习内容:质量守恒定律。

(2)学习内容出现的时间:人教版九年级化学上册第五单元课题1"质量守恒定律"。

(3)学习内容评价标准的描述:认识定量研究对化学科学发展的重大作用。

(二)调查研究法的综述

调查研究是科学研究中一个常用的方法,在描述性、解释性和探索性的研究中都可以运用调查研究的方法。它一般通过抽样的基本步骤,多以个体为分析单位,通过问卷、访谈等方法了解调查对象的有关资讯,加以分析来开展研究。我们也可以利用他人收集的调查数据进行分析,即所谓的二手资料分析的方法。

调查研究属于活动表现评价方法中的一种。调查法能搜集到难以从直接观察中获得的资料,其应用不受时间、空间的限制。在时间上,观察法只能获得正在发生着的事情的资料,而调查法可以在事后从当事人或其他人那里获得有关已经过去的事情的资料。对于"认识定量研究对化学科学发展的重大作用"相关内容,采用调查研究法比较适宜,这样可以让学生走出课堂,深入社会生活实际去获得第一手的信息,借助已学的知识和各种资源(图书馆或互联网)对调查结果进行分析和归纳,发现问题,提出解决问题的合理建议。

(三)质量守恒定律的评价过程

【引出】

定量研究是一种重要的科学研究方法,是通过对研究对象的某些特征按照一定的标准进行测量,获得数据信息,寻找数据间的关系,从而确定因素之间数量关系的一种方法。化学科学发展离不开定量研究。没有对空气组成的定量测定,我们就无法确知空气的成分,甚至可能至今还无法发现稀有气体。没有对化学反应前后物质质量变化的测定,就不会发现质量守恒定律,就无法考证反应物与生成物之间的质量关系,也许科学家就不会想到反应物与生成物在微观结构上的内在联系……化学是研究物质的组成、结构、性质、变化的科学。化学研究的每个方向都需要定量研究方法,使研究结果深刻、精确。

【讨论】

其实,人们在生活中也离不开定量研究的方法。你认为在哪些方面可以体现出来呢?

【归纳】

1. 不同溶质在同一溶剂中的溶解能力不同,如何区别易溶的物质、难溶的物质,在讨论溶质的溶解性强弱时,我们又学习了溶解度的概念,有了溶解度,我们就可以把物质的溶解性分得很细致了,如难溶、微溶、可溶、易溶等。

2. 在实际生产和生活中,大人和孩子都生病了,服用相同的药物时,他们需要的用量可能是不一样的。

3. 家用烧水时,是选择使用电还是天然气……

这些问题都需要通过定量研究的方法来解决。

【布置任务】

定量研究可以帮我们找到量变到质变的变化过程,确定化学反应中的"度"。可见,培养学生定量研究的能力和意识,对于提高学生的生活素养,促进学生用科学的方法解决生活中的问题也都有一定帮助。你知道质量守恒定律是如何被发现的吗?请同学们通过收集资料制作小报,进行交流和展示。

(四)评价标准和评价尺度

(1) 制订方法:教师采用学生自评和学生互评相结合原则。

(2) 评价尺度:

① 5分。主题鲜明,内容的组织准确、科学、完整地表达主题思想。主题表达形式新颖,构思独特、巧妙。完美运用各种形式表现主题,有感染力。

② 4分。主题鲜明,内容的组织准确,科学表达主题思想。主题表达形式新颖,构思独特、巧妙。

③ 3分。内容的组织能准确,能基本科学表达主题思想。

(五)评价过程的注意事项

化学小报的编制活动是让同学们在化学学习之余,以编制电子小报为契机,汲取更多新的知识和技能,用自己的眼睛去探究化学问题,在探究中体会化学的魅力,在体会中领悟化学的真谛。为做好主题小报的编制,学生要做好资料积累,学会搜集、整理各种信息,并会科学地处理信息。在此过程中教师要指导学生查找、甄别相关资料,要关注学生在活动中的感受,学习化学家们勇于质疑的精神,互相合作交流,大胆创新,使自己的动手能力不断提高。教师可以在学生完成小报时,给予适当的帮助,并把学生的作品以板报的形式展示出来,评价中结合自评、互评、师评。事实证明:编制电子小报确实是提高学生综合素质的一条较好途径。

(六)真实的学生作业及评分

(1) 一号作业。

我对你说

人们认识质量守恒定律的过程经过了一个漫长的阶段。在 18 世纪 50 年代以前,人们对化学变化前后的质量关系并不清楚,主要是由于自然界中的化学变化很复杂,人们的观察能力和方法很有限,特别是对于生成气体的物质和与气体结合的物质往往觉察不到,心中存有许多疑团,无法得到回答。例如,木柴燃烧后,除了少部分灰烬外,大部分都"消失"了。蜡烛点到尾"一点也不剩",好象它们都无影无踪地"消失"了。又如,一颗小小的种子,在花盆里会长成很大的花卉,而花盆里的泥土重量并没有变,花卉却"无"中生出来了。

上述问题摆在了科学家面前,希望做出明确的回答,物质能不能"从无到有,从有到无"? 也就是说物质是否会被毁灭? 这是个宇宙间的大问题。

万物都不会死,每死必有生。到了 18 世纪,天平渐渐引入化学实验,成为许多化学家的重要工具。靠天平的帮助,可以解决许多不明白、不理解的问题。当时,天平主要用于分析化学。将其用于研究物质变化前后质量关系的首推苏格兰化学家布莱克(1728~1799 年)。1750 年,26 岁的布莱克,完成了他最有名的博士论文,取得了博士学位。论文题目是"基于苛性碱灰、石灰和其他碱性之试验",论文公布了他最重要的实验结果:他用天平称取白垩($CaCO_3$)120g 在高温下强热,放出"固定空气"(CO_2),得到 68g 的石灰(CaO),那么失去的"固定空气"是多少?他认为白垩重量减去石灰重量得到 52g,就是"固定空气"的重量,占白垩重量的 44%。这个实验使布莱克第一次发现了"固定空气"(CO_2),并第一次运用质量守恒理论计算了生成二氧化碳的量。只是他没有理解他发现的全部意义。但他的定量化研究,给后人带来许多启发。自大、那种目空一切、唯我独尊、不可一世的人,他们与自信无缘。他们不但不会成功,而且只会落得个彻底失败的下场。也许你在生活、学习工作中曾经遭受过失败,不过没有关系,你不妨继续满怀信心地去面对人生,那样,你也一定成为一名成功者。

质量守恒定律

law of conservation of mass

在任何与周围隔绝的体系中,不论发生何种变化或过程,其总质量始终保持不变。或者说,化学变化只能改变物质的组成,但不能创造物质,也不能消灭物质,所以该定律又称物质不灭定律。

质量守恒定律的理解和应用:就是从原子的种类、数目没有改变认识化学变化,再结合反应实例谈谈如何正确、灵活运用质量守恒定律。

反思

为什么拉瓦锡能发现质量守恒定律呢?这是因为拉瓦锡善于运用理论思维去概括别人的气体化学成果,从而完成科学上的重大发现。他在每进行一项科学研究之前,力争熟悉前人和同代人的一切结论和情况,进行分析、比较,先在自己头脑中形成一个初步建立在先人研究基础上的想法或纲领,并以此提出自己的观点和假说,然后进行有的放矢的探索。

评价:5 分。内容的组织能准确,科学、完整地表达主题思想。界面美观、色彩运用恰当、布局设计独到,富有新意。

（2）二号作业。

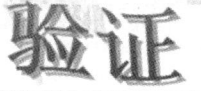

再说守恒

守恒定律 Conservation law 在宇宙中，某些量（例如能量、动量和角动量等）的总量是不变的，物理学家就说这些量是守恒的，并用守恒定律的形式来描述这些概念。

守恒定律常常被看作是最基本的自然界定律，它们以确实的可靠性和极大的普遍性预言哪些过程是容许的而哪些过程是禁戒的，不必考虑可能引起这些过程的具体机制，它们为物理学家致力于认识错综复杂的宇宙提供了强有力的工具。

质量守恒定律

在化学反应中，参加反应前各物质的质量总和等于反应后生成各物质的质量总和。这个规律就叫做质量守恒定律（law of conservation of mass）。它是自然界普遍存在的基本定律之一。在任何与周围隔绝的体系中，不论发生何种变化或过程，其总质量始终保持不变。或者说，任何变化包括化学反应和核反应都不能消灭物质，只是改变了物质的原有形态或结构，所以该定律又称物质不灭定律。

在任何与周围隔绝的物质系统（孤立系统）中，不论发生何种变化或过程，其总质量保持不变。18世纪时法国化学家拉瓦锡从实验上推翻了燃素说之后，这一定律始得公认。20世纪初以来，发现高速运动物体的质量随其运动速度而变化，又发现实物和场可以互相转化，因而应对质量关系考虑场的质量。质量概念的发展使质量守恒原理也有了新的发展，质量守恒和能量守恒两条定律通过质能关系合并为一个定律，即质量和能量守恒定律（简称质能守恒定律）。

发现

20世纪初，德国和英国化学家分别做了精确度极高的实验，以求能得到更精确的实验结果，反应前后的质量变化小于一千万分之一，这个误差是在实验误差允许范围之内的，因此质量守恒定律是建立在严谨的科学实验基础之上的。质量守恒定律就是参加化学反应的各物质的质量总和，等于反应后生成的各物质的质量总和。例如，把铁钉放在硫酸铜溶液（蓝色）里，当反应结束（会有明显的反应现象）后，剩余物质的质量将严格地等于铁钉的质量和硫酸铜溶液的质量之和。实验证明，物体的质量具有不变性。不论如何分割或溶解，质量始终不变。在任何化学反应中质量也保持不变。燃烧前碳的质量与燃烧时空气中消耗的氧的质量之和准确地等于燃烧后所生成物质的质量。

验证

拉瓦锡法国著名化学家，近代化学的奠基人之一，"燃烧的氧学说"的提出者。1743年8月26日生于巴黎，因其包税官的身份在法国大革命时的1794年5月8日于巴黎被处死。拉瓦锡与他人合作制定出化学物种命名原则，创立了化学物种分类新体系。拉瓦锡根据化学实验的经验，用清晰的语言阐明了质量守恒定律和它在化学中的运用。这些工作，特别是他所提出的新观念、新理论、新思想，为近代化学的发展奠定了重要的基础，因而后人称拉瓦锡为近代化学之父。拉瓦锡之于化学，犹如生顿之于物理学。

评价：5分。内容切合作者学习的认知水平，表现作者对主题内容的深入认识，主题表达形式新颖，构思独特、巧妙，有感染力。

四、学业评价样例

（一）"第五单元　化学方程式"评价目标细目表

知识点	认知性目标			技能性目标		体验性目标		
	知道(A)	了解(B)	理解(C)	模仿操作(a)	独立操作(b)	体验(Ⅰ)	关注(Ⅱ)	树立(Ⅲ)
1. 通过实验探究，认识质量守恒定律		√		√				
2. 常见化学反应中的质量关系		√						
3. 从微观角度认识化学反应，反应前后原子的数目、种类及质量均不变		√						
4. 利用质量守恒定律解释常见化学反应现象			√					
5. 化学方程式及意义	√							
6. 设计实验探究质量守恒定律				√	√			
7. 从元素守恒角度对相关反应进行分析和计算			√					
8. 化学方程式的含义（信息）		√						
9. 书写化学方程式应遵守的原则		√						
10. 正确书写简单的化学方程式		√		√				
11. 介绍各种配平法		√						
12. 依据信息正确书写化学方程式				√	√			
13. 正确书写化学方程式的基础上，进行简单计算				√	√			

续表

知识点	认知性目标			技能性目标		体验性目标		
	知道(A)	了解(B)	理解(C)	模仿操作(a)	独立操作(b)	体验(Ⅰ)	关注(Ⅱ)	树立(Ⅲ)
14. 认识定量研究对于化学学科发展的重大作用		√						
15. 多步反应的计算			√		√			
16. 含不纯物质的有关计算			√		√			

(二)评价样题

1. 评价内容

【题目背景】

(1) 根据质量守恒定律,从元素质量守恒的角度对相关反应进行分析和计算。

(2) 能正确书写简单的化学方程式,并在此基础上进行简单计算。

【题目内容】

在点燃条件下,A 和 B 反应生成 C 和 D。反应前后分子种类变化的微观示意图如下所示:

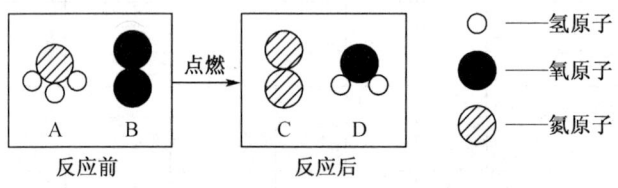

请回答下列问题:

(1) 1 个 B 分子中含有_____个原子。

(2) A 中氮元素和氢元素的质量比为_____。

(3) 4 种物质中,属于化合物的是_____(填名称)。

(4) 请写出该反应的化学方程式:_____,其基本反应类型为_____。

(5) 在该反应中,生成 C 和 D 的质量比为_____(计算结果用最简整数比表示)。

2. 评价意图

【内容维度】

(1) 从组成中识别物质的类别,并能正确书写化学方程式。

(2) 通过化学方程式进行简单的计算。

【能力维度】

(1) 对微粒观点及模型图的应用的理解和掌握情况。

(2) 阅读、分析、推断能力和对知识的迁移能力。

(3) 计算能力等。

【学科思想】

(1) 树立基本的微粒观。

(2) 从定性到定量。

【评价特点】

该考点的命题方向主要是通过创设相关问题情景或图表信息等,来考查学生对微粒观点及模型图的应用的理解和掌握情况,以及阅读、分析、推断能力和对知识的迁移能力。此类试题具有趣味性和可读性。并且,经常将其与物质的组成和构成、物质的分类和类别辨析、分子和原子的辨析、化学式和化学方程式的书写、化学反应类型、质量守恒定律等相关知识联系起来,进行综合考查。重点是考查学生阅读、分析问题情景或图表信息的能力,考查学生对微粒观点及模型图的应用等相关知识的理解和掌握情况,以及运用它们来分析、解答相关的实际问题的能力等。当然,也可以根据所给的有关的表达,进行科学的评价、判断正误等。特别是,对运用分子观点来分析解释实际问题和运用模型图分析解答有关物质的组成、构成、分类和化学反应等相关问题的考查,以及对有关知识的迁移能力的考查,是近几年中考命题的热点,并且还是中考考查这块知识的重中之重。

3. 预估难度:0.75 左右

4. 参考答案

(1) 2

(2) 14∶3

(3) A 和 D

(4) $4NH_3 + 3O_2 \xrightarrow{\text{点燃}} 2N_2 + 6H_2O$

(5) 14∶27

（三）"第五单元　化学方程式"质量评价题型细目表

知识点	题型	题号	认知性目标 A	认知性目标 B	认知性目标 C	技能性目标 a	技能性目标 b	体验性目标（Ⅰ）	体验性目标（Ⅱ）	体验性目标（Ⅲ）	难度
1. 通过实验探究，认识质量守恒定律	选择题	1		√							0.8
	填空题	14		√							0.8
	活动与交流题	17					√				0.7
2. 常见化学反应中的质量关系	选择题	7		√							0.8
	填空题	16		√							0.8
3. 从微观角度认识化学反应，反应前后原子的数目、种类及质量均不变	选择题	6/10		√							0.8
	填空题	15		√							0.8
4. 利用质量守恒定律解释常见化学反应现象	选择题	9			√						0.8
5. 化学方程式及意义	填空题	15		√							0.8
	选择题	2		√							0.8
6. 设计实验探究质量守恒定律	填空题	19			√						0.7
	活动与交流题	18					√				0.7
7. 从元素守恒角度对相关反应进行分析和计算	填空题	16		√							0.8
	选择题	8		√							0.8
8. 化学方程式的含义	选择题	3		√							0.8
9. 书写化学方程式应遵守的原则	选择题	5		√							0.9
10. 正确书写简单的化学方程式	选择题	4		√							0.8
	填空题	11		√							0.8
11. 介绍各种配平法	填空题	12		√							0.8
12. 依据信息正确书写化学方程式	填空题	13			√		√				0.7

续表

知识点	题型	题号	认知性目标 A B C	技能性目标 a b	体验性目标 (Ⅰ)(Ⅱ)(Ⅲ)	难度
13. 正确书写化学方程式的基础上，进行简单计算（规范的格式）	活动与交流	18	√	√		0.8
14. 认识定量研究对于化学学科发展的重大作用	活动与探究	19	√			0.8
15. 多步反应的计算	活动与探究	18	√	√		0.6
16. 含不纯物质的有关计算	活动与探究	19	√	√		0.5

本细目表确定了每个要考查的内容要点、题目数量、分数比例、难易程度，从而可以使命题工作避免盲目性而具有计划性。本细目表中第19题是一道综合性较强的习题，在选题时教师要根据学生的认知层次，设计有一定层次的问题，使每个学生都有不同的收获。

06 "第六单元 碳和碳的氧化物"评价与教学策略

一、单元教学目标

本单元是初中化学元素化合物知识中的重要组成部分;气体制取实验技能是初中化学实验中的重点、难点;还原反应是进一步学习氧化还原反应的基础;化合物之间的衍变关系,为以后学习燃料及其利用、酸和碱、盐和化肥等内容打下基础。本单元的主要内容有固态非金属单质碳所具有的一些物理性质,氧气单质的性质、制法和用途,碳的氧化物和碳的含氧酸的性质等。

本单元的教学目标是:①了解金刚石、石墨和 C_{60} 的物理性质和主要用途。②知道碳单质的化学性质。③知道物质的结构与性质、性质与用途之间的关系。④知道不同的元素可以组成不同的物质,同种元素也可以组成不同的物质。⑤从得失氧的角度认识氧化还原反应以及物质的氧化性、还原性。⑥了解实验室中制取二氧化碳的反应原理、制取装置、收集方法及验证方法。⑦了解实验室中制取气体的一般思路和方法。⑧了解二氧化碳和一氧化碳的性质及用途。⑨实验探究二氧化碳性质。⑩了解二氧化碳和一氧化碳的性质及用途。

在本单元教学中不宜拓展的知识有:同素异形体的概念。

从研究非金属元素及其化合物的角度看,本单元更具有典型性。在学生具备了一定的化学基本概念、技能之后,本单元深入、细致地研究具体物质,内容紧密联系社会和高新科技,可以为正确运用化学用语提供基础。

本单元要引导学生弄清物质的结构与性质、性质与制法、性质与用途之间的关系。充分利用教材中的图片,让学生比较不同碳单质的结构与性质的关系,树立结构决定性质的观念。通过实验室制取二氧化碳的研究与实践,让学生从反应物的状态、反应条件等方面比较、选择气体发生装置,从气体密度、溶解性等方面比较、选择气体收集装置,列表比较、分析二氧化碳和氧气制取实验及相关性质,使学生认识物质性质决定制法。通过不同碳单质的性质与用途,二氧化碳、一氧化碳性质与用途的讨论、归纳,使学生理解物质的性质决定用途。

二、评价案例分析

本单元是继第二、三单元的空气、氧气和水以后,学习的又一个元素及其化合物知识单元。学习碳及其氧化物的性质以及它们之间的衍变关系,为以后学习燃料及其利用、酸和碱、盐和化肥等单元的内容打下一定基础,具有承上启下的地位。本单元的学习是在学生具备了一定的化学基本概念和基本技能之后深入、细致地研究具体物质,内容紧密联系社会和高新科技,可以冲淡学生在学习物质构成以及元素符号、化学式、化学方程式等化学用语过程中产生的枯燥感。加之本单元的实验贴近学生生活实际、重视学科间的联系、注重探究能力的培养,可以有效地恢复学生在第四、第五单元学习中受到影响的学习化学的兴趣。

本单元教学中实验多,宜采用"小组合作学习"。"小组合作学习"是一种以小组为单位,通过分工协作、互相交流、综合概括,从而获得知识的教学形式。在这个学习过程中,不仅有学生独立思考和操作,而且有学生之间的信息交流和竞争,更有学生之间的互相帮助、互相学习、取长补短,因此,学生不仅在知识上,而且在情感与合作技能等方面都得到提高。让学生在互相交流中学习到知识,取长补短,对学生知识的掌握、学习能力的提高都会起到积极的促进作用。

【案例】 二氧化碳的密度是否比空气大?

【多媒体展示动画】

在意大利的深山谷中有一个神秘的山洞,人称"死狗洞",当人走进山洞时没有任何异样感觉,但人牵一只狗进去,狗很快就会窒息而亡,当人蹲下看狗的时候,就会觉得呼吸困难。你能解开这个谜吗?

小组讨论:同学们很快就投入热烈的讨论中,教师在教室里走动,不时参与讨论。

(小组派代表发言)

1组:这种气体可能是一氧化碳,因为一氧化碳能与血红蛋白结合,使狗缺氧而死。

2组:如果气体是一氧化碳的话,人应该也会中毒,但人没有感到任何异样,所以1组的推断不对,我们觉得这种气体应该是二氧化碳。

3组:山洞地面的二氧化碳的浓度较高,证明二氧化碳的密度比空气大。

4组：狗窒息而死证明二氧化碳不支持呼吸。

教师：好！同学们已初步具有分析问题的能力，2、3、4组的分析是对的，杀死狗的凶手就是高浓度的二氧化碳气体。你还能举出日常生活中哪些事例证明二氧化碳的密度比空气的密度大？

小组讨论，并分别设计实验方案，或画出实验图。

1组：二氧化碳收集时用向上排空法，证明二氧化碳的密度比空气大。

2组：点燃烧杯中梯形铁皮架的两个阶梯上两支高度不同的蜡烛后，拿出一瓶事先收集好的CO_2倾倒入烧杯中，发现蜡烛由低到高依次熄灭，以此证明CO_2密度比空气大。

3组：将两只相同的烧杯分别放在已调平衡的天平两托盘上，再把一瓶CO_2气体倾倒在一侧烧杯中，可观察到这一侧会下沉。

教师：评价学生的实验，并给予设计较好的小组加分。

【评析】

浓厚的学习兴趣，能使学习者产生探究的动机，并以渴望和愉快的心情去学习。激发学生学习兴趣的方法和手段很多，如生活中与所学知识有关的趣事，有趣味的化学故事、夸张的卡通图片或动画、生动的化学史料、适合学生言语习惯的文字对白等，都能吸引学生自觉融入学习活动中。在本教学片段中创设了"'死狗洞'的秘密"这一问题，激发了学生对于二氧化碳这种气体性质探究的热情，为学生的学习创设了一个宽松、开放、自我、探究的学习空间，使学生思维的敏捷性得到释放，思维的深度和广度得到发展，同时，也激发了学生的探究意识和探究精神，很多小组的回答出乎教师的想象。如有的小组"将一瓶二氧化碳气体口朝下放在燃着的木条上方"来证明二氧化碳的密度比空气大。实践证明，只有当学习内容跟其形成、运用的社会和自然情境结合时，有意义学习才可能发生，所学的知识才易于迁移到其他情境中再应用。只有在真实情境中获得的知识和技能，学生才能真正理解和掌握，才可能到真实生活或其他学习环境中解决实际问题。

在学习本课题之前，学生对二氧化碳已经非常熟悉，在生物等其他学科中也多有涉及。这无疑是一件好事，因为学习自己熟悉的东西总是比较容易的，至少在心理上是熟悉的。但是固有的知识经验有时也会影响我们应该达到的学习效果，先入为主的思想会使学生丧失学习兴趣，怎样扬长避短，既能利用已有的经验，又能激发学生的好奇心，使学生产生积极的求学欲望，这是本节课的一个技术难题。为了攻克这一难题，教师大胆地改进实验，让每位同学都能参与进来，让他们都能通过自己的努力获得新知,变"被动"为"主动",让每位同学都乐学好学。

对本课题的学习,学生有如下准备:①他们已对氧气性质有所掌握,实验的基本技能得到发展,这对学习二氧化碳有帮助。②学生已经具备了一定的观察能力,但是本节内容实验比较多,对实验现象的观察可能不够全面。③九年级学生已经具备了一定表达能力,但对实验现象的描述和现象的解释可能会词不达意。

三、学习评价策略

通过前面的学习,学生已经掌握了大量的化学反应与实验事实。由于有了前面氧气的实验室制法的学习,学生已基本掌握了实验室制法的一些思路,还掌握了一些物质之间发生化学反应可以生成二氧化碳的知识。因此可以在学习氧气制取的基础上,让学生从反应物的状态、反应条件等方面比较,选择气体发生装置;从气体密度、溶解性等方面比较,选择气体收集装置。列表比较、分析制取二氧化碳和氧气的实验及相关性质,使学生认识物质的性质决定制法。通过实验室制取二氧化碳的研究与实践,进而形成实验室制取气体的一般思路和方法。这样的设计,符合学生的思维发展,有利于提高学生不断探索、不断创新实践和科学的学习态度。

该课题实验较多,且内容贴近生活,以学生生活实际素材创设情境。这样的编排使学生以轻松愉快甚至兴奋的心情,去主动体验探究过程,保持学习化学的兴趣,提高学好化学的信心。关于二氧化碳的物理性质的实验,如"倾倒二氧化碳"和"二氧化碳的溶解性实验",都具有很强的趣味性,要保证一次成功,引发学生学习的兴趣。二氧化碳溶于水使饮料瓶瘪下去的实验与物理学中气压的变化很好地结合在一起,使学生能利用已具备的物理知识分析实验现象、得到正确结论,增进了学科之间的融合。对于二氧化碳与水的反应,教学时可以先提供酸可使紫色石蕊溶液变红色的信息,然后提出研究课题"如何设计实验证明二氧化碳可与水反应生成碳酸",并引导学生将自己设计的方案与课本设计的小花变色相比较,再通过讨论、交流,分析哪种方案更科学,从而培养学生的思维能力和探究性学习方法。在教学中要注意发展学生勤于思考、严谨求实、善于合作、勇于创新实践的科学精神。以下是"二氧化碳的实验室制法"化学实验操作技能方法评价案例。

（一）学习内容出现的时间及其评价标准的描述

（1）学习内容：二氧化碳的实验室制法。

（2）学习内容出现的时间：人教版九年级化学上册第六单元课题2"二氧化碳制取的研究"。

（3）学习内容评价标准的描述：认识实验室制取二氧化碳的原理、装置和操作步骤。在具体物质的学习中，感受和体会化学研究物质的角度和方法（实验）。通过气体制取实验探究，体验科学研究的过程、学习方法。通过讨论交流、分组实验、实践活动、探究活动等，体会合作与发现的乐趣，养成科学态度和合作精神。

（二）化学实验操作技能方法的综述

化学是一门以实验为基础的自然学科。在化学教学中，实验是科学探究的重要手段，通过实验以及对实验现象的观察、记录和分析等，可以发现和验证化学原理，学习科学探究的方法并获得化学知识。实验教学是化学教学的重要组成部分，它可以帮助学生形成化学概念，巩固和理解化学知识，培养学生观察问题、分析问题、解决问题的能力，获得比较熟练的实验技能。因此，我们必须要大力培养学生的实验探究能力和创新精神。

化学实验操作技能是为了完成化学实验任务而进行的实验操作的动作。它属于化学基本技能中的动作技能，是最能体现化学学科特点的基本技能。化学实验技能是化学实验内容的重要组成部分，它贯穿于化学实验的全过程，是保证所有化学实验安全、顺利进行及获得正确的结论、制备合格产品和测定准确数据的基本条件。因此进行化学实验首先就要掌握化学实验技能。中学化学实验技能包括使用仪器的技能和实验操作的技能两方面。

（三）二氧化碳的实验室制法的评价过程

（1）引出研究内容。

在前面的学习中，我们已经知道了如何进行氧气的实验室制备，也初步掌握了气体制备的一般方法。

（2）提出疑问：你认为二氧化碳在实验室制备时要注意哪些呢？

学生各抒己见：要根据反应物的状态和反应的条件来选择发生装置；要根据二氧化碳的性质来选择收集装置；要验证的气体是否为想收集的气体；在实验操

作过程中,要注意先后顺序,例如先检查装置气密性再装药品,先装固体药品再装液体药品等等。

(3) 总结:根据以上思路,用以下提供的仪器和药品,收集二氧化碳气体。

实验器材:大试管、铁架台(带铁夹)、带导管的单孔橡皮塞、集气瓶、玻璃片、烧杯、镊子、木条、酒精灯、火柴、抹布、废液缸等。

药品:块状大理石(或石灰石)、稀盐酸、水。

(4) 布置任务。

同学们按照以下提供的表格进行实验,并如实地记录观察到的实验现象。

实验内容和步骤	实验记录
1. 装配二氧化碳的制取装置,检查装置的气密性	现象:
2. 用镊子将石灰石(或大理石)装入试管	
3. 注入适量稀盐酸后,立即塞紧橡皮管,并将试管固定在铁架台上	现象: 化学方程式:
4. 用向上排空气法,收集二氧化碳气体(注意集气瓶口盖上玻璃片)	结论:
5. 先点燃酒精灯,再引燃木条,对收集的二氧化碳进行验满	现象:
6. 当二氧化碳收集满后,移出集气瓶中的导管,盖好玻璃片,正确放置	
7. 正确处理反应后的废液,洗净所用仪器,并按规定放置,完成实验记录	

(5) 考查成绩。

每道实验步骤都有对应考查项目要求,达到要求为满分,未达到考查目标要求的该考查项目为 0 分;基本达到考查目标的该考查项目记满分值的 60% 左右;得分达到 6 分以上的被评为合格,在 6 分以下的被评为不合格。

(四) 评价标准和评价尺度

(1) 制订方法:采用"分步操作,按点评分"的方法进行考查,通过学生记录及学生在实验操作中存在的问题,对学生进行评价。

(2) 评价尺度：

考查要点	评价细则	成绩评定 (合格"√",不合格"×") 考生桌号及姓名						
		1	2	3	4	5	6	7
1. 检查气密性	(1) 能用正确方法检查装置的气密性,若有漏气,能找出原因并排除故障							
2. 固体的取用	(2) 能正确利用镊子把适量石灰石(或大理石)装入试管							
3. 液体的取用及装置固定	(3) 能正确、熟练地向试管中加入一定量的液体							
	(4) 能将试管正确地固定在铁架台上,并便于收集气体的操作							
4. 收集气体	(5) 收集二氧化碳气体的操作正确							
5. 验满	(6) 能熟练地使用酒精灯							
	(7) 验满的操作与判断准确无误							
6. 暂时存放气体	(8) 用玻璃片盖好所收集的气体,并放到指定处							
7. 整理与记录	(9) 处理废液,洗净所用仪器,并按规定放置							
	(10) 正确填写实验记录							
考查结论	6个及6个以上考查要点成绩合格者,结论为"合格",否则为"不合格"							

注：总得分为7项得分之和,共10分,最后根据总得分评定其优秀(9~10分)、良好(7~8分)、合格(5~6分)、不合格(5分以下)。

（五）评价过程的注意事项

在评价学生进行实验操作的质量水平时,要特别注意以下四点：
①熟练性,包括操作的协调能力。
②准确性,包括操作动作的规范性,准确记录实验现象,清晰明确的实验步骤。
③在整个实验的过程中,学生要经过阅读实验报告,操作实验,记录实验现象。在评价时应特别注意过程性评价,对每个步骤都要给予适度的评价以肯定

学生的努力和劳动。

④鼓励并给学生创造交流的机会。实验结束后可以将部分优秀或者学生自己乐于展示的实验报告进行展示、交流。

（六）真实的学生作业及评分

(1) 一号作业。

实验内容和步骤	实验记录
1. 装配二氧化碳的制取装置，检查装置的气密性	现象：导管口有气泡产生
2. 用镊子将石灰石(或大理石)装入试管	
3. 注入适量稀盐酸后，立即塞紧橡皮管，并将试管固定在铁架台上	现象：有气泡生成 化学方程式： $CaCO_3 + 2HCl = CaCl_2 + H_2O + CO_2$
4. 用向上排空气法，收集二氧化碳气体(注意集气瓶口盖上玻璃片)	结论：二氧化碳密度比空气大
5. 先点燃酒精灯，再引燃木条，对收集的二氧化碳进行验满	现象：小木条熄灭
6. 当二氧化碳收集满后，移出集气瓶中的导管，盖好玻璃片，正确放置	
7. 正确处理反应后的废液，洗净所用仪器，并按规定放置，完成实验记录	

评价：6分，合格。该生能按基本实验步骤完成实验，但在实验过程和实验记录中存在不足，例如对实验现象描述不够准确，化学方程式中生成的气体没有标注气体符号，在实验过程中，直接用手拿石灰石，并将其直接放入试管中。

(2) 二号作业。

实验内容和步骤	实验记录
1. 装配二氧化碳的制取装置，检查装置的气密性	现象：导管口有气泡产生
2. 注入适量稀盐酸后，立即塞紧橡皮管，并将试管固定在铁架台上	

续表

实验内容和步骤	实验记录
3. 用镊子将石灰石(或大理石)装入试管	现象:石灰石表面有气泡生成,部分石灰石慢慢变小 化学方程式: $CaCO_3 + 2HCl == CaCl_2 + H_2O + CO_2\uparrow$
4. 用向上排空气法,收集二氧化碳气体(注意集气瓶口盖上玻璃片)	结论:二氧化碳密度比空气大
5. 先点燃酒精灯,再引燃木条,对收集的二氧化碳进行验满	现象:放在集气瓶口点燃的木条火焰熄灭
6. 当二氧化碳收集满后,移出集气瓶中的导管,盖好玻璃片,正确放置	
7. 正确处理反应后的废液,洗净所用仪器,并按规定放置,完成实验记录	

评价:9分,优秀。整个实验过程操作熟练,实验报告书写、处理合理。但在实验中,先添加了稀盐酸,再添加石灰石,且洗完的试管没有倒放在试管架上。

四、学业评价样例

(一)"第六单元　碳和碳的氧化物"评价目标细目表

知识点	认知性目标			技能性目标		体验性目标		
	知道(A)	了解(B)	理解(C)	模仿操作(a)	独立操作(b)	体验(Ⅰ)	关注(Ⅱ)	树立(Ⅲ)
1. 金刚石与石墨的物理性质和主要用途			√			√		
2. 物质的结构与性质、性质与用途之间的关系			√					√
3. 不同的元素可以组成不同的物质,同种元素也可以组成不同的物质			√			√		

续表

知识点	认知性目标			技能性目标		体验性目标		
	知道(A)	了解(B)	理解(C)	模仿操作(a)	独立操作(b)	体验(Ⅰ)	关注(Ⅱ)	树立(Ⅲ)
4. 木炭与活性炭具有吸附性	√				√	√		
5. 碳单质的化学性质	√				√		√	
6. 碳和氧化铜反应产物的猜想与验证		√			√	√		
7. 还原反应,还原性的含义		√						√
8. 实验室制取二氧化碳的反应原理				√	√	√		
9. 实验室制取二氧化碳的制取装置				√	√	√		√
10. 实验室制取二氧化碳的收集方法				√	√	√		√
11. 二氧化碳的检验和验满方法				√	√	√		
12. 实验室制取二氧化碳的步骤	√				√	√		
13. 二氧化碳的性质及用途	√	√	√			√		
14. 实验探究二氧化碳的性质				√	√		√	
15. 温室效应及防治方法	√							√
16. 自然界的碳循环				√			√	√
17. 一氧化碳的性质及用途	√			√			√	

(二) 评价样题

1. 评价内容

【题目背景】

(1) 书本中木炭还原氧化铜实验,考查了此实验的装置、操作、现象,以及反应后产物的探究。

(2) 通过实验探究提高学生对信息进行分析、数据的处理等能力。

【题目内容】

右图是木炭还原氧化铜的实验装置。

(1) 酒精灯加网罩的目的是＿＿＿＿＿＿＿＿＿＿＿＿＿＿。

(2) 刚开始预热，试管②中立即产生气泡，但石灰水不变浑浊，原因是＿＿＿＿＿＿＿＿＿＿。

(3) 继续加热，观察到澄清石灰水逐渐变浑浊，黑色粉末中出现红色物质。请写出带点部分的化学方程式：＿＿＿＿＿＿＿＿＿＿。

(4) 停止加热时，应先将导管从试管②中撤出，原因是＿＿＿＿＿＿＿＿＿＿；待试管①冷却后再把试管里的粉末倒出，原因是＿＿＿＿＿＿＿＿＿＿。

(5) 该实验中得到的红色固体，一般认为是金属铜。但资料也表明，C 也能将 CuO 还原为红色固体 Cu_2O（氧化亚铜）。已知 $Cu_2O + H_2SO_4 =\!=\!= Cu + CuSO_4 + H_2O$。试与兴趣小组同学合作完成进一步确认红色固体成分的实验报告。

步骤和方法	现象	分析
取 7.2 g 红色固体，置于烧杯中，向其中加入足量的稀硫酸，充分搅拌，静置	若无明显变化	证明红色固体是＿＿＿＿＿＿
	若＿＿＿＿＿＿	证明红色固体肯定含有＿＿＿＿＿＿
取上述反应后的溶液过滤、洗涤、干燥和称量，得固体质量为 6.8 g		确认红色固体是＿＿＿＿＿＿

2. 评价意图

【内容维度】

(1) 碳、氧化铜、铜的化学性质。

(2) 掌握实验的基本操作。

(3) 实验探究物质的组成成分以及含量。

【能力维度】

(1) 通过木炭还原氧化铜实验中装置、操作、现象的分析，提高实验能力。

(2) 学会分析实验结果的误差原因。

(3) 阅读、信息分析、数据的处理能力。

【学科思想】

（1）实验过程影响实验结果，细节决定成败。

（2）培养学生养成用比较、分类、归纳、概括等方法对获取的信息进行加工的基本素养。

【评价特点】

化学课程中的科学探究，是学生积极主动地获取化学知识、认识和解决化学问题的重要实践活动。它涉及提出问题、猜想与假设、制订计划、进行实验、收集证据、解释与结论、反思与评价、表达与交流等要素。学生通过亲身经历和体验科学探究活动，激发对化学学习的兴趣，增进对科学的情感，理解科学的本质，学习科学探究的方法，初步形成科学探究能力。科学探究是一种重要的学习方式，也是初中化学课程的重要内容，对发展学生的科学素养具有不可替代的作用。

本题以"木炭还原氧化铜的实验"探究为依托，提供相应的信息和数据，以表格形式呈现实践活动，根据题目情景提供的信息，要求学生初步学会运用比较、分类、归纳、概括等方法对获取的信息进行加工。要求考生会发现问题、提出问题、分析问题并做出合理的猜想与假设，会设计实验验证自己的假设，以此考查学生的化学基础知识、综合实验能力和科学探究能力，培养学生的科学探究精神，提高科学素养。解答此类试题思维要有开放性，能探究性地提出问题。要敏锐地发现问题，提出假设和探究验证假设的方法，用观察到的现象和记录的数据进行推理和判断；要注意对试题提供的信息进行分析、数据的处理以及对探究问题的合理猜想和想象，不要生搬硬套，胡乱猜想，应在短时间内切准题目要害，找准突破口。

3. 预估难度：0.65 左右

4. 参考答案

（1）集中火焰提高温度

（2）此时逸出的气体是试管内的空气，而非二氧化碳

（3）$CO_2 + Ca(OH)_2 = CaCO_3\downarrow + H_2O$

（4）防止试管②中的澄清石灰水倒流而使试管①炸裂　防止空气进入试管①中，而重新氧化了生成的高温的铜

（5）Cu　红色固体部分溶解，溶液由无色变为蓝色　肯定有 Cu_2O，可能含有 Cu　Cu_2O 和 Cu

(三)"第六单元　碳和碳的氧化物"质量评价题型细目表

知识点	题型	题号	认知性目标 A	认知性目标 B	认知性目标 C	技能性目标 a	技能性目标 b	体验性目标 Ⅰ	体验性目标 Ⅱ	体验性目标 Ⅲ	难度
1. 金刚石与石墨的物理性质和主要用途	选择题	1			√			√			0.8
	填空题	16			√			√			0.9
2. 物质的结构与性质、性质与用途之间的关系	选择题	2			√					√	0.8
	填空题	16			√					√	0.9
3. 不同的元素可以组成不同的物质,同种元素也可以组成不同的物质	选择题	7		√				√			0.7
4. 木炭与活性炭具有吸附性	选择题	4	√			√		√			0.9
5. 碳单质的化学性质	选择题	5	√			√			√		0.8
	填空题	18		√					√		0.7
	活动与交流	19		√			√		√		0.6
6. 碳和氧化铜反应产物的猜想与验证	活动与交流	19		√		√			√		0.6
7. 还原反应,还原性的含义	选择题	6			√					√	0.7
	填空题	16			√					√	0.8
8. 实验室制取二氧化碳的反应原理	选择题	9			√		√	√			0.9
	选择题	13			√						0.9
	填空题	17			√		√	√			0.7
	计算题	20		√			√			√	0.8
9. 实验室制取二氧化碳的制取装置	选择题	10			√		√	√	√		0.8
	填空题	17			√		√	√			0.8
10. 实验室制取二氧化碳的收集方法	选择题	11			√		√	√		√	0.8
	填空题	17			√		√	√		√	0.8
11. 二氧化碳的检验和满方法	选择题	11			√		√	√			0.8
	选择题	12			√						0.8

续表

知识点	题型	题号	认知性目标 A	认知性目标 B	认知性目标 C	技能性目标 a	技能性目标 b	体验性目标 I	体验性目标 II	体验性目标 III	难度
12. 实验室制取二氧化碳的步骤	填空题	17	√				√	√			0.7
13. 二氧化碳的性质及用途	选择题	8			√		√	√			0.7
	选择题	13		√							0.8
	填空题	17		√		√		√			0.7
	填空题	18		√							0.7
14. 实验探究二氧化碳的性质	选择题	14		√		√		√			0.6
	填空题	17		√		√		√			0.8
15. 温室效应及防治方法	选择题	12	√							√	0.9
	填空题	18	√							√	0.8
16. 自然界的碳循环	选择题	3	√					√			0.9
	填空题	18		√				√			0.8
17. 一氧化碳的性质及用途	选择题	8		√							0.7
	选择题	15		√							0.6
	填空题	16	√			√		√			0.9

本单元知识点较多,尤其是实验比较多,在编制教学质量评价题型细目表时,要注意覆盖度,在编制试题时需要从不同的角度和方法考查。本细目表中第19题是一道综合性较强的习题,选题时要注意知识点覆盖的全面性,问题设计要有梯度。

07 "第七单元 燃料及其利用" 评价与教学策略

一、单元教学目标

本单元隶属课程标准中的第五部分"化学与社会发展"中的化学与能源和资源的利用。在第二单元学习氧气性质时，学生对燃烧有了一定的认识；在第六单元学习二氧化碳的性质和制法时，学生又知道了一些灭火的方法。本单元从探究燃烧条件的实验入手，学生通过实验探究，得出燃烧需要的条件；再根据燃烧的条件推论灭火的原理；然后介绍一些防火和防爆的安全知识。燃烧反应的实例很多，而生活中利用最多的是燃料的燃烧。所以，在介绍了燃烧等知识之后，又介绍了燃料及其用途，以及使用燃料对环境的影响，显得顺理成章。教材中还适当编入与社会发展、新科技和急待开发的新能源等相关的资料，以开阔学生的眼界，体现STSE教育。

本单元的教学目标是：①了解燃烧的概念，知道燃烧的条件以及灭火的原理和方法。②知道缓慢氧化、自燃、燃烧和爆炸的区别。③通过共同设计实验探究燃烧的条件，进一步学习利用对比实验进行科学探究的一般方法。培养自主探究精神，体验探究乐趣。④知道化学反应中的能量变化，认识通过化学反应实现能量转化的重要性和常见的放热、吸热反应。⑤知道化石燃料是人类社会的重要的自然资源。知道三大化石燃料：煤、石油和天然气。知道石油分馏和煤干馏出的几种主要产品及用途，能运用实验的方法得出甲烷组成含碳、氢元素的结论。⑥认识燃料充分燃烧的重要性，了解使用氢气、天然气、液化石油气、酒精、汽油、煤等燃料对环境的影响，懂得选择对环境污染较小的燃料。⑦知道使燃料充分燃烧的条件，认识酸雨的形成和对环境造成的危害，以及采取的防治和保护措施。⑧知道乙醇燃烧、氢气燃烧和制取氢气的反应，初步认识车用乙醇汽油的有关知识。⑨认识使用和开发清洁燃料及能源的重要性，了解新型燃料及能源。

在本单元教学中不宜拓展的知识有：①推断含氧有机物的化学式。②吸热反应和放热反应的概念。③酸雨的形成及危害的原因。④石油的裂化、裂解的概念。

二、评价案例分析

本单元在教学过程中应注意从学生的亲身体验出发，选择学生熟悉和生活中常见的知识和现象，并配合图像和视频，增强学生对知识的感受；同时，注意通过活动与探究、调查研究、讨论和实验等形式，培养学生的创新精神和实践能力。要让学生知道自然资源并不是"取之不尽，用之不竭"的；认识人类要合理地开发和利用资源，树立保护环境、与自然和谐相处的意识，使社会可持续发展。

本单元教学中应让学生进行科学探究活动，教师除了需要设计能激发其内在需求的情境外，还应布置能激发学生进行探究活动的任务。学生有了足够的任务驱动，就能将这个任务作为自己进行探究活动的动力，可以保证有足够的热情投入到探究活动中来，这也是保证探究活动自主进行的最基本保障。教学中要重视学习情景设计和学习活动设计。如燃烧的条件的教学中，对课本实验进行再开发，提供部分器材及化学药品直接由学生自己通过活动与探究，学习对获得的事实进行分析得出结论的科学方法，使学生主动地与他人进行交流和讨论，并且在自主学习中，学会自己归纳、总结，形成良好的学习习惯和学习方法；灭火方法的教学中采用尽可能多的方法使正在燃烧的蜡烛火焰熄灭，如扇动、水喷淋、剪去燃烧的烛芯等；进行火灾事故调查，培养学生调查研究和收集处理信息的能力，使学生掌握解决问题的科学方法；通过认识"燃烧和爆炸"对人类有利的一面也有不利的一面，培养学生辩证地看问题的能力，感受并赞赏化学对改善人类生活和促进社会发展的积极作用，关注与化学有关的社会问题，形成主动参与社会决策的意识。

【案例】 燃烧条件的探究

师生共析：①说一说：一氧化碳在空气中，木炭、硫粉、铁丝在氧气中燃烧的现象（配以图片）。②议一议：燃烧的特征。③想一想：什么叫燃烧？学生在回忆旧知识的基础上，对比总结出燃烧的概念。

教师：根据视频中出现的场景、日常生活经验和前面学过的知识，引导学生猜想燃烧的条件。

师生共析：得出可燃物是燃烧的首要条件，还可能与温度、氧气等有关。

教师：演示一组实验：① 在分别充满空气、二氧化碳的两支试管（管口塞有带玻璃管的单孔橡皮塞，玻璃管上方系一气球）中放入大小和形状几乎相同的白磷，再将试管同时放入盛80℃左右热水的同一烧杯中。② 分别将大小和形状几乎相同的白磷放入两支充满空气的试管（管口塞有带玻璃管的单孔橡皮塞，玻璃管上方系一气球）中，同时将其分别放入盛冷水和80℃左右热水的两个烧杯中。③ 在充满空气的两支试管（管口塞有带玻璃管的单孔橡皮塞，玻璃管上方系一气球）中分别放入质量几乎相等的白磷和红磷，再将试管同时放入盛80℃左右热水的同一烧杯中。

学生：观察现象并记录，感悟"要探究某一因素对燃烧的影响时，必须在其他条件相同的前提下"的科学探究方法。

教师：引导探究，请同学们小组合作讨论出探究方案并进行实验，亲自体验燃烧与哪些因素有关。实验时，请同学们合理分工、相互合作、注意观察、认真记录。实验用品：水、酒精、小木条、小煤块、蜡烛、铜片、二氧化碳气体、玻璃棒、烧杯、镊子、酒精灯、点滴板、火柴、坩埚钳等。

学生：分组讨论并实验和记录。

师生共析：学生描述探究方案，实验现象及结论；老师适当板书。最后得出燃烧的条件。

【评析】

上述设计根据大多数九年级学生的思维发展水平，针对学生的"最近发展区"，精心设计"台阶"。教师先引导学生在回忆旧知识的基础上，对比总结出燃烧的概念，为下面探究燃烧的条件、提出合理猜想做了很好的铺垫。然后教师首先演示三个实验，潜移默化地让学生去感悟出"要探究某一因素对燃烧的影响时，必须在其他条件相同的前提下"这一科学探究方法。这样的设计有利于学生自己去回味、思考、发散，积极主动地学习；有利于学生学会知识与技能的迁移；有利于学生在新情境中解决问题能力和创造能力的提高。

三、学习评价策略

课程标准倡导从学生已有的经验出发，使学生在熟悉的生活情境中感受化学的重要性，了解化学与社会生活生产的密切关系，在学习过程中逐步学会分析和解决与化学有关的一些简单的实际问题。促使学生养成结合实际生活情境，主动通过活动养成思考与分析问题的习惯，形成主动学习化学知识的方式方法，从而在知识的形成、联系、应用过程中养成科学的态度,学习科学的方法,在系统地学习系列活动与实践中逐步形成终身学习的兴趣、意识和能力。有关化学与能源、资源利用的学业评价,既要注重知识与技能层面上的学业形成与发展动态,更要体现学习活动中的过程与方法、情感态度与价值观教学目标的有机结合和落实。

以下是关于"化石燃料燃烧对环境的影响"收集资料并分类方法的评价案例。

(一) 学习内容出现的时间及其评价标准的描述

(1) 学习内容:化石燃料燃烧对环境的影响。

(2) 学习内容出现的时间:人教版九年级化学上册第七单元课题2"燃料的合理利用与开发"。

(3) 学习内容评价标准的描述:①知道化石燃料是人类社会的重要的自然资源。知道三大化石燃料:煤、石油和天然气。知道石油分馏和煤干馏出的几种主要产品及用途,能运用实验的方法得出甲烷组成含碳、氢元素的结论。②认识燃料充分燃烧的重要性,了解使用氢气、天然气、液化石油气、酒精、汽油、煤等燃料对环境的影响,懂得选择对环境污染较小的燃料。③知道使燃料充分燃烧的条件,认识酸雨的形成和对环境造成的危害,以及采取的防治和保护措施。④知道乙醇燃烧、氢气燃烧和制取氢气的反应,初步认识车用乙醇汽油的有关知识。⑤认识使用和开发清洁燃料及能源的重要性,了解新型燃料及能源。

(二) 收集资料并分类方法的综述

有目的地收集与化学相关的第一手资料并分类的典型调查活动,属于活动能力与相关知识运用表现评价方法中的一种。度量学生能否依据活动主题采集与化学相关的信息,以及运用化学知识进行分类的能力,反映学生自主学习态度与现状,通过相应的客观评价可以促进学习的主动性和积极性。因此,评价学生对化石燃料燃烧对环境的影响及分类认识的情况,可以通过他们在活动中收集的信息资料及其分类进行客观度量。在评价过程中,既能依据教科书已有的相关教学资源通过比较进行绝对评价,也能依据学生收集的信息资料及其分类通过相互比较进行相对评价,还能依据已往的相关活动(如大气污染源及其监测的调查活动)对学生进行个体内差异的评价,更重要的是可以引导学生进行元认知的形成与发展的初步尝试。所以,对于化石燃料燃烧对环境的影响及分类的调查学习活动,采用此方法特别合适。

化石燃料燃烧对环境的影响及分类是学习从化学角度认识环境保护系列内容中,有关空气污染及其防治的重要组成部分,也是学习这部分内容的起点。需要在认识化石燃料燃烧对环境的影响的基础上,通过相关调查活动及成果,才能认识化石燃料燃烧的危害性,认识减少化石燃料燃烧对防治空气污染的重要性。而且为后续学习中完善水污染及防治、合理施用化肥和农药、重金属污染及防治、土壤污染及防治,形成学习模式和学习基础。所以,必须极大地调动起学生自主参与化石燃料燃烧对环境的影响及分类活动的兴趣和积极性。

让学生参与化石燃料燃烧对环境的影响及分类的典型调查,才能客观反映学生的直接体验、交流和合作等自主学习的活动过程。但是,化石燃料燃烧对环境的影响及分类所涉及的内容十分广泛,为了有利于学生的参与,对化石燃料燃烧对环境的影响进行典型调查,并对调查收集的资料进行分类。这既是为学生学会减少化石燃料燃烧对环境的影响,积累相关基础知识与进一步学习的资源,更是为形成防治空气污染、节约能源意识与观念,积累感性认识的素材。因此,作为有关化石燃料燃烧对环境的影响的系列活动之一,化石燃料燃烧对环境的影响及分类的活动,应采用收集资料并分类的方法评价。

(三)化石燃料燃烧对环境的影响的评价过程

(1)公布可进行化石燃料燃烧产物及危害调查的途径与方式。①访问网站收集有关化石燃料燃烧产物对环境影响的文章资料,并进行分类;②访问网站收集有关化石燃料燃烧产物对环境影响的图片资料,并进行分类;③访问环保网站收集有关化石燃料燃烧产物对环境影响的数据资料,并进行分类;④通过图书收集有关化石燃料燃烧产物对环境影响的资料,并进行分类;⑤通过报纸杂志收集有关化石燃料燃烧产物对环境影响的资料,并进行分类;⑥通过实地考察收集有关化石燃料燃烧产物对环境影响的资料,并进行分类。

(2)建构化石燃料燃烧产物对环境影响来源的分类知识。

化石燃料燃烧产物对环境影响的主要来源 → 大气污染
　　　　　　　　　　　　　　　　　　　　→ 水体污染
　　　　　　　　　　　　　　　　　　　　→ 土壤污染

(3)学生依据家庭条件及状况,分组选择不同的途径或方式,进行调查活动。教师引导各小组要注意依据化石燃料燃烧产物对环境影响来源的分类知识,在收集过程中必须注意各类资料在数量上应当相当,有条件时还可以适当注意每一类的子分类,以此渗透化学物质多样性的内容。

(4) 通过收集资料并分类整理的成果展示、座谈会、各种方式收集经验交流会等形式,进行具体的收集并分类的情况交流。在这些活动中,同步进行学生的自我评价和相互评价。有条件时,也可以适当引导学生通过讨论形成"若合理使用物质,就必须注意物质能够发生某些化学变化"的意识。

(四) 评价标准和评价尺度

(1) 制订方法:教师采用定性评价与定量评价相结合的方式,并以学生间交流互评为基础。

(2) 评价尺度:

① 5 分。相关分类正确、无科学性错误;每种分类的资料都在 3 种以上;每种资料都具有代表性;能够依据收集的资料提供翔实简要的具体说明。

② 4 分。相关分类正确、无科学性错误;每种分类的资料都在 3 种以上;每种资料中能注意内容上有所差异;可以依据收集的资料给予一些说明。

③ 3 分。相关分类正确、无科学性错误;每种分类的资料都在 3 种以上;每种资料的内容相近。

(五) 评价过程的注意事项

引导九年级学生按照活动要求,进行化石燃料燃烧产物对环境影响的资料收集并分类的活动一般不会出现困难。当学生面对课本以外的浩瀚的相关信息,问题就会随之而来,甚至层出不穷。主要问题是原本清晰的分类标准,可能被学生演变得五花八门,导致所收集的资料造成评价的困难甚至于无奈。这时需要教师能够包容学生的幼稚的表现,并能从中找出有代表性的成功之作和"闪光之处",进行鼓励性评价为主,以此让学生自己"发现"自己成果中的不足之处。切忌在此时树立反面典型,进行冷嘲热讽。作为教师应当清醒地意识到,这与学生在中考中遇到综合性难题时的情境是多么相似!如果能够在学生实践体验的基础上,引导学生总结并探索复杂情境中如何整理收集相关信息、检索相关信息的思绪,其教育教学的价值将有多大!因此,对化石燃料燃烧产物对环境影响的资料收集并分类的活动,重在以评价促发展、促成功的信念,在具体方法与措施上要不断总结经验教训,切忌一次性的仲裁式评价。

（六）真实的学生作业及评分

（1）一号作业：黄××。

大气污染

化石燃料燃烧产物通过排放废气、废水、废渣和废热，污染大气、水体和土壤；产生噪声、振动等危害周围环境。各种工业生产过程排放的废物含有不同的污染物，如煤燃烧排出的烟气中含有一氧化碳、二氧化硫、苯并(a)芘和粉尘等；化工生产废气中含有硫化氢、氮氧化物、氟化氢、甲醛、氨等；电镀工业废水中含有重金属（铬、镉、镍、铜等）离子、酸碱、氰化物等；火力发电厂排出烟气和废热等。此外，由于化学工业的迅速发展，越来越多的人工合成物质进入环境；地下矿藏的大量开采，把原来埋在地下的物质带到地上，从而破坏了地球物质循环的平衡。重金属和各种难降解的有机物，在人类生活环境中循环、富集，对人体健康构成长期威胁。工业污染源对环境危害最大。

土壤污染

例如，化肥和农药的不合理使用，造成土壤污染，破坏土壤结构和土壤生态系统，进而破坏自然界的生态平衡；降水形成的径流和渗流将土壤中的氮、磷、农药以及牧场、养殖场、农副产品加工厂的有机废物带入水体，使水质恶化，造成水体富营养化等。

水体污染

人类生活过程中产生的污水，是水体的主要污染源之一。主要是粪便和洗涤污水。城市每人每日排出的生活污水量为150～400 L，其量与生活水平有密切关系。生活污水中含有大量有机物，如纤维素、淀粉、糖类和脂肪蛋白质等；也常含有病原菌、病毒和寄生虫卵；无机盐类的氯化物、硫酸盐、磷酸盐、碳酸氢盐和钠、钾、钙、镁等。总的特点是含氮、含硫和含磷高，在厌氧细菌作用下，易生成恶臭物质。人们应该保护水资源。

评价：5分。能够围绕化石燃料燃烧产物对环境影响的三个方面，在网络上分类收集资料，拓展并充实了课本的相关学习内容，而且资料分类比较准确，很好地完成了学习活动的全部内容。

（2）二号作业：章××。

南京整治工业污染开始攻坚

本报讯 8月19日上午，南京市市长蒋宏坤和南京化纤股份有限公司董事长沈光宇签署责任状：2007年底前，位于主城栖霞大道的南京化纤厂必须整体搬迁到江北南京化工园。蒋宏坤说，这是给全市人民一个强烈的信号，南京整治工业企业污染、转变经济增长方式、推进循环经济发展进入攻坚阶段。

南京市去年以来出台了一系列走新型工业化道路的政策性文件，3年内，南京绕城公路以内的主城区除保留部分都市型工业及总部经济外，其他工业企业一律向开发区、工业集中区转移。化工类全部向南京化工园及其配套区集中；电子信息类向南京高新区、新港开发区和江宁开发区集中；汽车及零部件类向江宁开发区、溧水开发区集中。

目前南京主城区内的617家工业企业分三类处理：属都市型工业、污染少易治理企业就地改造；有污染但有市场且正常生产的企业搬迁改造，2007年底前未搬迁的限期关闭；既污染严重又不能正常生产的企业2007年底前全部关闭、破产或销号。蒋宏坤强调，企业搬迁不是简单的易地"克隆"，而是通过搬迁提高工业装备水平，提高产品档次，实现清洁生产和资源循环利用。

以南京化纤厂打头炮，足见南京治理污染企业的决心。20世纪60年代建设的南京化纤厂现在是一家国有控股的上市公司，职工3 300多人，近3年公司年平均总产值和销售收入都在7个亿左右，上交各项税收1.5亿元左右，对地方经济发展做出了贡献。然而，它却是城市恶臭主要污染源之一。南京市环保局局长严苏扬说，尽管2003年以来，南京化纤厂先后投入5 000多万元上了4套废气治理设施，但是并没有彻底解决问题，不利气候条件下，恶臭污染仍对部分城区造成影响。

面对搬迁，南京化纤股份有限公司体现出很强的大局意识。沈光宇认为，搬迁为南京化纤提供了新的更大的发展机遇。他介绍，这两年公司已经在为搬迁打基础，作为公司的重要组成部分，他们在南京化工园已经分别与香港的法伯尔公司、奥地利的兰精公司合资建设了两个粘胶短纤生产企业。随着两个合资企业明年一季度、四季度相继投产，化纤厂新厂区将开始建设，2007年底前老厂搬迁完毕。届时，将彻底改变技术工艺落后状况，长丝生长规模将翻番，粘胶短纤将在现在年产2万多吨的基础上增加5万多吨。特别是环境治理的手段会更加先进，各种排放物将大大降低。据副市长奚永明透露，南京另外两个有污染的大企业钛白粉厂和第二钢铁厂也将于近日签署搬迁责任状。全市第一批14家限期治理企业本月底全部到期，不合标准的，市环保局将坚决报请市政府予以停产治理。

（作者：俞巧云 来源：新华日报）

评价：5分。能够借助于网络系统收集报纸报道的有关化石燃料燃烧产物对环境影响三个方面的相关资料。分类正确，而且相关资料集中反映了污染源分析、危害、治理等内容。对拓展课本学习内容有很大帮助。

四、学业评价样例

(一)"第七单元 燃料及其利用"评价目标细目表

知识点	认知性目标			技能性目标		体验性目标		
	知道(A)	了解(B)	理解(C)	模仿操作(a)	独立操作(b)	体验(Ⅰ)	关注(Ⅱ)	树立(Ⅲ)
1. 燃烧的条件	√				√			√
2. 设计实验探究燃烧的条件		√			√	√		
3. 知道化学反应中的能量变化,认识通过化学反应实现能量转化的重要性	√		√				√	
4. 知道化石燃料是人类社会的重要的自然资源	√						√	
5. 认识燃料充分燃烧的重要性		√		√				√
6. 认识使用和开发清洁燃料及能源的重要性		√					√	

(二)评价样题

1. 评价内容

【题目背景】

(1) 书本中常用燃料的使用与其对环境的影响;酸雨的产生、危害及防治。

(2) 通过图表提高学生阅读、信息分析能力。

【题目内容】

下页右图是燃气热水器示意图。

(1) 某热水器以天然气(主要成分是 CH_4)为燃气。

①写出 CH_4 完全燃烧的化学方程式:_____。

②当"空气进气孔"被部分堵塞,燃烧将产生有毒气体M,M的化学式为_____。

③燃气阀门关闭后火焰立即熄灭,火焰熄灭的原理是_____(填序号):

A. 移走可燃物

B. 隔绝空气

C. 降低温度至着火点以下

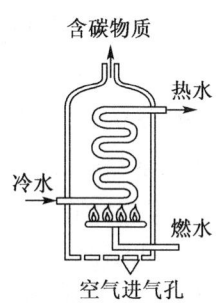

(2)1 kg 不同燃料燃烧产生 CO_2 和 SO_2 的质量如下图。

①最不会污染环境的燃料是_____;

②燃烧时最易形成酸雨的燃料是_____。

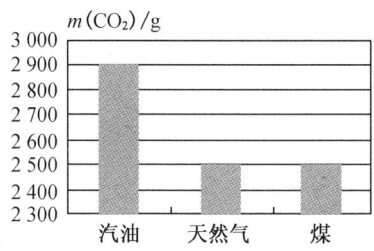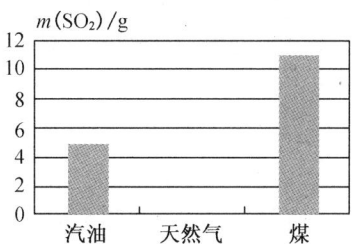

(3)人们正在利用和开发其他能源,如太阳能、_____等。

2. 评价意图

【内容维度】

(1)甲烷、二氧化硫、二氧化碳、一氧化碳的性质。

(2)燃烧与灭火的原理。

(3)了解新型燃料及能源。

【能力维度】

(1)通过燃烧与灭火方法考查,学会改变化学反应条件的能力。

(2)阅读、信息分析、数据的处理能力。

【学科思想】

(1)认识化学在环境保护中的作用,树立环保观念。

(2)知道选择燃料应从资源、经济、技术和环境等多方面综合考虑,特别是要重视资源的保护和燃烧产物对环境的影响问题。

(3)培养学生养成通过阅读、分析、比较等方法对获取的信息进行加工的基本素养。

【评价特点】

化学课程强调化学教学要注重贴近生活,联系社会实际,增强动手实践能力是激发学习兴趣的重要方法,使学生适应现代生活和未来发展、提高科学素养和人文素养的需要。在教学时要充分发挥化学课程对培养学生人文精神的积极作用,注意从学生熟悉的身边现象入手,寻找新的视角和切入点,引导他们感受身边的化学物质和化学变化,增强学习的兴趣,发现问题、展开研究以获得新的知识和经验,加深对化学知识在生活实际中应用的认识,关注人类面临的与化学相关的社会问题,有意识地引导学生从多个角度对有关问题做出价值判断,培养学生的社会责任感、参与意识与决策能力。

本题就是按照课程标准,命制的一道生活实际应用题,本题以"燃气热水器的燃料"为背景,并提供相应的信息和数据,以图表形式呈现,要让学生积极主动地获取化学知识和解决化学问题的重要实践活动,根据题目情景提供的信息,要求学生初步学会运用阅读、比较、归纳等方法对获取的信息进行加工。解答此类试题要把所学化学知识与生活实际相结合,要强化基础知识的学习,并把相关知识进行对比分析,知道彼此的联系与区别。

3. 预估难度:0.75 左右

4. 参考答案

(1) ①$CH_4 + 2O_2 \xrightarrow{\text{点燃}} CO_2 + 2H_2O$ ②CO ③A

(2) ①天然气 ②煤

(3) 风能、氢能等

(三)"第七单元 燃料及其利用"质量评价题型细目表

知识点	题型	题号	认知性目标			技能性目标		体验性目标			难度
			A	B	C	a	b	I	II	III	
1. 燃烧的条件	选择题	3	√			√		√			0.8
	选择题	4		√							0.8
	填空题	16		√							0.7
2. 设计实验探究燃烧的条件	选择题	7		√				√			0.7
	探究题	22		√			√	√			0.6

续表

知识点	题型	题号	认知性目标 A	B	C	技能性目标 a	b	体验性目标 I	II	III	难度
3. 知道化学反应中的能量变化，认识通过化学反应实现能量转化的重要性	选择题	2	√								0.8
	选择题	8	√			√					0.8
	选择题	9		√							0.7
	选择题	11		√							0.7
	填空题	21		√		√					0.7
4. 知道化石燃料是人类社会的重要的自然资源	选择题	5	√								0.7
	选择题	12	√								0.8
	选择题	13		√			√				0.7
	选择题	15			√						0.6
	填空题	17		√							0.7
5. 认识燃料充分燃烧的重要性	选择题	6	√								0.8
	选择题	10		√							0.7
	选择题	14		√							0.6
	填空题	19	√			√		√			0.7
	填空题	20		√					√		0.6
6. 认识使用和开发清洁燃料及能源的重要性	选择题	1	√								0.9
	填空题	18		√							0.7

命题者利用细目表命制试卷来考查学生，如果我们能了解命题细目表的制作过程，那我们的教学就会更有的放矢。本细目表中第22题是一道综合性较强的习题，选题时应注意知识点覆盖要全，问题设计要有梯度。

08 "第八单元 金属和金属材料"评价与教学策略

一、单元教学目标

本单元既对前面所学的金属的性质进行归纳总结,又为今后高中学习金属的性质打下基础。

本单元的教学目标是:①了解金属的物理性质(如导电性、导热性、延展性等)和合金的特性,感受纯金属与合金性质的不同。②知道物质组成的改变会使其性能发生改变,认识金属材料与人类生活和社会发展的密切关系,加深对物质性质与用途的关系的了解。③通过对一些新科技成果如形状记忆合金等的了解,培养学习兴趣。通过对金属的物理性质与前面学过的非金属(例如氧气、碳)物理性质进行对比、归纳、总结,掌握金属的通性。④以探究金属活动性顺序为核心,认识常见金属的化学性质(金属与氧气、酸溶液、盐溶液反应),并且能用金属活动性顺序解释一些与日常生活有关的化学问题。⑤能用金属活动顺序表对有关置换反应进行判断,并能解释日常生活中的一些化学现象。⑥知道一些常见金属(铁、铝等)矿物,知道从铁矿石中将铁还原出来的方法和化学原理。⑦掌握根据化学方程式对含有某些杂质的反应物或生成物进行有关计算。⑧知道金属锈蚀的条件以及防止金属锈蚀的简单方法,认识废弃金属对环境的影响,认识回收利用废旧金属等金属资源保护措施的重要性,认识和体会化学在自然资源开发和利用中的意义与作用,揭示化学与可持续发展的重要关系,树立资源保护意识和合理开发意识。

在本单元教学中不宜拓展的知识有:金属与强氧化性酸的反应,炼钢的原理、设备等,金属的电化学腐蚀等。

总之,本单元与生活和社会发展的关系非常密切,涉及的范围很广,但又不缺乏系统性。学习本单元的知识的根本目的是在了解金属的性质与用途的基础上,体会物质性质决定用途的化学思维方式。在教学过程中,教师要合理运用教学策略,从学生和社会发展的需要出发,激发学生学习的主动性,有针对性地选择相应的评价措施,调动学生学习的积极因素,提高课堂教学效率。

本单元是学生全面系统地学习金属的开始,教学时要注意从学生的生活经验和实验事实出发,注重对学生学习能力的培养,尤其注意对一些重点内容采用探究的方式。对于学有余力的同学,可以在教学中增加回火与淬火的原理,碱金属等活泼金属某些重要性质,从氧化还原的角度认识炼铁的原理等学习内容。在学完全本书并能融会贯通后,达到识别合金属于混合物,认识运用合金的优越性;能设计简单的实验比较不同金属在溶液中的活动性,能设计实验探究铁制品锈蚀的条件,对身边的金属材料提出合理的防锈蚀方案等教学目标。

二、评价案例分析

新课标教学反对以往"教师讲,学生记"或"只是教师提出问题,学生回答问题"的教学方式,更强调学生的学习主动性。金属的性质需要学生自己通过实验探究获取,实验现象在教材中也不做叙述,而是需要学生自己得出。同时,在学习过程中,学生要掌握并运用许多重要学习方法,如观察法、实验法、比较法、归纳法等,为后继的学习奠定坚实的方法论基础。

在本单元教学中,可以通过对一些实例讨论和分析,让学生感受金属在工农业生产和科学研究中的重要应用。例如,以生活中的事例"黄铜(铜锌合金)与黄金的外观很相似,常被不法商贩用来冒充黄金牟取暴利,我们可用什么办法来鉴别它们呢?"引入,学生能够想到的多数是利用其物理性质,教师告诉学生除物理性质以外还可以利用它们的化学性质,引起学生的好奇心和求知欲望。

【案例】 比较出这两种金属的活动性的相对强弱教学

教师:(创设情景)在海南岛适宜种植芒果树,每年芒果树修枝后,都要喷洒浓度为15%的硫酸铜溶液杀虫。去年,椰林村的小王用铁桶配好农药后,第二天才喷药,结果发现害虫没被杀死,铁桶壁上有红色的东西沾在上面。为什么按要求配好的农药杀不死害虫?铁桶壁上的红色物质是什么呢?

活动活动:猜想可能的原因,用实验证明。

学生实验:把用砂纸打磨过的光亮的铁丝,放入硫酸铜溶液中,静置片刻后取出,观察到①铁片表面覆盖一层红色物质;②溶液颜色变浅(由蓝色变为浅绿色)。

学生汇报：铁桶与硫酸铜溶液反应，生成了硫酸亚铁，使药液变质。

知识小结：在金属活动性顺序表里，位于前面的金属能把排在后面的金属从它们的化合物溶液中置换出来。

【评析】

本片段教学中，教师主要通过学生实验探究，给学生充分的动手、动口、动脑的时间，突出了学生的主体作用。在对金属活动性顺序的探究上，学生积极参与教学活动，经历观察、分析、推理、综合等过程，全面地掌握了规律的实质。与此同时，学生的思维也能得到真正的锻炼，体现其学习的主体角色。在学生之间交流时，学生都能各抒己见，发表自己的观点。在课堂教学中教师应该改变以往那种讲解知识为主的传授者的角色，努力成为一个善于倾听学生想法的聆听者。

本片段中教师通过日常生活中的常见事例，让化学知识回归于生活，引导学生用学过的知识去解决生活中的问题，使学生有学习的成就感，同时提高了学生学习化学知识的兴趣，让学生感受到化学就在身旁。

学生在学习本课题之前已经学习了"我们周围的空气"和"自然界的水"等知识，而金属在生活生产的各个领域都被广泛应用，所以本课题的学习可以看作是对前面内容的一种完善。在物质的分类中金属是非常重要的一类；金属制品的使用和保护与其化学性质密切相关；金属单质能转化为各种金属化合物；在金属的化学反应中涉及金属单质、非金属单质、金属氧化物、酸、盐等不同类别的物质。所以本课题的学习将有助于学生建立物质的分类框架，有利于学生理解物质之间的转化关系，同时对物质的化学性质以及化学方程式的书写起巩固深化作用。

对本课题的学习，学生有如下准备：①对人类生存所依赖的空气、水有了初步的了解；②对广泛应用于生活生产中的金属有较丰富的经验积累；③对物质研究的程序和方法有了一定了解；④学习了用化学方程式表示化学反应的方法；⑤在前面的章节中零碎地接触过有关金属化学性质的知识，例如一些金属与氧气的反应，镁与盐酸的反应，实验室用锌与硫酸反应制取氢气，镁、锌被酸雨腐蚀，铁与硫酸铜溶液的反应等。

三、学习评价策略

金属与盐溶液的反应是考试的重点，对学生的思维有较高的要求，强调对金属活动性顺序的运用。课堂教学中，教师通过学生实验、讨论等多种手段引出了金属活动性顺序,那么学生对于金属活动性顺序表的掌握究竟到什么程度呢?是否已经记忆了金属活动性顺序表,知道了表中排在前面的金属可以将后面的金属从它的盐溶液中置换出来?如果涉及一种金属放入两种混合溶液中,那么学生是否还能够判断呢?鉴于准备用纸笔测试的方法,为了使得不同层次的学生都有发挥的余地,能力较弱的学生不会感觉无从下手,能力较强的同学也不会感到没有空间,在准备试题时,应注意一定的开放性。以下为对"金属和盐溶液的反应"纸笔评价样例。

(一)学习内容出现的时间及其评价标准的描述

(1)学习内容:金属和盐溶液的反应。

(2)学习内容出现的时间:人教版九年级化学下册第八单元课题2"金属的化学性质"。

(3)学习内容评价标准的描述:能运用金属活动性顺序判断有关的置换反应能否发生,能解释日常生活中的一些现象。

(二)纸笔测验方法的综述

新课程理念在评价策略上,提倡"终结性评价与过程性评价相结合、定性评价与定量评价相结合、学生自评互评与他人评价相结合",在评价方式上,主要采用纸笔测验、学习档案评价和活动表现评价三种。希望以此促进学生在科学素养各个方面的共同发展,同时也能利于学生的个性发展。

值得注意的是,建立多元化的评价体系并不代表着全盘否定了传统纸笔测试的作用,事实上,由于纸笔测试具有客观、公正、可比性强等优点,在现阶段它仍然是目前教学过程中最常见、最易操作、最便捷的评价方式之一,是教师最常使用的评价手段,而且在评价中占主导地位。但在运用时应注意将重点放在考查学生对化学基本概念、基本原理以及化学、技术与社会的相互关系的认识和理解上,不宜放在对知识的记忆和重现上;应重视考查学生综合运用所学知识、技能和方法分析和解决问题的能力,不单是强化解答习题的技能;应注意选择具有真实情景的综合性、开放性的问题,不宜孤立地对基础知识和基本技能进行测试。我们不应否认纸笔测试的优点,而应切实提高纸笔测试命题的质量,让学生能够学得更好。

（三）金属与盐溶液反应的评价过程

(1) 引出研究内容。

复习回顾：回忆铁与硫酸铜溶液的反应。

现象—化学方程式—结论：这说明铁比铜活泼，它可以把铜从硫酸铜溶液中置换出来，这也是比较金属活动性的依据之一。

(2) 进一步确认探究得出金属活动性顺序表：引导小组实验。

实验：分组实验铜丝和硝酸银溶液，铜丝和硫酸铝溶液。

分析：金属活动性由强到弱：铝、铜、银。

(3) 结合前面所学，得出金属活动性顺序表。

(4) 简单运用金属活动性顺序表，比较金属活动性的相对强弱。

(5) 布置任务。

下面我们就来具体运用依据金属活动性表，列举两例以实验说明之。

（四）评价标准和评价尺度

(1) 制订方法：教师采用量化评价的原则。

(2) 评价尺度：①5分。能根据铁粉的量来判断反应后溶液中溶质的情况；能清楚、正确描述3种情况；没有化学用语的错误。②4分。能清楚、正确描述3种情况；没有化学用语的错误。③3分。能清楚、正确描述2种情况；没有化学用语的错误。

（五）评价过程的注意事项

教师在授课时并没有讲解一种金属与两种溶液反应，这种情况相对空间较大。对于学生能够指出铁能置换铜、银不能置换出镁，能够基本掌握本节内容就应该加以表扬，不要过度要求所有的学生都能够得出正确答案。评价只是为了掌握学生目前对该知识点掌握的情况，通过讲评，学生可以获得更多的知识，教师不应打击学生的积极性，所以此处只要学生可以正确写出其中一种，即可得3分。

（六）真实的学生作业及评分

（1）一号作业：姜××。

把 Fe 放入含 $Cu(NO_3)_2$、$AgNO_3$、$Mg(NO_3)_2$ 的溶液中充分反应后，溶液中的溶质可能有哪几种？

一、铁量不足
① $Cu(NO_3)_2$、$\cancel{AgNO_3}$、$Mg(NO_3)_2$　$Fe(NO_3)_2$
② $Cu(NO_3)_2$、$Fe(NO_3)_2$、$Mg(NO_3)_2$

二、铁量充足　$Fe(NO_3)_2$、$Mg(NO_3)_2$

评价：5分。"金属与混合盐溶液反应发生置换反应的规律"，是学生对于"掌握金属活动性顺序表对置换反应进行简单判断"的能力提升，虽然该同学描述的方法不一样，但是已经正确描述了3种情况，有明确反应物的量的意识。

（2）二号作业：王×。

把 Fe 放入含 $Cu(NO_3)_2$、$AgNO_3$、$Mg(NO_3)_2$ 的溶液中充分反应后，溶液中的溶质可能有哪几种？

① $Fe(NO_3)_2$、$Mg(NO_3)_2$
② $Fe(NO_3)_2$、$Mg(NO_3)_2$、$Cu(NO_3)_2$
③ $Fe(NO_3)_2$、$Mg(NO_3)_2$、$Cu(NO_3)_2$、$AgNO_3$

评价：5分。虽然该作业也正确地描述了3种情况，但比起一号作业来还是显得有点逊色，没有提及反应物的量对反应的影响，但是也能够给予5分，在反馈时，应提醒学生注意这一点。

四、学业评价样例

（一）"第八单元　金属和金属材料"质量评价目标细目表

知识点	认知性目标			技能性目标		体验性目标		
	知道(A)	了解(B)	理解(C)	模仿操作(a)	独立操作(b)	体验(Ⅰ)	关注(Ⅱ)	树立(Ⅲ)
1. 常见金属的物理特性，区分常见金属和非金属		✓				✓		
2. 生铁和钢等重要合金	✓			✓		✓		
3. 认识加入其他金属可以改良金属特性		✓				✓		
4. 金属材料在生产、生活和社会发展中的重要作用							✓	
5. 常见的金属与氧气的反应	✓					✓		
6. 常见金属与稀盐酸、稀硫酸发生反应的规律				✓	✓	✓		
7. 置换反应		✓			✓	✓		
8. 常见金属与某些盐溶液的反应的规律				✓	✓	✓		
9. 常见金属的活动性顺序表		✓				✓		
10. 运用金属活动性顺序表对置换反应进行判断				✓	✓	✓		
11. 设计简单的实验比较不同金属的活动性				✓	✓			
12. 一些常见金属（如铁、铜、铝等）的矿物	✓					✓		
13. 从铁矿石中将铁还原出来的方法和化学原理，用实验方法将氧化铁中的铁还原出来			✓		✓	✓		

续表

知识点	认知性目标			技能性目标		体验性目标		
	知道(A)	了解(B)	理解(C)	模仿操作(a)	独立操作(b)	体验(Ⅰ)	关注(Ⅱ)	树立(Ⅲ)
14. 根据化学方程式对含有某些杂质的反应物或生产物进行计算			√		√			
15. 金属锈蚀的条件,防止金属锈蚀的简单方法		√			√		√	
16. 保护金属资源的重要性,回收金属的重要性	√						√	

(二)评价样题

1. 评价内容

【题目背景】

(1) 书本中设计的铁和硫酸铜溶液实验,对反应后溶液中废液进行探究。

(2) 建立在学生掌握了金属活动性顺序表的运用的基础上。

【题目内容】

某实验室的废液中含有硫酸铜和硫酸亚铁。某化学兴趣小组的同学取了适量的上述废液样品,将一定量锌粉加入样品中,充分反应后过滤,得到滤液A和固体B。

请回答下列有关问题:

(1) 关于滤液A所含溶质的猜想中,不合理的是_____(填写序号)。

①猜想一:只有硫酸锌

②猜想二:硫酸锌、硫酸亚铁

③猜想三:硫酸锌、硫酸亚铁、硫酸铜

④猜想四:硫酸锌、硫酸铜

(2) 设计简单实验,确定"猜想二"对应的固体B的成分:_____。

(3) 反应后析出金属的质量_____(选填"一定"或"不一定")比参加反应的金属质量小。

2. 评价意图

【内容维度】

(1) 金属的化学性质以及金属活动性顺序的应用。

(2) 化学计算。

【能力维度】

(1) 实验设计、分析评价能力。

(2) 初步判断事实证据与假设之间的关系的能力。

(3) 计算能力等。

【学科思想】

(1) 科学探究的一般方法。

(2) 从定性到定量。

【评价特点】

本题是以"比较锌、铁、铜3种金属的活动性"为课题进行的探究题,考查金属活动性顺序的有关知识,更重要的是考查学生的科学探究能力和科学的思维方法。此题设置了新的问题情景,不是简单地考查学生对金属活动性顺序的记忆,也不是简单地让学生根据现象判断金属的活动性顺序,而是为学生提供了一个较为广阔的思维空间,对学生思维的有序性、科学性、严密性进行考查。

本题注重问题的情境的创设。该命题素材联系了学习实际,创设了一定的试题情境来考查学生分析问题和解决问题的能力,让学生在真实的情境中联系可能用到的相关知识,思考问题的解决办法。它立足于社会发展和实际生活的需要,突出化学学科的实际应用价值和学科特点,体现了在化学和社会的相互作用中体会和感悟学习化学的价值。此题给教学的启示是:化学教学不能让学生机械地死记硬背教材上的知识内容,要积极组织实验探究活动,让学生理解知识的形成过程,形成科学的思维方法,发展探究能力。

3. 预估难度:0.5左右

4. 参考答案

(1) ④

(2) 取一定量固体B于试管中,加入适量的稀盐酸,若无气泡产生,则固体B是铜,若有气泡产生,则固体B的成分是铜和铁

(3) 一定

（三）"第八单元　金属和金属材料"质量评价题型细目表

知识点	题型	题号	认知性目标 A	认知性目标 B	认知性目标 C	技能性目标 a	技能性目标 b	体验性目标 Ⅰ	体验性目标 Ⅱ	体验性目标 Ⅲ	难度
1. 常见金属的物理性质	选择题	1	√								0.9
2. 常见合金及其优点	选择题	3		√							0.8
3. 金属材料的用途及影响用途的多种因素	选择题	2	√								0.9
4. 回火与淬火	选择题	5	√								0.7
5. 铁、铝、铜等常见金属与氧气的反应	选择题	10		√							0.8
	选择题	12		√							0.7
6. 常见金属与稀盐酸、稀硫酸发生反应的规律	选择题	13		√							0.8
	填空题	16		√							0.7
7. 置换反应	选择题	6		√							0.8
8. 常见金属与某些盐溶液的反应	选择题	8		√							0.8
	填空题	20			√						0.7
9. 常见金属的活动性顺序表	选择题	9		√							0.8
10. 运用金属活动性顺序表对置换反应进行判断	选择题	7		√			√				0.7
11. 设计简单的实验比较不同金属的活动性	选择题	14		√							0.7
	探究题	18			√		√				0.6
12. 一些常见金属（如铁、铜、铝等）的矿物	选择题	4	√								0.9
13. 从铁矿石中将铁还原出来的方法和化学原理	实验题	19			√						0.7
14. 根据化学方程式对含有某些杂质的反应物或生产物进行计算	计算题	19		√			√				0.7
	选择题	15		√							0.6
15. 金属锈蚀的条件	填空题	17	√								0.8

续表

知识点	题型	题号	认知性目标 A B C	技能性目标 a b	体验性目标 Ⅰ Ⅱ Ⅲ	难度
16. 防止金属锈蚀的简单方法	填空题	18	√			0.9
17. 保护金属资源的重要性	选择题	11	√			0.9
18. 设计实验探究铁制品锈蚀的条件	实验探究题	20	√	√		0.7

利用细目表命制试题,可以有效克服教师命题过程中的随意性和盲目性,避免出现知识点无计划地重复考查或遗漏的现象,避免出现试卷难度太大或太小,避免题型设置的不合理现象等。本细目表中第19题是一道综合性较强的习题,选题时要注意。

09 "第九单元 溶液" 评价与教学策略

一、单元教学目标

本单元的教学内容,属于课程标准中第二个"一级主题""身边的化学物质"中主要内容之一,这是在学习了空气组成、氧气性质与制法、水及水资源、碳及其氧化物性质和二氧化碳制法、金属性质与资源开发利用,学习了初中化学的绝大部分重要概念、原理、物质结构基础知识、物质组成、主要化学用语、从量的角度认识物质组成结构和认识化学反应,学习了基本的实验技能、初步的科学探究方法的基础上,首次较为系统地认识一类特殊的混合物——溶液。

本单元的教学目标是:①认识溶解现象,知道溶液、溶剂、溶质等概念。②知道水是最重要的溶剂,酒精、汽油等也是常见的溶剂以及溶液中溶质、溶剂的判断。③能说出一些常见的乳化现象,会用简单的方法将衣料上沾有的油污等洗去。④知道溶液是一类重要的物质,了解溶液在生产、生活中的重要意义。认识物质在溶解过程中常伴随吸热或放热现象。⑤能利用一些物质溶于水后引起溶液温度变化的现象解决生产和生活中的一些问题。了解乳浊液的概念。了解乳化和溶解的本质区别。⑥了解溶解度的含义,会利用溶解性表或溶解度曲线,查阅有关物质的溶解性或溶解度,依据给定的数据绘制溶解度曲线。⑦知道气体的溶解度及其影响因素。⑧了解饱和溶液的含义。饱和溶液和不饱和溶液的相互转化。⑨掌握一种溶液组成的表示方法——溶质的质量分数,能进行溶质质量分数的简单计算。⑩初步学会配制一定溶质质量分数的溶液。

在本单元教学中不宜拓展的知识有:洗涤剂乳化作用的微观解释,有关气体溶解度的计算,溶质为气体的溶质质量分数的计算,有关体积比浓度、ppm 浓度的计算等。

本单元内容的学习,可巩固并深化对水的净化、水污染的防治、金属在水溶液中的活动性等知识的理解;还为今后学习酸、碱、盐的知识,理解复分解反应发生的条件等奠定基础。因此,本单元的学习必须突破仅抓知识点教学的局限性,重视学习思维能力的培养,从发散角度,拓展思维空间;从逻辑推理角度,可引导学生循着"用途反映性质、性质反映结构"的基本观点。

二、评价案例分析

课程标准强调学生的学习主动性,溶液的性质需要学生自己通过实验探究获取。同时,在学习过程中,学生要掌握并运用许多重要学习方法,如观察法、实验法、比较法、归纳法等,为后继的学习奠定基础。

在本单元教学中,对于溶液的形成,本课题的第一个实验很简单,学生也有这方面的生活经历。因此把教学的重点应放在对实验现象的微观解释和溶液、溶质、溶剂概念的建立上。我们可从以下的教学实录片段中,体会如何让学生达成此目标。

【案例】

教师:(课前准备)指导学生课前分别取纯净水、矿泉水、蔗糖水、食盐水、蔗糖食盐水、橙汁汽水各一杯(装在透明的杯子里),观察外观的差异。

探究活动1:请同学品尝,并描述味道和过程中的感受。其他同学根据他们的描述猜猜他们喝的是什么。饮品的配制者揭晓答案,并根据配方及包装上的标签与其他同学一起分析饮品的成分。

教师:(引导)除橙汁汽水,其余的五杯有什么共同点?(根据前面活动的体会并结合生活经验)

师生共同小结:外表一样的味道可能不一样,味道一样的成分也可能不一样。要透过现象看本质。

小结:①溶液都是混合物,成分中都含有水。②味道上下一致,是均一的。③矿物质、糖、盐等成分不会从水中分离出来(水分不蒸发、温度不改变)。

教师:(引导)它们是怎么形成的?为什么各部分的味道是一样的呢?(联系分子的特征理解形成的过程)。

学生:(观看动画)蔗糖在水中的溶解、食盐在水中的溶解。(小结)蔗糖溶于水后以分子形式均匀地分散在水中,而氯化钠以阴、阳离子形式均匀地分散在水中。

【评析】

本片段中,教师通过日常生活中溶液的物理特征,引导学生了解蔗糖溶于水的过程是蔗糖分子扩散的过程,食盐溶于水的过程则是离子扩散的过程,进而归纳得出无论是分子还是离子,它们都是极其微小的粒子。

特别值得提出的是课本第 29 页的"实验 9-3",从知识的角度不难看出,实验的结论是:酒精能与水以任意比例互溶。但注重能力培养的教师,就还能发现实验中加入的是滴有红墨水的水溶液,这在设计实验时是一个十分重要的基础方法——借助其他物质改变实验可以使观察到的现象更加的明显。当然,从发散的角度思考,这其中还蕴藏着更多的知识,就需要依据师生双向的学习素养来判断是否开发利用了。

三、学习评价策略

溶液的形成和溶解度的教学是九年级化学教学中的重点之一。"溶液的形成"以认识溶液概念向溶液宏观组成发展,继而探究溶液的形成,引导认识初步的微观结构、认识溶解过程。本概念突出从定性的角度初步认识溶液,明确溶液的特征,会分析溶液的宏观组成,知道溶液特征与溶液微观粒子构成有必然联系。而"溶解度"以了解饱和溶液和不饱和溶液的含义为前提,通过饱和溶液和不饱和溶液的转化和确定的研究,引导学生认识物质变化与客观条件间的关系,进一步明确通过控制变量才能合理分析物质性质的重要性;然后,探究从定量角度研究物质溶解的限度——溶解度以及利用溶解性表或溶解度曲线,查阅有关物质的溶解性或溶解度;依据给定的数据绘制溶解度曲线。本内容突出从定性向定量过渡来实现对饱和溶液、溶解度的动态认识的培养,必须克服单纯计算教学干扰学生思维向开拓和敏捷发展的浅表式教学,注重实验数据的采集与处理,学习量化分析的基础能力。

教学中要转变学生的学习方式。教学内容的选择,不应仅限于纸质的教材书,而是要拓宽到以文字教材为主体,音像教材和电子教材为两翼,并向网络教材发展,逐步实现教学内容的呈现方式、学生的学习方式以及教学过程中师生的互动方式变革。

例如,利用多媒体课件进行"溶解度"的教学,课件内容可分四个部分:①感受饱和;②寻找转化条件;③学习溶解度;④测定溶解度的方法。课件的场景中有一个大烧杯,溶解过程及其现象都可以看得清清楚楚;有一支可以随时调节高度的温度计(图略);还有两个文本框,一个是"溶液目前状态",另一个是"溶质或溶剂的改变"(见下图)。

溶液目前状态	溶质或溶剂的改变
温度:_____℃	加入溶质_____g
溶质:_____g	加入溶剂_____g
溶剂:_____g	蒸发溶剂_____g
溶液:_____g	

这些课件通过 flash 形式展现溶液的溶解、结晶、饱和与不饱和的相互转化,以及当外界条件变化时溶液中各组成相应发生的量的变化。形式活泼、画面生动,使枯燥的学习变得趣味盎然。

以下是对"用描述方法说出溶液或溶解度"的评价样例。

(一) 学习内容出现的时间及其评价标准的描述

(1) 学习内容:溶液的形成和溶解度。

(2) 学习内容出现的时间:人教版九年级化学下册第九单元课题 1"溶液的形成"、课题 2"溶解度"。

(3) 学习内容评价标准的描述:知道什么是溶质、溶剂、溶液,了解溶质溶解在溶剂中的过程和现象。知道水是最重要的溶剂,酒精、汽油等也是常见的溶剂以及溶液中溶质、溶剂的判断。了解饱和溶液的含义。知道怎样判断溶液是否饱和,溶解度大小和溶解性的关系。

(二) 描述方法的综述

描述方法属于活动表现评价方法中的一种。学生通过对概念的述说、判断、举例等方式表达对概念的理解,从而加深对概念的体会和认识。教师则可以通过这种相对量化的方式有效度量学生是否理解和把握了概念的内涵与外延。在这个表达当中,学生表达也不仅仅是对概念的理解,还表达了自己的情感态度与价值观,这种方式也更人性化。鉴于对溶液和溶解度的认识,在复习课时采用此方法特别合适,通过学生的表达,可以及时发现学生在概念理解中存在的问题,从而有针对性地加以辅导。

溶液的形成和溶解度的教学是九年级化学教学中的重点之一。"溶液的形成"突出从定性的角度初步认识溶液,明确溶液的特征,会分析溶液的宏观组成,知道溶液特征与溶液微观粒子构成有必然联系。而"溶解度"突出从定性向定量过渡来实现对饱和溶液、溶解度的动态认识的培养,必须克服单纯计算教学干扰学生思维向开拓和敏捷发展的浅表式教学,注重实验数据的采集与处理,学习量化分析的基本能力。

鉴于这种考虑,采用通过课后复习描述溶液和溶解度的方法对学生的学业进行量化评价,并进一步利用溶解度表进行探究,根据小组选择的方向对实验分析研究。通过学生独立完成和小组合作探究相结合的方式对溶液和溶解度进行学业评价,整个过程涉及的技能较多,可以给学生多元化的展示机会,评价也较为全面,将更利于对目标的落实。因此,有关溶液和溶解度概念的复习课教学采用此方法评价较为合适。

(三)溶液和溶解度的评价过程

(1)可以通过学生已经学过的熟悉的溶液入手,如蔚蓝的海水、清澈的矿泉水、盐酸、澄清的石灰水和硫酸铜溶液等,加深对溶液形成的认识及其对溶液特征的强化,进而对已知的液体通过分析对比进行系统的展开式复习。

(2)学生以食盐、蔗糖在常温下溶解量的探究开始,以溶剂为定量、溶质为变量,引入条件控制下的定量分析,进而再进行以溶剂为定量、溶质和温度同为变量时的定量分析,学生通过活动与探究,了解饱和溶液和溶解度的概念,可以加深对溶解现象的理解。形成对饱和溶液和不饱和溶液可在一定条件下相互转化的认识,建立动态分析认识事物的基础。然后,再对固体溶质的溶液形成中常见变量进行系统归纳分析中,自然突显出溶解度概念中的全部要素,探究得出从定量角度研究物质溶解的限度——溶解度。

(3)在描述方法资料汇总的基础上,由个人或小组完成对溶液及其溶解度概念的文章或者报告。教师对这一阶段的数据进行加工和处理,通过比较、归纳等基本方法,让学生形成更为系统的概念意识,加强对于概念的把握!

(四)评价标准和评价尺度

(1)制订方法:教师采用定性评价与定量评价相结合的方式,同伴交流互评。

(2)评价尺度:①5分。内容无科学性错误;语言表述准确;逻辑思维较为严密;有自己整合的内容;问题有一定的深度。②4分。内容无科学性错误;语言表述准确;思维相对严密;有自己的困惑。③3分。内容无科学性错误;语言表达清楚;虽未自己整合但有一定的参考价值。

(五)评价过程的注意事项

在采用描述的方法评价溶液和溶解度的概念时,首先必须了解第九单元在整个初中化学教学过程中的系统地位。教师不能用机械传授"知识点"的观念,将教科书作为教材用。这里除了观念的转变外,要促使教师行动起来,并且带领学生行动起来,最终产生一个全面的评价。此外,在课堂教学活动中,学生必须尽量语言精练、准确。课堂活动以学生学习为主体,教师在引领中多观察、及时指导、随时把握一切反馈信息,激发思维活动推进与深入。如果出现主观错误,必须引导学生及时进行自我评价及其自我纠正,这样就可以随时关注整体学习的进程,扶持弱者、鞭策强者,调节张弛之度。

(六)真实的学生作业及评分

(1) 一号作业:张×等。

溶解度,你是一位铁面无私却又关心民众的执法者。

无论是多大或多小体积的溶液里,你都有严格的规定,绝不能让溶液里的"居民"过于拥挤,你会无情地将多余者赶出溶液之外。

你针对不同的"居民"却又有不同的量身定制的规则,让他们能在溶液王国中舒服地生活。

每当"天气"变热或变冷,压强变大或变小,你都会仁慈地再收留一些居民或再赶出一些,让溶液王国内的居民永远舒适、快乐。

溶解度,你是最严厉的法官,也是最贴心的护士。

评价:5分。该同学对溶解度的认识非常准确,能用拟人的手法将溶解度的概念深入浅出地表达出来,而且充满了童趣,充满了想象,反映了出色的文采和较高的概括概念的意识和能力。

(2) 二号作业:陈×等。

溶液者,稳定、均一之混合物也

其组成者,

溶质,溶剂者也

溶质可为固体,

亦可为气体、液体也

两液互溶,

其量多者为溶剂,少者为溶质也

若水在其中,则水为溶剂也

噫,溶液,其理博,其意奥,其趣深也

评价:5分。采用"文言文"书写格式,对溶液从定义、组成、特征等方面加以归纳总结。若能将饱和溶液和不饱和溶液添加进去就更为完整,但即使这样也是一篇优秀的作业。

(3) 三号作业:龙×等。

个人档案

姓名:溶解度

自我介绍:我是溶解度。我所代表的,指在一定的温度下,某物质在100克溶剂(通常是水)里达到饱和状态时所溶解的克数。

(1) 固体溶解度:固体物质的溶解度是指在一定的温度下,某物质在100克溶剂里达到饱和状态时所溶解的克数,用字母 S 表示,其单位是"g/100 g 水"。在未注明的情况下,通常溶解度指的是物质在水里的溶解度。

(2) 气体溶解度:气体的溶解度通常指的是该气体(其压强为1标准大气压)在一定温度时溶解在1体积水里的体积数。也常用"g/100 g 水"作单位(自然也可用体积)。

(3) 溶解度曲线:关于溶解度曲线的意义可从点、线、面和交点四方面来分析。

①点:溶解度曲线上的每个点表示的是某温度下某种物质的溶解度。即曲线上的任意一点都对应相应的温度和溶解度。温度在横坐标上可以找到,溶解度在纵坐标上可以找到。

②线:溶解度曲线表示某物质在不同温度下的溶解度或溶解度随温度的变化情况。曲线的坡度越大,说明溶解度受温度影响越大;反之,说明受温度影响较小。

③面:对于曲线下部面积上的任何点,依其数据配制的溶液为对应温度时的不饱和溶液;曲线上部面积上的点,依其数据配制的溶液为对应温度时的饱和溶液,且溶质有剩余。如果要使不饱和溶液(曲线下部的一点)变成对应温度下的饱和溶液,方法有两种:第一种方法是向该溶液中添加溶质使之到达曲线上;第二种方法是蒸发一定量的溶剂。

④交点:两条溶解度曲线的交点表示该点所示的温度下两物质的溶解度相

同,此时两种物质饱和溶液的溶质质量分数也相同。

评价:5分。能以自我简历的形式将溶解度及其溶解度曲线的相关知识点严谨准确地表达出来,让人一目了然,又让人耳目一新。

四、学业评价样例

(一)"第九单元 溶液"评价目标细目表

知识点	认知性目标			技能性目标		体验性目标		
	知道(A)	了解(B)	理解(C)	模仿操作(a)	独立操作(b)	体验(Ⅰ)	关注(Ⅱ)	树立(Ⅲ)
1. 某些物质的溶解现象,理解溶液是由溶质和溶剂组成的	√		√			√		
2. 水是常见的溶剂,酒精、汽油等也是常见的溶剂	√	√						
3. 乳浊液的概念,说出一些常见的乳化现象	√				√	√		
4. 溶液是一类重要的物质,在生产、生活中有重要意义		√						√
5. 物质在溶解过程中伴随有吸热、放热现象	√				√	√		
6. 某些物质在溶液中存在的微观形式		√						
7. 会区分溶液、悬浊液和乳浊液		√						
8. 饱和溶液的含义,饱和溶液与不饱和溶液的相互转化	√	√		√		√		
9. 溶解度的含义			√					
10. 利用溶解性表绘制溶解度曲线,并能根据溶解度曲线查阅有关物质的溶解性或溶解度	√				√	√		

续表

知识点	认知性目标			技能性目标		体验性目标		
	知道(A)	了解(B)	理解(C)	模仿操作(a)	独立操作(b)	体验(Ⅰ)	关注(Ⅱ)	树立(Ⅲ)
11. 气体溶解度的影响因素	√					√		
12. 用溶质的质量分数表示溶液的组成,进行简单的计算			√					
13. 配制一定溶质质量分数的溶液				√	√	√		
14. 溶解度和溶质质量分数的关系		√						
15. 溶质质量分数运用于化学方程式的计算			√					

(二)评价样题

1. 评价内容

【题目背景】

(1) 课本中水的净化的相关内容延伸。

(2) 有关溶液、溶质与溶剂之间的关系以及性质。

(3) 课本中有关饱和溶液与不饱和溶液之间的转化,引起的溶质、溶剂、溶液、溶质质量分数的相互变化关系。

【题目内容】

水和溶液在生命活动和生产、生活中起着十分重要的作用。

(1) "生命吸管"(如图)是一种可以随身携带的小型水净化器,里面装有网丝,注入了活性炭和碘的树脂等。其中活性炭起到_____和过滤作用。

(2) 水常用来配制各种溶液,硫酸铜溶液中的溶质为_____。(填化学式)

(3) 农业生产常用溶质的质量分数为10%～20%的NaCl溶液来选种。这是利用物质的_____性质。（填"物理"或"化学"）

（4）根据下表回答问题。

温度/℃		0	20	40	60	80	100
溶解度/g	NaCl	35.7	36.0	36.5	37.3	38.4	39.8
	NH_4Cl	29.4	37.2	45.8	55.2	65.6	77.3

①60 ℃时，向两个分别盛有 38 g NaCl 和 NH_4Cl 的烧杯中，各加入 100 g 水，充分溶解后，_____溶液为饱和溶液。

②采用一种操作方法，将上述烧杯中的剩余固体全部溶解，变为不饱和溶液。下列说法正确的是_____（填字母序号）。

　　A. 溶质的质量不变　　　　B. 溶液中溶质的质量分数一定减小
　　C. 溶液质量可能不变　　　D. 可升高温度或增加溶剂

2. 评价意图

【内容维度】

（1）水的净化。

（2）溶液、溶质和溶剂的相互关系与判断。

（3）饱和溶液与不饱和溶液的相互转化方法。

（4）用水稀释改变浓度的方法。

【能力维度】

（1）通过饱和溶液与不饱和溶液的转化引发的思考，培养学生分析推理能力。

（2）进一步体验分析比较方法，体验科学探究的作用。

【学科思想】

（1）通过实验条件的改变，让学生感受饱和溶液与不饱和溶液的存在和转化是有条件的，培养科学、严谨的态度，逐步培养由具体到一般认识事物过程的能力。

（2）使学生接受事物之间是相互联系、量变可以引起质变的科学观。

【评价特点】

溶液是常见的一大类物质，与学生的生活密切相关，所以从学生熟悉的物质入手，通过对熟悉的物质的分析归纳，将学生对溶液的感性认识上升到理性认识。通过相关学习，学生可以充分认识到溶液在生产、生活中的作用，认识到化学学科的社会意义，激发了学生学习的兴趣。

本题就是以"水和溶液"相关内容为背景命制的一道习题。解答这类习题,首先要熟记和理解固体溶解度的影响因素及其随温度变化的规律以及使用以后物质的溶解和结晶等相关知识;然后,根据所给的实验、问题情景或图表信息等,结合所学的相关知识和技能,细致地阅读、分析题意等,联系着生活实际,细心地进行探究、推理,最后,按照题目的要求,认真地进行选择或解答即可。在解答过程中,可以培养学生思维的灵活性、广阔性、变通性。

3. 预估难度:0.70左右

4. 参考答案

(1) 吸附

(2) $CuSO_4$

(3) 物理

(4) ①NaCl ②D

(三)"第九单元 溶液"质量评价题型细目表

知识点	题型	题号	认知性目标 A	认知性目标 B	认知性目标 C	技能性目标 a	技能性目标 b	体验性目标 Ⅰ	体验性目标 Ⅱ	体验性目标 Ⅲ	难度
1. 认识溶解现象,知道溶液是由溶质和溶剂组成的	选择题	2		√							0.9
	填空题	18		√							0.8
	填空题	21		√							0.8
	活动与交流题	23					√				0.7
2. 水是常见的溶剂,酒精、汽油等也是常见的溶剂	选择题	3	√								0.8
	填空题	16	√								0.8
3. 乳浊液的概念,说出一些常见的乳化现象	选择题	12		√							0.8
	填空题	19		√							0.8
4. 溶液是一类重要的物质,在生产、生活中有重要意义	填空题	21		√							0.9
5. 物质在溶解过程中伴随有吸热、放热现象	选择题	6		√							0.8
	填空题	20		√							0.8

续表

知识点	题型	题号	认知性目标 A	认知性目标 B	认知性目标 C	技能性目标 a	技能性目标 b	体验性目标 Ⅰ	体验性目标 Ⅱ	体验性目标 Ⅲ	难度
6. 某些物质在溶液中存在的微观形式	填空题	19			√						0.7
	活动与交流题	23					√				0.7
7. 会区分溶液、悬浊液和乳浊液	选择题	1		√							0.8
8. 饱和溶液的含义,饱和溶液与不饱和溶液的相互转化	选择题	7		√							0.8
	填空题	17			√			√			0.8
	填空题	20		√							0.8
9. 溶解度的含义	选择题	15		√							0.8
10. 利用溶解性表或溶解度曲线,查阅有关物质的溶解性或溶解度	选择题	8		√							0.8
	填空题	19		√							0.8
	填空题	20		√							0.8
11. 气体溶解度的影响因素	选择题	11	√								0.9
	填空题	18		√							0.8
12. 用溶质的质量分数表示溶液的组成,进行简单的计算	选择题	4			√						0.7
	选择题	13			√						0.7
	填空题	23			√		√				0.7
13. 配制一定溶质质量分数的溶液	选择题	4		√							0.8
	选择题	5		√							0.8
	选择题	9		√							0.8
	选择题	10		√							0.8
	选择题	14		√							0.8
	填空题	21		√							0.8
	活动与探究	23			√		√				0.8
14. 溶解度和溶质质量分数的关系	选择题	5			√						0.8
	填空题	20			√						0.7

续表

知识点	题型	题号	认知性目标 A B C	技能性目标 a b	体验性目标 Ⅰ Ⅱ Ⅲ	难度
15.溶质质量分数运用于化学方程式的计算	活动与探究	23	√	√		0.6

利用细目表命制试题,可以有效克服教师命题过程中的随意性和盲目性,避免出现知识点无计划地重复考查或遗漏的现象,避免出现试卷难度太大或太小,避免题型设置的不合理现象等。本细目表中23题是一道综合性较强的习题,选题时要注意。

10 "第十单元 酸和碱"评价与教学策略

一、单元教学目标

本单元是化学启蒙阶段中,第一次依据物质性质分类,较为系统地学习两类重要的化合物酸和碱。

本单元的教学目标是:①知道几种常见酸碱的主要性质和用途,认识常见酸、碱的腐蚀性。②初步学会稀释常见的酸碱溶液。③能设计实验验证酸碱的主要性质;会用酸碱指示剂或自制酸碱指示剂检验溶液的酸碱性。④知道酸或碱具有相似化学性质的原因,从电离角度认识酸碱的定义。⑤知道酸碱之间发生的是中和反应;能归纳酸碱的主要化学性质。⑥知道盐是化合物中的一类物质,能从电离的角度认识盐。⑦知道酸碱性对生命活动和农作物生长的影响,以及中和反应在生产、生活中的应用。⑧会用 pH 试纸检验溶液的酸碱度,了解溶液的酸碱度在生产、生活中的应用。⑨知道溶液 pH 与酸碱性的关系。

在本单元教学中不宜拓展的知识有:电离方程式的书写。

本单元从学习的实际情况出发,以一系列的探究性实验,引导学生逐步系统地认识常见的酸与碱的性质及其应用,重点突出了中和反应及其应用。结合典型酸碱的性质,还了解物质的酸碱性和酸碱度,并从微观的角度分析酸与碱的溶液中粒子的特征,了解中和反应的微观原因,尝试用化合物在水溶液中解离成微粒的观点,分析、解释溶液中的其他反应,为以后学习复分解反应以及溶液中更加复杂的化学反应奠定基础。在本单元的教学过程中,应从全年学习的角度对学生进行科学探究方法的训练,注重培养学生的创新精神和实践能力。

二、评价案例分析

在前面的学习中,学生已经初步建立了物质的分类系统,也接触到不少具体的化合物,从中也细分出了氧化物,但对化合物的认识依旧停留在一般概念的水平上。将化合物进一步划分为酸、碱、盐,建立更为完善的物质分类系统,属于学生学习的最近发展区。学生此前形成的实验操作技能为做好酸、碱、盐性质的实验(大部分是试管实验)准备充分的条件。为了更好地实现实验的教学功能,在本课题的教学中,要尽量满足学生的心理需要,把酸碱的性质实验更多地设计成探究实验,为学生的"提出问题""做出假设""设计实验方案""提出结论"等能力的发展提供更多机会。

在本单元教学中,可以通过对一些实例讨论和分析,让学生感受酸、碱在工农业生产和科学研究中的重要应用。例如以生活中的事例"今天你吃了什么水果?你是否还尝过其他有点酸或很酸的食物?洗头发时,你用了洗发水吗?使用时有什么感受?"引入,同学们很快认识到酸、碱在生活中的用处,"那么,酸和碱有哪些用处?它们能和哪些物质发生化学反应呢?"引起学生的好奇心和求知欲望。

【案例】 常见的碱与 CO_2、SO_2 等非金属氧化物反应的教学

教师:(实验设疑)向氢氧化钠和氢氧化钙溶液中分别吹入呼出的气体。

学生:(观察实验)盛有氢氧化钙溶液的试管中溶液变浑浊,盛有氢氧化钠溶液的试管中无明显现象。

教师:无现象,是不是没有反应呢?

活动:猜想可能的原因,用实验证明。

学生实验:利用教师提供的一塑料瓶 CO_2 证明 CO_2 与 NaOH 确实能发生反应。塑料瓶变瘪。

学生汇报:a. 容器内的 CO_2 气体与 NaOH 溶液发生反应后,压强减小,导致塑料瓶变瘪。

b. 由于 CO_2 可溶于水,并且能和水反应,所以也会形成压强差导致塑料瓶变瘪。

c. 可以做对比实验,将 NaOH 溶液换成等体积的水,观察塑料瓶变瘪的程度。

知识小结:确认两种物质是否发生反应,可以从以下角度进行证明:

(1) 反应前或反应后加指示剂；
(2) 由反应物状态的变化引起的气体压强变化；
(3) 检验生成物。

【评析】

本片段中教师利用演示和分组实验部分，使学生在兴致勃勃地探究活动中完成学习任务，给他们留下了深刻印象，并能从中寻找相似的化学性质，使学生有学习的成就感，同时提高了学生学习化学知识的兴趣，让学生感受到化学就在身旁。

学生在学习本课题之前已经学习了"我们周围的空气""自然界的水"和"金属和金属材料"等知识，学生对元素化合物方面的知识有了一定的了解，更重要的是掌握了学习方法，如：实验观察、归纳总结、宏观和微观相结合分析等等。其中实验探究方面的能力还需进一步加强，本单元酸和碱的知识实验较多，且现象比较明显，学生在实验探究方面的能力加强了，很多重要的知识就可以在教师的引导下，通过实验探究的方式加以解决。所以本课题的学习将有助于学生建立物质的分类框架，有利于学生理解物质之间的转化关系，同时对物质的化学性质以及化学方程式的书写起巩固深化作用。

对本课题的学习，学生有如下准备。①知识储备方面：目前学生已具备一定的观察、比较、分析、归纳等能力，但还有待于巩固和提高，特别是学生应用化学知识解释实际问题能力和信息处理能力，更需要进一步培养。②知识技能方面：学生已了解常见的酸碱的基本性质以及二者与酸碱指示剂的作用，对书写复分解反应的化学方程式有初步认识。学生在上册书第六单元中学习二氧化碳的化学性质后，已知道借助石蕊溶液变色能证明二氧化碳与水反应。学生具备了熟练的实验技能，能观察和描述实验现象，所以能够顺利地完成实验探究活动。③生活经验方面：学生已有蚊虫叮咬涂抹肥皂水、胃酸过多服胃药、蒸馒头用碱面等生活经验。

三、学习评价策略

新课程理念在评价策略上，提倡"终结性评价与过程性评价相结合、定性评价与定量评价相结合、学生自评互评与他人评价相结合"，在评价方式上，主要采用纸笔测验、学习档案评价和活动表现评价三种。希望这种评价方式能促进学生在科学素养各个方面的共同发展，同时也能利于学生的个性发展。

酸和碱是初中化学的重点，也是教学的难点。本部分内容规律多，概念多，学生还没形成知识框架,且在解题中一些与酸碱有关的综合性试题还不善处理,所以酸碱的复习就非常重要。利用活动评价可以考查学生理解和运用知识的水平。以下为对"酸的性质复习"活动表现评价的样例。

(一)学习内容出现的时间及其评价标准的描述

(1)学习内容:酸的性质复习。

(2)学习内容出现的时间:人教版九年级化学下册第十单元"酸的复习课"。

(3)学习内容评价标准的描述:认识常见的酸的主要性质;学会实验探究酸的主要性质。

(二)活动表现评价方法的综述

活动表现评价要求学生在真实或模拟的情景中运用所学知识分析、解决某个实际问题,以评价学生在活动过程中的表现与活动成果。学生可以以行动、作品、表演、展示、操作、写作和制作档案资料等方式展示学习的过程与结果。在教学中,活动表现评价可以考查学生的参与意识、合作精神、获取和加工信息的能力以及科学探究的能力等。

活动表现评价可以考查学生理解和运用知识的水平、分析问题的思路、实验操作的技能、口头或文字表达能力;了解学生观察能力、想象能力、实践能力和创新能力的发展。活动表现评价还能考查学生主动参与学习的意识、思维的品质、情感态度的变化和合作交流的能力等。

教师要注意从不同类型的学习活动中对学生的表现做多次的观察、记录和分析,结合面谈交流等多种形式提高评价的客观性。还可以在学习活动后组织学生对自己和同伴在学习活动中的表现进行自评与互评,提高总结、反思能力。

(三)酸的性质复习的评价过程

(1)引出研究内容:演示实验"化学多米诺实验"。

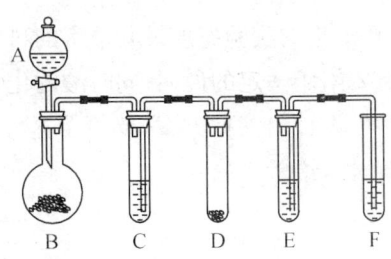

容器	实验现象	化学方程式（如果没有反应就不写）
B		
C		
D		
E		
F		

（2）进一步对F试管中所得无色溶液继续探究，你认为所得溶液中的溶质是什么？引导小组设计实验。

设计实验：

生1：取反应后的溶液于一洁净试管中，加入1～2滴紫色石蕊试液。

生2：取反应后的溶液于一洁净试管中，加入1～2滴无色酚酞试液。

生3：取反应后的溶液于一洁净试管中，加入少量的锌粒。

生4：取反应后的溶液于一洁净试管中，加入少量的碳酸钠溶液。

（3）根据实验设计进行分组实验，验证猜想。

（4）布置任务：梳理酸的化学性质。

（四）评价标准和评价尺度

（1）制订方法：教师采用量化评价的原则。

（2）评价尺度：

①5分。能设计完整且操作性强的实验方案。

②4分。能设计完整仅是操作性不强的实验方案。

③3分。能设计出实验方案的部分环节。

④1分。不能设计实验方案。

（五）评价过程的注意事项

在评价过程中要注意学生的实验态度及其语言的科学性，因此，在评价过程中没有科学的语言表述，要给予一定的说明；同时酸的化学性质应用可以体现学生思维的整体性，如果学生设计出多种方案，要给予充分的肯定，学生在实际操作中可能出现一些不规范性，给予4分。

（六）真实的学生作业及评分

(1) 一号作品：王××。

实验操作	实验现象	实验结论
方案一：取少量反应后的溶液于试管中，加入几乙酚酞	酚酞不褪色	溶质是NaCl
方案二：取少量反应后的溶液于试管中加入少量Zn粒	有气泡产生	溶质是NaCl、HCl

评分：3分。该同学设计的方案一原理不正确，没有认真审题，实验的目的不清楚，F试管中本身是有酚酞试液的。方案二原理正确，在进行分析现象和结论时不全面。

(2) 二号作品：林××。

实验操作	实验现象	实验结论
方案一：取少量溶液于洁净试管中，加入少量Fe粉	有气泡产生 无现象	溶质是NaCl、HCl 溶质是NaCl
方案二：取少量溶液于洁净试管中，加入Na₂CO₃溶液	有气泡产生 无现象	溶质是NaCl、HCl 溶质是NaCl

评分：4分。该同学设计的方案原理都正确，而且语言表述很规范，体现了酸的通性。但方案一铁与盐酸常温下反应气泡不是很明显。

四、学业评价样例

（一）"第十单元 酸和碱"质量评价目标细目表

知识点	认知性目标			技能性目标		体验性目标		
	知道(A)	了解(B)	理解(C)	模仿操作(a)	独立操作(b)	体验(Ⅰ)	关注(Ⅱ)	树立(Ⅲ)
1. 常见酸（盐酸、硫酸）的主要性质和用途		√				√		
2. 常见碱（氢氧化钠、氢氧化钙）的主要性质和用途		√				√		

续表

知识点	认知性目标			技能性目标		体验性目标		
	知道(A)	了解(B)	理解(C)	模仿操作(a)	独立操作(b)	体验(Ⅰ)	关注(Ⅱ)	树立(Ⅲ)
3. 常见酸和碱的腐蚀性	√					√		
4. 稀释常见的酸碱溶液				√				√
5. 实验探究酸碱的主要性质			√		√	√		
6. 使用酸碱指示剂或自制酸碱指示剂检验溶液的酸碱性		√			√	√		
7. 酸或碱具有相似化学性质的原因			√					
8. 微观角度理解酸碱溶液导电的原因								√
9. 判断一个反应是中和反应								
10. 酸碱盐都是化合物,从解离的角度认识酸碱盐			√			√		
11. 酸碱性对生命活动和农作物生长的影响	√					√		
12. pH试纸检验溶液的酸碱度		√		√		√		
13. 溶液的酸碱度在生产、生活中的应用		√					√	
14. 溶液pH与酸碱性的关系			√			√		

(二) 评价样题

1. 评价内容

【题目背景】

(1) 书本中设计了在氢氧化钠溶液中滴加稀盐酸,对酸与碱能否反应进行探究。

(2) 建立在学生掌握了酸、碱性质的基础上。

【题目内容】

电解水实验可以确定水的组成。甲、乙、丙三位同学对电解水后液体的酸碱性进行探究。

【提出问题】电解水后的液体一定呈中性吗？

【查阅资料】

图1所示装置可用于电解水实验；

硫酸钠可增强水的导电性，硫酸钠溶液呈中性。

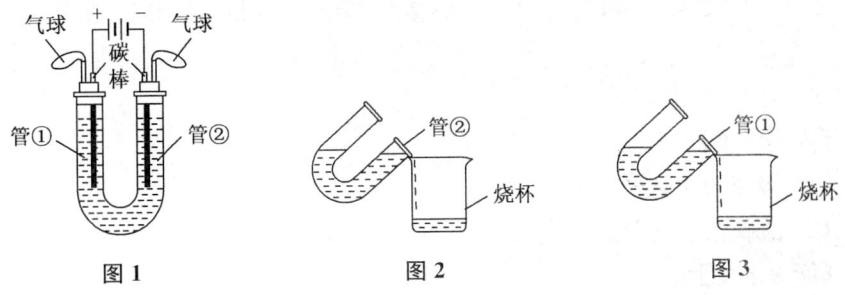

【实验与讨论】

三位同学分别向U形管中加入含有酚酞的硫酸钠溶液，接通直流电，观察现象，电解一段时间后，断开电源。

(1) 实验中发现管①电极附近的溶液迅速变红，管②电极附近的溶液仍为无色，乙同学用pH试纸测定管②电极附近的溶液，pH小于7。说明管①电极附近的溶液呈_____性，管②电极附近的溶液呈_____性（填"酸""碱"或"中"）。

(2) 甲同学将实验后U形管中的溶液按图2所示倒入烧杯中，发现红色立刻消失。

乙同学、丙同学将试验后U形管中的溶液按图3所示分别倒入烧杯中，发现红色不完全消失。经讨论与分析，乙、丙同学的试验中溶液的红色不消失，原因可能是酸_____。

(3) 甲、乙、丙同学分别用蒸馏水洗涤U形管、碳棒等，再将洗涤液倒入自己实验的烧杯中，观察现象：甲同学的溶液仍为无色，乙同学的溶液中红色仍不消失，丙同学的溶液中红色_____。

(4) 甲、乙、丙同学分析了实验现象，为确定溶液的酸碱性，又进行下列实验：

甲同学用_____来测定溶液,原因是_____。

乙同学向溶液中滴加_____,使溶液中红色刚好褪去。因为造成(3)中溶液的红色仍不消失的原因是_____。

【解释与结论】用硫酸钠增强水的导电性时,电解后溶液混合均匀,呈中性。

【交流与反思】甲同学取 55 g 质量分数为 2% 的硫酸钠溶液进行电解,消耗了 5 g 水,则电解后硫酸钠溶液的质量分数为_____。

甲同学的老师上课时用 NaOH 增强水的导电性,电解后溶液的碱性_____。

乙同学的老师上课时用 H_2SO_4 增强水的导电性,电解后溶液的酸性_____。

2. 评价意图

【内容维度】

(1) 溶液的酸碱性测定。

(2) 酸碱指示剂及其性质。

【能力维度】

(1) 实验设计、分析、评价能力。

(2) 初步判断事实证据与假设之间的关系的能力。

(3) 计算能力等。

【学科思想】

(1) 科学探究的一般方法。

(2) 从定性到定量。

【评价特点】

本题注重问题的情境的创设。该命题素材联系了学习实际,创设了一定的试题情境来考查学生分析问题和解决问题的能力,让学生在真实的情境中联系可能用到的相关知识,思考问题的解决办法。它立足于社会发展和实际生活的需要,突出化学学科的实际应用价值和学科特点,体现了在化学和社会的相互作用中体会和感悟学习化学的价值。此题给教学的启示是:化学教学不能让学生机械地死记硬背教材上的知识内容,要积极组织实验探究活动,让学生理解知识的形成过程,形成科学的思维方法,发展探究能力。

3. 预估难度:0.5 左右

4. 参考答案

【实验与讨论】(1) 碱　酸

（2）不足（或酸液残留在管壁上等）

（3）恰好褪去（或立即消失）

（4）pH试纸　实验中滴加酚酞的溶液变为无色，可能呈中性，也可能因酸过量而显酸性，故用pH试纸来确认　稀硫酸（或酸）

乙同学用pH试纸测定管②电极附近溶液时消耗了少量酸

【交流与反思】2.2%　增强　增强

（三）"第十单元　酸和碱"质量评价题型细目表

知识点	题型	题号	认知性目标 A	认知性目标 B	认知性目标 B	技能性目标 a	技能性目标 b	体验性目标 Ⅰ	体验性目标 Ⅱ	体验性目标 Ⅲ	难度
1. 常见酸（盐酸、硫酸）的主要性质和用途	选择题	1		√				√			0.8
	填空题	16		√				√			0.7
2. 常见碱（氢氧化钠、氢氧化钙）的主要性质和用途	选择题	2		√				√			0.8
	填空题	16	√								0.9
3. 常见酸和碱的腐蚀性	选择题	3	√					√			0.9
	填空题	17		√							0.8
4. 稀释常见的酸碱溶液	选择题	4			√	√				√	0.6
	填空题	17		√							0.8
5. 实验探究酸碱的主要性质	活动交流题	20			√		√	√			0.7
6. 使用酸碱指示剂或自制酸碱指示剂检验溶液的酸碱性	选择题	5		√			√	√			0.8
	填空题	18	√								0.9
	活动交流题	19			√		√				0.7
7. 酸或碱具有相似化学性质的原因	选择题	6	√								0.9
	填空题	9			√						0.7
	活动交流题	20			√						0.6

133

续表

知识点	题型	题号	认知性目标 A	认知性目标 B	认知性目标 B	技能性目标 a	技能性目标 b	体验性目标 Ⅰ	体验性目标 Ⅱ	体验性目标 Ⅲ	难度
8. 微观角度理解酸碱溶液导电的原因	选择题	7			√					√	0.8
	填空题	11	√								0.9
	活动交流题	19			√						0.7
9. 判断一个反应是中和反应	选择题	12		√							0.8
10. 酸碱盐都是化合物，从解离的角度认识酸碱盐	选择题	13			√	√					0.7
11. 酸碱性对生命活动和农作物生长的影响	选择题	14	√					√			0.9
12. pH试纸检验溶液的酸碱度	选择题	10		√		√		√			0.8
	填空题	18	√								0.9
	活动交流题	19		√							0.7
13. 溶液的酸碱度在生产、生活中的应用	选择题	15		√					√		0.8
	填空题	17	√								0.9
14. 溶液pH与酸碱性的关系	选择题	9	√					√			0.9
	填空题	18			√			√			0.7

利用细目表命制试题，可以有效克服教师命题过程中的随意性和盲目性，避免出现知识点无计划地重复考查或遗漏的现象，避免出现试卷难度太大或太小，避免题型设置的不合理现象等。本细目表中第20题是一道综合性较强的习题，选题时应注意问题设计要有梯度。

11 "第十一单元 盐 化肥"评价与教学策略

一、单元教学目标

本单元是初中阶段介绍无机化合物的最后一个单元,教材内容的安排注重了对前面所学知识和技能的归纳、运用与提高,如介绍酸、碱、盐的复分解反应及其发生的条件、碳酸根离子的检验、化肥的鉴别、分离提纯物质及化合物的分类等。

本单元的教学目标是:①了解氯化钠、碳酸钠、碳酸氢钠和碳酸钙的组成及其在生产、生活中的主要用途。知道碳酸钠溶液显碱性。②了解复分解反应及复分解反应发生的条件。③能根据复分解反应发生的条件判断常见酸、碱、盐之间能否发生反应。④掌握碳酸根离子和碳酸氢根离子检验的方法。⑤了解海水晒盐及粗盐的初步提纯。⑥学习蒸发操作技能并综合运用相关操作分离、提纯固体混合物。⑦了解化学元素对植物生长的重要性及常见化肥的种类和作用。⑧了解化肥、农药对环境的影响。⑨以化肥的合理使用等为案例,培养运用所学知识和技能解决实际问题的能力。

在本单元教学中不宜拓展的知识有:碳酸钠、碳酸氢钠与盐酸反应的速率问题,碳酸氢根离子与氢氧化钠等强碱反应,碳酸钠、碳酸氢钠的热稳定性比较,非铵态氮肥及磷酸盐的性质,从电离角度解释氨水呈碱性,化肥的精细分类。

本单元在内容呈现方面,渗透了从化学走向生活的理念,所学内容都是从学生身边的事物出发,通过实际例子展现化学的魅力,寓化学知识的学习与实验操作技能的训练于实际应用中,促使教学过程的设计和教学方法的选择,与第十二单元的学习进行有针对性的过渡和衔接。本单元的重要基础知识——盐的概念,已经在第十单元酸、碱的化学性质中提出,有关盐的部分性质也已在前面的学习过程中有所了解,所以本单元内容是对盐的相关知识做进一步的拓展。在有选择地认识一些典型的盐和化肥的性质及用途的同时,对具有一定综合性、规律性的内容,如酸、碱、盐之间的复分解反应及其发生的条件、碳酸根离子的检验、分离提纯物质及化合物的分类(供选学)等,进行总结、归纳和提高、延伸。在培养学生思维能力的同时,也为高中的进一步学习打下良好基础。

二、评价案例分析

新课程标准倡导从学生和社会发展的需要出发,发挥学科自身的优势,将科学探究作为课程改革的突破口,激发学生的主动性和创新意识,促进学生积极主动地学习。本单元的教学层次性较强,对于难易层次不同的知识可以采用不同教学方式。例如:课堂上运用多媒体教学,用视频资料介绍学生熟悉的物质——氯化钠的制取过程,石笋和钟乳石的形成,用丰富的表现形式保证学生视听结合,调动学生多种感官参与课堂活动,展现化学魅力,激发学生的学习兴趣和探究欲望。采用学生讨论交流的方式让学生展示自己所了解到的氯化钠、碳酸钙、碳酸钠和碳酸氢钠的一些性质和用途。这种教学给每一个学生提供平等的学习机会,使他们都能具备适应现代生活及未来社会所必需的化学知识、技能,增强学好化学的信心;让学生体会化学与人类的生产、生活紧密相连,真正体现"从生活走向化学,从化学走向社会";通过学生探究实验,培养学生的探究意识,增强探究能力,使学生在实践中增长知识,使学生切实感受化学与社会生产、生活实际的紧密联系;在活动中培养学生的合作精神,参与意识,体现合作性学习和师生互动的教学方式;从而达到知识与技能、过程与方法和情感、态度、价值观的三维目标。最后让学生带着轻松愉快的心情上网查询为我国制碱工业做出巨大贡献的侯德榜先生的事迹。

【案例】 复分解反应发生的条件

教师:(创设情境)是否化合物之间都可以发生复分解反应?在什么样的条件下,复分解反应才能发生?

活动:猜想可能的原因,用实验证明。

学生实验:"+"表示反应,"—"表示不反应

	氢氧化钠溶液	氯化钠溶液	碳酸钾溶液	硝酸钡溶液
稀硫酸	+	—	+	+
判断依据	H_2O		气体	白色沉淀

学生汇报：有水、气体、沉淀生成。

知识小结：判断复分解反应能否发生的条件是：有气体、沉淀或水生成。

【评析】

本片段教学中，从情境入手，引出复分解反应的概念，然后要求学生根据所给的药品进行探究实验，从实验中归纳复分解反应的条件。以学生的活动探究过程为主体，以问题为引子，以解决问题为目标来引导和把握学生的思考过程，让他们在学习过程中通过思考与体会掌握知识。在课堂教学的过程中，考虑到内容比较抽象，通过设置台阶，以实验增强感性认识入手，逐步深入到从微观角度认识复分解反应的本质。在化学方程式的书写中，始终坚持在课堂上练习、强化、反馈，增强学生的规范意识。

复分解反应是学生学习的第四种化学基本反应类型。学习时，应注意将知识进行归纳、总结，理解复分解反应发生的条件，从而形成比较完整的知识体系。对复分解反应的概念的理解及反应发生的条件判断的教学，应建立在复习归纳酸、碱、盐的化学性质的基础上，通过微观动画展示和分析，找出它们间相互反应的实质，从而理解并掌握复分解反应的概念和反应发生的条件。

三、学习评价策略

新课程理念在评价策略上，提倡"终结性评价与过程性评价相结合、定性评价与定量评价相结合、学生自评互评与他人评价相结合"，在评价方式上，主要采用纸笔测验、学习档案评价和活动表现评价三种。

酸、碱、盐是初中化学元素化合物知识学习的重点。经过本单元的学习，学生已经掌握了常见酸、碱、盐的一些性质，氮肥的简易鉴别中涉及了 SO_4^{2-} 和 Cl^- 的鉴别，结合前面已经介绍的 H^+、OH^-、CO_3^{2-} 和 NH_4^+ 的鉴别，学生对常见离子的鉴别的掌握就比较完整了。物质的检验和鉴别是中考必考知识点，是化学知识在一个较高层次的巩固和应用，是学科能力培养的一个重要平台。在中考中主要以选择题、填空题、推断题和实验探究题的形式考查关于物质的检验和鉴别。

根据新课标及教学目标的要求,教学要使学生通过探究过程,了解常见物质的检验和鉴别,突出重点。再结合使用一些辅助的教学方法帮助学生运用物质检验和鉴别的理论知识解决一些实际问题,突破难点。多种教学方法互相穿插渗透,使课堂变得生动有趣,优化了课堂教学,使其达到最佳效果。

(一)学习内容出现的时间及其评价标准的描述

(1)学习内容:物质的检验和鉴别。

(2)学习内容出现的时间:人教版九年级化学下册第十一单元课题2"化学肥料"。

(3)学习内容评价标准的描述:学会常见酸、碱、盐中离子的检验方法;在完成物质鉴定的过程中,养成重视实验、乐于探究的习惯,感受同学间合作学习的快乐和重要性,学会尊重,学会学习,学会与人合作。

(二)活动表现评价方法的综述

活动表现评价要求学生在真实或模拟的情景中运用所学知识分析、解决某个实际问题,以评价学生在活动过程中的表现与活动成果。学生可以以行动、作品、表演、展示、操作、写作和制作档案资料等方式展示学习的过程与结果。在教学中,活动表现评价可以考查学生的参与意识、合作精神、获取和加工信息的能力以及科学探究的能力等。

活动表现评价可以考查学生理解和运用知识的水平、分析问题的思路、实验操作的技能、口头或文字表达能力;了解学生观察能力、想象能力、实践能力和创新能力的发展。活动表现评价还能考查学生主动参与学习的意识、思维的品质、情感态度的变化和合作交流的能力等。

教师要注意从不同类型的学习活动中对学生的表现做多次的观察、记录和分析,结合面谈交流等多种形式提高评价的客观性。还可以在学习活动后组织学生对自己和同伴在学习活动中的表现进行自评与互评,提高总结、反思能力。

(三)物质鉴别的评价过程

(1)引出研究内容:有三瓶白色粉末,分别是碳酸钠、碳酸钙和氯化钠中的一种。

(2) 设计实验,把这三种粉末区分开来。

(3) 学生先设计方案,教师巡视指导,在教师确定每一组的方案可行后,学生再动手操作。

实验操作	预期现象与结论
①分别取少量三种粉末于洁净的试管中,加入足量的水充分溶解	有一支试管中的粉末不溶解,该粉末是碳酸钙
②向得到澄清溶液的两支试管中分别滴入适量的稀盐酸	有气泡产生,溶解前的粉末是碳酸钠;无明显现象的,溶解前的粉末是氯化钠

(4) 在学生完成实验后,教师请设计出不同方案的小组代表,向大家介绍一下自己小组的设计方案。

(四) 评价标准和评价尺度

(1) 制订方法:教师采用量化评价的原则。

(2) 评价尺度:

①5分。实验原理正确,操作性强;科学、合理、周密、巧妙的实验设计;所选的化学药品、仪器、设备和方法等在中学现有的实验条件下能够得到满足;装置简单,使用药品少;对环境的污染小等。

②4分。设计完整。或操作性不强,或在现有条件下无法提供药品和仪器,或装置复杂,或考虑不周全等。

③3分。能设计出实验方案的部分环节。

④1分。不能设计实验方案。

(五) 评价过程的注意事项

在评价过程中要注意使学生成为课堂的主体,发挥学生的主观能动性,在团结协作中获得成功,增强学好化学的自信心。通过反思,总结自身获得的经验和不足,增强学生自我教育的能力,引导学生把知识转化为自己的内在智慧,启发学生反思有助于学生的自我反馈、自我调整、自我完善,使学生有效地提高学习效率。

（六）真实的学生作业及评分

（1）一号作业：刘×。

实验操作	预期现象与结论
分别向三种粉末中加入足量的水	不溶解的为碳酸钙
向剩余两种粉末中滴入适量的稀盐酸	有气泡产生的为碳酸钠，无明显现象的为氯化钠

评分：3分。该同学实验原理正确。利用碳酸钙不溶于水，碳酸盐与酸反应，现象明显，装置简单。但是实验操作不规范，语言描述不科学，样品没有取样，后续实验无法完成。

（2）二号作业：严×。

实验操作	预期现象与结论
分别取少量三种粉末于洁净的试管中，加入足量的水充分溶解	有一支试管中粉末不溶解，该粉末是碳酸钙
向得到澄清溶液的两支试管中分别滴入1~2滴无色酚酞	无色酚酞变红，溶液所在粉末是碳酸钠，无明显现象，溶液所在粉末是氯化钠

评分：5分。该同学实验原理正确。利用碳酸钙不溶于水，碳酸钠的水溶液呈碱性，氯化钠的水溶液呈中性，可以用指示剂鉴别。反应现象明显，装置简单，操作性强，所选的化学药品、仪器等在现有的实验条件下能够得到满足，使用药品少。语言表述很规范，实验操作很准确。

四、学业评价样例

(一)"第十一单元 盐 化肥"评价目标细目表

知识点	认知性目标			技能性目标		体验性目标		
	知道(A)	了解(B)	理解(C)	模仿操作(a)	独立操作(b)	体验(Ⅰ)	关注(Ⅱ)	树立(Ⅲ)
1. 常见的盐(氯化钠、碳酸钠、碳酸氢钠和碳酸钙)的组成、俗称及日常生活中的应用		√						
2. 碳酸钠溶液显碱性	√							
3. 根据复分解反应的条件判断常见酸、碱、盐之间能否发生反应			√					
4. 碳酸根离子的检验方法			√					
5. 碳酸钠、碳酸氢钠和碳酸钙的性质		√						
6. 利用过滤、蒸发等操作分离、提纯固体混合物					√			
7. 从离子变化的角度认识复分解反应			√					
8. 设计实验推断孔雀石(碱式碳酸铜)分解的产物				√	√			
9. 常见化肥的种类、名称和作用	√							
10. 化肥、农药对环境的影响		√						
11. 常见化肥的鉴别		√			√			
12. 氮肥(铵根离子)的检验		√			√			
13. 根据植物的生长发育情况确定使用肥料的种类	√							
14. 物质的分类			√					

（二）评价样题

1. 评价内容

【题目背景】

（1）书本中设计的化肥的简易鉴别实验。

（2）建立在学生掌握了酸、碱、盐性质的基础上。

【题目内容】

实验室有三瓶化肥未贴标签，只知道它们分别是碳酸氢铵（NH_4HCO_3）、氯化铵（NH_4Cl）和尿素[$CO(NH_2)_2$]中的一种。为鉴别三种化肥，某同学分别取少量样品编号为 A、B、C，并进行如下实验（此处箭头表示得出实验产物）。根据上述实验回答：

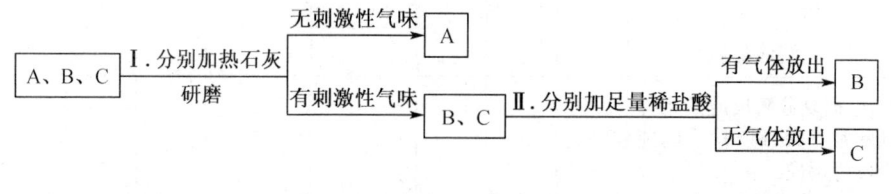

（1）写出三种化肥的名称：A _____；B _____；C _____。

（2）如果实验Ⅱ中 B、C 两种样品没有另取，对实验结果 _____（填"有"或"无"）影响。

（3）常温下如要鉴别 B、C 两种样品，_____（填"能"或"不能"）采取闻气味的方法。

（4）由实验和查阅资料可知，人们在施用铵态氮肥时，若遇到碱性物质，会使铵态氮肥转化为氨气，氨气进入大气后与雨水作用，可能形成"碱雨"。"碱雨"中碱的化学式为 _____。

2. 评价意图

【内容维度】

（1）化肥的简易鉴别。

（2）认识化肥的使用。

【能力维度】

运用所学知识和技能解决实际问题的能力。

【学科思想】

科学探究的一般方法。

【评价特点】

本题是以教材中"活动与探究"为素材,考查了根据实验过程和现象鉴别几种常见化肥的方法以及对实验过程一些问题的质疑,有效地评价了学生对几种常见化肥的鉴别方法及对实验过程相关问题的评价能力。此题给教学的启示是:化学教学不能让学生机械地死记硬背教材上的知识内容,要积极组织实验探究活动,让学生理解知识的形成过程,形成科学的思维方法,发展探究能力。

3. 预估难度:0.7 左右

4. 参考答案

(1) 尿素　碳酸氢铵　氯化铵

(2) 无

(3) 能

(4) $NH_3 \cdot H_2O$

(三)"第十一单元　盐　化肥"质量评价题型细目表

知识点	题型	题号	认知性目标			技能性目标		体验性目标			难度
			A	B	C	a	b	I	II	III	
1. 常见的盐(氯化钠、碳酸钠、碳酸氢钠和碳酸钙)的组成、俗称及日常生活中的应用	选择题(单)	6	√								0.9
	选择题(单)	7		√							0.8
	填空题	16	√								0.9
2. 碳酸钠溶液显碱性	实验题	19	√								0.9
3. 根据复分解反应的条件判断常见酸、碱、盐之间能否发生反应	选择题	11			√						0.6
	填空题	18			√						0.6
4. 碳酸根离子的检验方法	实验题	17			√						0.6
5. 碳酸钠、碳酸氢钠和碳酸钙的性质	填空题	19		√							0.6
	计算题	15		√							0.7
6. 利用过滤、蒸发等操作分离、提纯固体混合物	选择题	12			√		√				0.7
	实验题	20					√				0.6

续表

知识点	题型	题号	认知性目标 A	认知性目标 B	认知性目标 C	技能性目标 a	技能性目标 b	体验性目标 I	体验性目标 II	体验性目标 III	难度
7. 从离子变化的角度认识复分解反应	填空题	17			√						0.5
8. 设计实验推断孔雀石（碱式碳酸铜）分解的产物	活动交流题	19					√				0.6
9. 常见化肥的种类、名称和作用	选择题	1	√								0.8
	填空题	18	√								0.8
10. 化肥、农药对环境的影响	选择题	2		√							0.9
11. 常见化肥的鉴别	选择题	9		√			√				0.8
	填空题	17		√			√				0.8
12. 氮肥（铵根离子）的检验	选择题	10		√			√				0.7
	填空题	17		√			√				0.7
	计算题	20			√						0.8
13. 根据植物的生长发育情况确定使用肥料的种类	选择题	3	√								0.8
	选择题	5		√							0.8
14. 物质的分类	选择题	4		√							0.6
	填空题	16		√							0.6

利用细目表命制试题，可以有效克服教师命题过程中的随意性和盲目性，避免出现知识点无计划地重复考查或遗漏的现象，避免出现试卷难度太大或太小，避免题型设置的不合理现象等。本细目表中第19题是一道综合性较强的习题，选题时要注意。

12 "第十二单元 化学与生活" 评价与教学策略

一、单元教学目标

本单元是隶属于课程标准的"一级主题""化学与社会发展"中的主要内容之一。教科书的内容,以人类的生活、生存和发展为主线,让学生从化学的视角去观察自身周围的世界,从化学与社会的相互作用中体会、感悟学习化学的价值,了解化学科学的发展前景,认识化学在解决人类社会面临的问题上所能发挥的重大作用,进一步激发学生学好化学的积极性。

本单元的教学目标是:①了解营养素是指蛋白质、糖类、油脂、维生素、无机盐和水等六类物质。了解各营养素的作用和来源,知道合理饮食的重要性。②了解对生命活动具有重要意义的有机物(如糖类、蛋白质、油脂、维生素、淀粉、氨基酸等),知道蛋白质、糖类、油脂是供能物质,并会简单地计算供能物质为人体提供的能量大小。③知道某些物质(如一氧化碳、甲醛、黄曲霉毒素等)有损人体健康,认识掌握化学知识能帮助人们抵御有害物质的侵害。④人体的组成元素及元素在人体中的存在形式。了解某些元素(如钙、铁、锌等)对人体健康的重要作用,人类是如何摄取营养元素的,认识有毒元素对人体的危害。⑤常量元素和微量元素,微量元素对人体的作用及适宜摄入量。⑥会初步区别有机化合物和无机化合物,了解有机化合物和有机高分子化合物的特点。⑦知道常见的合成纤维、塑料、合成橡胶性能及其应用。⑧了解"白色污染"形成的原因以及使用合成材料对人和环境的影响。⑨用简单的实验方法区分棉纤维、羊毛纤维和合成纤维(如腈纶)织成的布料。⑩会区别热塑性塑料和热固性塑料。

在本单元教学中不宜拓展的知识有:糖类、油脂、丙氨酸的结构简式;蛋白质的盐析;从高聚物结构角度认识有机合成材料。

本单元的教学中心,体现在化学启蒙阶段就引导学生体验从化学走向社会,树立正确的学习化学、运用化学的基本理念。这是初中化学学习的最后一个单元,可以运用元素、分子、原子、离子、物质的结构决定其性质、物质的性质决定其用途、物质的分类、定量在化学研究中的重要作用、质量守恒定律、化学反应与能量变化、化学式等基础知识,通过查阅资料、提出假设、分析论证等方法,在学习一些化学常识性知识以及初步认识与有机化合物相关的基础知识的过程中,继续培养正确的学习方法,为进入高中学习夯实基础。

二、评价案例分析

针对本课题内容涵盖范畴广、教学要求相对不高,可以从联系生活和社会发展的需要的角度,完善对初中学生化学素养的要求。本课题的目标定位,是要充分调动已有知识和生活经验,在比较分析过程中,有序地按照物质分类的线索,逐步组织教学素材和进程,这既是重要的前提,也是有效的措施。在教学素材的组织和学习活动的安排上,都必须有利于体现物质的组成结构决定性质、性质决定用途的基本观点,学会从化学角度分析问题、认识问题,要成为本课题重点培养的学习方法之一。

本课题既是对本单元所学主要内容的归纳和概括,也是让学生明了从化学走向生活就需要认识有机化合物和有机高分子材料。那么,区分无机物和有机物也就成为学习的首要问题。在结合已有知识引导学生进行"活动与探究"时,除了对一些具体物质的化学式、组成元素和相对分子质量进行分析,归纳出无机物和有机物的区别以外,教材还从有机物中原子之间的结合方式不同,说明了其数目异常庞大的原因。后者的教学可以从金刚石、石墨、C_{60}的结构引出碳原子之间可以相互连接起来,并结合CH_4、丙氨酸、血红蛋白的结构,适当渗透在碳原子之间相互连接的同时还能结合其他元素的原子,形成碳链或碳环等等。这里仅仅局限于认识有机物与无机物一些典型的不同之处,并非从分类、结构特点、命名等方面系统学习有机化合物的知识内容。因此,把握教学的尺度就显得尤其重要。

本课题学习的侧重点是认识几种典型的合成有机高分子材料。依据教科书的内容,对有机高分子材料进行必要的梳理。结合生活实际和实物,分清几类典型的天然高分子材料和合成高分子材料;能初步从结构、性质上区分热塑性塑料和热固性塑料;等等。

【案例】 如何区分生活中常见的有机高分子化合物制成的材料教学。

教师：展示学生收集的一些生活样品，家中各种类型的塑料制品、塑料袋等；各种类型的纤维样品，如腈纶、氨纶、锦纶、棉、全羊毛、丝绸、麻等；各种橡胶制品等。设问：这些生活物质都是用有机高分子化合物制成的材料，如何区分它们呢？

学生：通过阅读、交流，明确：①这些材料都属于有机高分子材料；②根据材料的来源，可分为天然有机高分子材料和合成材料；③日常生活中用得最多的合成材料有塑料、合成纤维、合成橡胶。

（然后，依次通过实验和讨论交流，从组成、结构、性质等方面，对上述生活样品进行分类及辨别。让学生在活动中体验从化学角度分析和认识事物的基本过程与方法。）

【评析】

本片段中要进行内容的整合，要让学生切实地体验到所学内容与自己的生活息息相关。因此，课前的实物采集与调查研究和课堂内组织的一系列分析、探讨的学习活动等，都是将学生作为学习主体来设计与安排的。所以，学生参与的程度和参与的积极因素，是教师必须认真开发的教学资源之一。

教学过程中要注重社会问题和科技发展，适当拓宽学生的视野。教学中应组织好课本 104 页的"讨论"活动，通过对"使用塑料的利与弊"的辩论活动，使学生进一步认识合理开发利用资源的重要性，了解治理"白色污染"的途径和方法，培养学生关注自然和社会的责任感。

教学中还应通过多媒体图片或视频，及时补充有机合成材料发展的新成就、新进展，以及近年来合成材料突飞猛进的发展趋势，激发学生学习与研究有机化合物的欲望和热情。

三、学习评价策略

首先，化学合成材料是《义务教育化学课程标准（2011 年版）》中体现化学教育价值的重要内容之一，渗透着 STSE 的理念，具有明确的实践意义与价值导向。因此，学习这部分的内容，仅仅靠单纯的讲解和阅读，是无法解决化学基础内容与启蒙有机物知识的相互配合问题的。

其次，化学合成材料的学习内容中，突出体现《义务教育化学课程标准（2011 年版）》所倡导的课程三维目标融合，是实现整体教学目标的典型内容之一。在学习相关内容的过程中,更为重要的是通过运用基础知识与技能初步认识有机物及合成材料,感受并领悟运用化学知识认识新事物、解决新问题的基础方法与基本原理,发展情感态度与价值观。因此,学习这部分的内容,必须从准确定位教学目标入手,认真做好有关化学合成材料教材的系统文本的解读;必须从充分利用有关化学合成材料教学资源的角度,落实实践教学方式方法上"用教材教"的具体措施与策略;必须从深刻理解《义务教育化学课程标准(2011年版)》有关化学合成材料教学意图和所倡导的课程教学理念出发,研讨并开发有利于促进学习有关化学合成材料内容的教学评价。有关化学合成材料内容的学业评价,既要注重有关有机物知识与技能启蒙层面上的学业形成与发展动态,更需要关注化学基础核心知识在相关活动中的运用,在学习化学合成材料的活动中,逐步落实过程与方法、情感态度与价值观的教学目标,形成可以相互协调、相互促进的必要教学环节。进行有效的小组合作交流、辩论是本节内容教学的主要策略和方法。

以下是以"使用塑料的利与弊"为题进行小组辩论评价的样例。

(一)学习内容出现的时间及其评价标准的描述

(1)学习内容:有机合成材料的应用及对环境的影响。

(2)学习内容出现的时间:人教版九年级化学下册第十二单元课题3"有机合成材料"。

(3)学习内容评价标准的描述:了解消除"白色污染"的途径和方法。就自己周围的环境中"白色污染"的情况及形成原因进行调查,并与同学进行交流。同时,以实际行动为减少"白色污染"而努力。知道有机合成材料的应用与发展大大方便了人类的生活,促进了社会发展。认识到使用有机合成材料会对环境造成影响,如"白色污染"等。知道化学在有机合成材料的发展中起着重要的作用,新型有机合成材料必将为人类创造更加美好的未来。

(二)关于论点论据表述方法的综述

有目的收集与化学相关的第一手资料并结合相关的论点进行说理表述的活动,属于活动能力与相关知识运用表现评价方法中的一种。度量学生能否依据活动主题及重要论点,采集与化学相关的信息,以及运用化学知识组织论据进行表述的能力,反映学生自主学习态度与现状,通过相应的客观评价可以激发学生学习的主动性和积极性。因此,评价学生对合成材料的合理开发与使用认识的情况,可以通过他们在活动中如何围绕相关论点进行论据表述的状况进行客观度量。在评价过程中,既能依据教科书已有的相关教学资源通过比较进行绝对评价,也能依据学生收集的信息资料及其论据表述通过相互比较进行相对评价,还能依据已往的相关活动(如课堂中各种讨论活动)对学生进行个体内差异的评价,更重要的是可以引导学生进行元认知的形成与发展的实践。所以,作为合成材料的合理开发与使用的典型,"以'使用塑料的利与弊'为题进行小组辩论"的学习活动,采用此方法特别合适。

典型的由塑料引起的"白色污染"问题的辩论,是可以从化学角度认识环境保护系列学习内容中,得到许多启迪的总结性学习活动。需要从塑料的性能及用途出发,通过辩论认识合理开发和使用合成材料的途径。所以,必须极大地调动起学生自主参与"以'使用塑料的利与弊'为题进行小组辩论"的兴趣和积极性。

让学生参与"以'使用塑料的利与弊'为题进行小组辩论"的相关论点、论据表述的活动,才能客观反映学生的直接体验、自主学习和合作交流相结合的活动过程。这是综合考查学生学习并运用已有化学知识,分析具体有关塑料的问题,从正反两个方面探索解决塑料社会问题的认识思路。因此,"以'使用塑料的利与弊'为题进行小组辩论"的活动,采用依据论点论据进行表述的方法评价。

(三) 化学合成材料的合理开发与使用的评价过程

(1) 参照人教版教科书中"以'使用塑料的利与弊'为题进行小组辩论"的"参考论点",由学生自愿选择主持人(1人)、正方论点辩护人(4人)、反方论点辩护人(4人)。

(2) 建构以塑料为例的化学辩论会的正方、反方论点。

正方论点:①塑料的制造成本较低,而且耐用、防水。②塑料容易被塑制成不同的形状。③大部分塑料的抗腐蚀能力强,不与酸碱发生反应。④塑料一般不导热、不导电,是良好的绝缘体。⑤可降解塑料、新型有机合成材料逐渐向对环境友好的方向发展。

反方论点:①有些塑料容易燃烧,燃烧时产生有害气体。②大部分塑料不会腐烂,也不能被细菌分解,容易造成"白色污染"。③回收利用废弃塑料时,分类十分困难,而且经济上不合算。④塑料是由石油炼制的产品制成的,石油资源是有限的。⑤长期堆积的废弃塑料会破坏土壤、污染地下水、危害海洋生物的生存。

(3) 学生依据各自所担当的角色,分组选择不同的途径或方式,进行辩论会发言资料的收集。教师引导各小组以化学合成材料的合理开发与使用为中心,结合物质的化学知识内容进行发言材料的整合,通过"使用塑料的利与弊"的论述,感知运用化学知识认识问题、分析问题、探索解决问题思路的意义及重要作用。

(4) 通过辩论会上思维的交锋,自我感觉与听众同学反映情况相结合,在辩论活动中同步进行学生的自我评价和相互评价。有条件时,也可以适当引导学生通过及时的小结,树立合理使用物质,就必须注意此物质能否合理循环利用的意识。

(四) 评价标准和评价尺度

(1) 制订方法:教师采用定性评价与定量评价相结合的方式,并以学生间交流互评为基础。

(2) 评价尺度:

① 5分。相关论点论据正确、无科学性错误;运用化学知识及原理进行论述;论据资料收集充分而且翔实;表述具有较强的针对性、逻辑性和说服力;辩论中关注对方、尊重对方,且思维反应敏捷。

② 4分。相关论点论据正确、无科学性错误;部分内容运用化学知识进行论述;论据资料收集翔实;表述具有一定的针对性、逻辑性和说服力;辩论中与自己相关部分才注意,且能有所反应。

③ 3分。相关论点论据正确、无科学性错误;论述中涉及化学知识;收集了部分论据资料;表述具有一定的针对性,但逻辑性和说服力有明显不足。

(五) 评价过程的注意事项

引导九年级学生按照活动要求,进行"以'使用塑料的利与弊'为题进行小组辩论"的活动一般不会出现困难。但无论是教师还是学生,往往都容易仅局限于塑料使用的利与弊进行辩论,而忽略了合成材料正确使用中蕴含的化学知识及原理,也就是从根本上脱离了运用化学知识,发展化学程序性知识、形成化学策略性知识的功能,导致热闹活跃的辩论活动,对促进三维目标达成的功能收效甚微。因此,对"以'使用塑料的利与弊'为题进行小组辩论"的活动,必须重视围绕化学学科学习主线及运用化学基础知识,组织相关资料及进行辩论,才有具体的学习与实践的意义。

(六) 真实的学生作业及评分

(1) 一号作业:程××(辩论会主持人)。

辩论会的引导发言:今天辩论会的主角是生活中常见的合成材料——塑料。塑料是有机化合物中由人工合成的一个重要分支,其"兄弟姐妹"很多,它们都有属于自己的代号,比如:聚酯代号 PET、聚氯乙烯代号 PVC、聚丙烯代号 PP、聚苯乙烯代号 PS 等;而且随着人类化学科技的发展,塑料家庭的成员还在不断增加,一些具有特殊性能的新型塑料不断问世:日本电气公司新开发出以植物为原料的生物塑料,其热传导率与不锈钢不相上下;英国南安普敦大学和德国达姆施塔特塑料研究所共同开发出一种可变色塑料薄膜;英国谢菲尔德大学的研究人员开发出一种人造"塑料血",外形就像浓稠的糨糊,只要将其溶于水后就可以给病人输血,可作为急救过程中的血液替代品,……有人称塑料的发明是 20 世纪人类的一大杰作,但也有人称它的出现是 20 世纪最糟糕的发明。那么,运用化学基础知识进行剖析,塑料带给我们的究竟是方便还是麻烦?它又是怎样影响着我们今天的生活的呢?

今天,代表使用塑料有利的正方辩护小组的同学(用手示意位于左侧),代表使用塑料有害的反方辩护小组的同学(用手示意位于右侧),两个小组的同学运用他们所学的化学知识,将在这里让您感受到思维的交锋,观点的碰撞,语言的激辩。下面有请正方一辩首先发言,时间为 2 分钟。

……

辩论会的过渡发言:谢谢正方同学的开篇立论,我们再来听听反方同学是如何阐述使用塑料有害的观点,有请反方一辩发言,时间同样为 2 分钟。

……

辩论会的结束语:也许这是一场没有输赢的辩论,也许这是一个尚未结束的比赛,但有一点是肯定的:对人们来说,已经没法离开塑料这种合成材料了,甚至于可以夸张地比喻,跟人离不开空气一样。今天,两组同学通过激烈的观点碰撞,展开了思维交锋,同时也对使用塑料的利与弊,分别进行了论述。正反双方运用化学知识分析使用塑料的利与弊的同时,令人信服地认识到,任何事物都有两面性,因此合理利用资源和材料向着可循环利用发展,这是化学能够造福于人类的真正客观规律。

辩论会至此结束,请全体同学交上您的评价材料。感谢大家的合作与帮助!

【评价】

5分。该同学在准备阶段一直关注辩论双方的资料准备情况,将自己融入辩论活动的学习之中,并将自己准备的主持材料多次与老师进行交流,特别是辩论结束语,在认真听取老师的意见后,认识到学习化学的较为深刻的内涵——通过运用化学知识实现提高对物质使用认识的正确性。并由此设计了全部听众同学共同完成的,对每位辩手同学发言中运用已学化学知识的评价表,不仅完善了活动的评价内容,更提高了全班同学参与活动的积极性。

(2) 二号作业:黄×(正方一辩)。

首次陈述发言:塑料是自然界最大物质家族有机物中的一个分支。塑料的性能优势,在制造成本较低、耐用、防水、方便实用、可随身携带等方面得到充分展示。因此,在日常生活中,食品包装袋、购物袋等随处可见。有些塑料还可以作医学和航天事业的材料。医疗中广泛用到的有:聚氯乙烯(PVC)树脂、聚乙烯(PE)、聚丙烯(PP)和聚苯乙烯(PS)。医学应用的聚氯乙烯产品有:血包和血管、导管、渗析装备、喉舌和面具、氧气输送设备、实验室仪器、导管和设备包装材料等。就是主持人的发言中,也以具体事例说明了使用塑料多么有利(全场欢笑、鼓掌),由此可见使用塑料之利是言之不尽。

……

最后陈述发言:经过刚才的激辩,特别感谢反方从不同角度提供给我们以支持的材料和论据(听众席上响起笑声和议论声),使得同学们共同感悟到:使用塑料之利,不仅通过塑料本身所具有的性能得到体现,而且人类正是通过使用塑料,开始认识到需要依据物质的组成、结构、性质、变化等原理,合理开发和积极利用身边的所有资源和材料,这个获利的价值使得使用塑料性能之利变得渺小(掌声响起)。我们相信,随着化学科技的发展与运用,使用塑料的有利的一面还将继续被人们不断发现,让我们为此而热爱化学吧!(热烈鼓掌)

评价:5分。从该同学的发言中可以感觉其学习认真,注重运用知识与技能分析问题、处理问题的机智与敏捷。她的发言能够多次引起同学的共鸣与响应,更为可贵的是能够从正反两个方面,都发现有利于自己陈述的支撑内容与观念,从而汇聚成合力完成自己的最后陈述。其中虽说有老师的指点,但这样的学习成果,不正是课程标准倡导的理念所要培养学生达成的目标吗?

(3) 三号作业:李××(反方一辩)。

首次陈述发言:正方同学所说的塑料的广泛应用是我有目共睹的,可是我想请问正方同学,日常生活中的塑料袋等塑料制品,以及医疗行业所用的塑料器具如何处理呢？正方同学不会不知道目前因塑料造成的"白色污染"正在肆虐的事实吧？正是由于正方论据提到的塑料性能，造成其在自然条件下不易生物降解，在自然界中废弃塑料可以存在很久很久，成为当前污染环境的"罪魁祸首"之一。而且，有些塑料含有毒成分和致癌物质，燃烧这些塑料时产生的有毒物质，不仅污染空气，甚至于也会破坏臭氧层。请正方同学给我们一个"污染有利"的满意答复。（叫好声、鼓掌声同时响起）

……

最后陈述发言：我为正方同学在最后能够认识并及时纠正错误，感到由衷的高兴（笑声和议论声）。不仅塑料使用不当其害盛大，就是随手抛弃一颗小小的纽扣式电池，都会造成十分巨大的环境污染危害。因此，我们必须积极运用所学的化学知识，认真分析我们身边还隐藏着哪些有害之物，像解决塑料污染危害那样，认真探究解决一切危害环境等方面的问题，我们的化学才有用武之处，我们的社会才能越来越美好，让我们为运用自如而努力学习化学！（热烈鼓掌）

评价：5分。该同学的发言同样反映出平时认真学习的扎实功底，以及具体问题具体分析的机智与聪慧。正是他与正方同学相辅相成的激辩，使得大家清晰地认识到，使用塑料之弊不是源于塑料本身，而是源于使用塑料之人对化学的认识及行动。这样的成果是需要学生自主学习与合作交流相结合才能实现的，因此在纸笔测验中是完全不可能做到的。

四、学业评价样例

（一）"第十二单元　化学与生活"评价目标细目表

知识点	认知性目标			技能性目标		体验性目标		
	知道(A)	了解(B)	理解(C)	模仿操作(a)	独立操作(b)	体验(Ⅰ)	关注(Ⅱ)	树立(Ⅲ)
1. 营养素是指蛋白质、糖类、油脂、维生素、无机盐和水六大类物质	√					√		
2. 营养素的作用和来源，合理饮食的重要性	√					√		

续表

知识点	认知性目标			技能性目标		体验性目标		
	知道(A)	了解(B)	理解(C)	模仿操作(a)	独立操作(b)	体验(Ⅰ)	关注(Ⅱ)	树立(Ⅲ)
3. 对生命活动具有重要意义的有机物(如糖类、蛋白质、油脂、维生素、淀粉、氨基酸等)	√					√		
4. 某些物质(如CO、甲醛、黄曲霉毒素等)对人体健康的影响	√						√	
5. 蛋白质、糖类、油脂是供能物质,计算供能物质为人体提供的能量	√						√	
6. 人体的组成元素	√							
7. 元素在人体中的存在形式	√							
8. 区分常量元素和微量元素		√						
9. 某些元素(如钙、铁、锌等)对人体健康的重要作用		√					√	
10. 常见元素的食物来源	√						√	
11. 区分有机化合物和无机化合物		√						
12. 常见的合成纤维、塑料、合成橡胶性能及其应用,以及能识别天然有机材料和合成材料	√						√	
13. "白色污染"形成的原因以及使用合成材料对人和环境的影响	√						√	
14. 简单的实验方法区分棉纤维、羊毛纤维和合成纤维(如腈纶)织成的布料				√	√			
15. 区分热塑性塑料和热固性塑料				√	√			
16. 认识生活中常见的塑料的标志	√						√	
17. 新材料的开发与社会发展的密切关系							√	

（二）评价样题

1. 评价内容

【题目背景】

（1）依据双氧水分解的反应原理书写化学方程式；

（2）根据实验目的分析各装置的作用，并依据二氧化碳与石灰水反应原理书写方程式；

（3）根据质量守恒定律可知：反应前后元素的质量不变，结合物质中元素的质量分数求解；

（4）根据各装置的用途分析可能的测量结果；

（5）氢氧化钠溶液也能与二氧化碳反应。

【题目内容】

某化学研究小组的同学欲对某种塑料方便袋（资料显示该塑料只含C、H两种元素）的组成进行测定，设计了下列实验，如图所示。

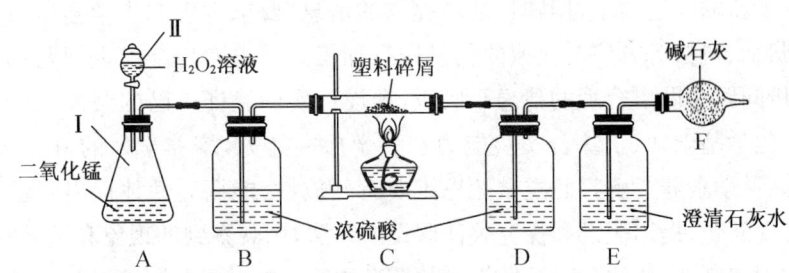

（1）仪器Ⅰ的名称是_____；仪器Ⅱ的名称是_____。

（2）装置A中所发生的反应化学方程式为_____；装置E中所发生的反应化学方程式为_____。

（3）装置B的作用是_____。

（4）研究小组的同学在实验前后两次称量装置D，其目的是_____。

（5）若仪器C的玻璃管中放入的塑料试样质量为 W g，塑料试样充分燃烧后，若仪器D增重 a g，则 W g 该塑料试样中含氢元素的质量为_____g（计算结果可为分数形式）。

（6）若实验中没有连接装置B，测定该塑料试样中氢元素质量分数的结果是_____（选填"偏小""偏大"或"无影响"）。

2. 评价意图

【内容维度】

（1）设计实验和科学探究，化学实验数据的分析，化学方程式的书写。

（2）化学计算。

【能力维度】

（1）实验设计分析评价能力。

（2）初步判断事实证据与假设之间的关系的能力。

（3）计算能力等。

【学科思想】

（1）科学探究的一般方法。

（2）从定性到定量。

【评价特点】

本题是以"探究某种塑料袋中元素成分"为课题进行的探究题，考查有机化合物的有关知识，更重要的是考查学生的科学探究能力和科学的思维方法。此题设置了新的问题情境，据题目情境提供的信息，要求学生初步学会运用比较、分类、归纳、概括等方法对获取的信息进行加工。要求考生会发现问题、提出问题、分析问题并做出合理的猜想与假设，会设计实验验证自己的假设，以此考查学生的化学基础知识、综合实验能力和科学探究能力，培养学生的科学探究精神，提高科学素养。解答此类试题思维要有开放性，能探究性地提出问题；要敏锐地发现问题，提出假设和探究验证假设的方法，用观察到的现象和记录的数据进行推理和判断；要注意对试题提供的信息进行分析、数据的处理以及对探究问题的合理猜想和想象，不要生搬硬套，胡乱猜想，应在短时间内切准题目要害，找准突破口。为学生提供了一个较为广阔的思维空间，对学生思维的有序性、科学性、严密性进行考查。

本题注重问题的情境的创设。该命题素材联系了学习实际，创设了一定的试题情境来考查学生分析问题和解决问题的能力。让学生在真实的情境中联系可能用到的相关知识，思考问题的解决办法。立足于社会发展和实际生活的需要，突出化学学科的实际应用价值和学科特点，体现了在化学和社会的相互作用中体会和感悟学习化学的价值。此题给教学的启示是：化学教学不能让学生机械地死记硬背教材上的知识内容，要积极组织实验探究活动，让学生理解知识的形成过程，形成科学的思维方法，发展探究能力。

3. 预估难度：0.6 左右

4. 参考答案

(1) 锥形瓶　分液漏斗

(2) $2H_2O_2 \xrightarrow{MnO_2} 2H_2O + O_2\uparrow$　　$CO_2 + Ca(OH)_2 =\!=\!= CaCO_3\downarrow + H_2O$

(3) 干燥氧气（或吸收水分）

(4) 测水的质量（然后计算出塑料试样中氢元素的质量分数）

(5) $\dfrac{a}{9}$

(6) 偏大

（三）"第十二单元　化学与生活"质量评价题型细目表

知识点	题型	题号	认知性目标 A	B	C	技能性目标 a	b	体验性目标 Ⅰ	Ⅱ	Ⅲ	难度
1. 营养素是指蛋白质、糖类、油脂、维生素、无机盐和水六大类物质	选择题	1	√					√			0.9
	填空题	17									0.9
2. 营养素的作用和来源，合理饮食的重要性	选择题	4	√					√			0.8
3. 对生命活动具有重要意义的有机物（如糖类、蛋白质、油脂、维生素、淀粉、氨基酸等）	选择题	3	√					√			0.9
4. 某些物质（如CO、甲醛、黄曲霉毒素等）对人体健康的影响	选择题	2	√						√		0.8
5. 蛋白质、糖类、油脂是供能物质，计算供能物质为人体提供的能量	填空题	16	√						√		0.8
6. 人体的组成元素	选择题	8	√								0.9
7. 元素在人体中的存在形式	填空题	18	√								0.9
8. 区分常量元素和微量元素	选择题	13	√								0.9

续表

知识点	题型	题号	认知性目标 A	认知性目标 B	认知性目标 C	技能性目标 a	技能性目标 b	体验性目标 Ⅰ	体验性目标 Ⅱ	体验性目标 Ⅲ	难度
9. 某些元素（如钙、铁、锌等）对人体健康的重要作用	选择题	10		√					√		0.8
10. 常见元素的食物来源	选择题	5	√					√			0.9
11. 区分有机化合物和无机化合物	选择题	9		√							0.7
12. 常见的合成纤维、塑料、合成橡胶性能及其应用，以及能识别天然有机材料和合成材料	填空题	21	√					√			0.9
	选择题	14	√					√			0.9
13. "白色污染"形成的原因以及使用合成材料对人和环境的影响	选择题	15	√						√		0.8
14. 简单的实验方法区分棉纤维、羊毛纤维和合成纤维（如腈纶）织成的布料	选择题	7				√		√			0.7
15. 区分热塑性塑料和热固性塑料	选择题	12				√		√			0.8
	填空题	20				√					0.7
16. 认识生活中常见的塑料的标志	选择题	6	√						√		0.8
17. 新材料的开发与社会发展的密切关系	选择题	11							√		0.8
	填空题	19							√		0.8

　　利用细目表命制试题，可以有效克服教师命题过程中的随意性和盲目性，避免出现知识点无计划地重复考查或遗漏的现象，避免出现试卷难度太大或太小，避免题型设置的不合理现象等。本细目表中第20题是一道综合性较强的习题，选题时要注意。

第二部分
初中化学年段评价分析与教学建议

01　2013年南京市中考化学质量分析报告

一、命题指导思想

2013年南京市中考化学试卷依据新课程标准,紧扣教材,重点考查学生的基础知识、基本技能、基本方法。整卷以教材、生产、生活实际为背景,着重考查主干知识和应用化学知识解决简单实际问题的能力;注重实验、思维和方法的考查,强化对学生化学基本素养的评价。在体现南京市化学中考的连续性的基础上略有创新,有利于促进学生终身学习、教师教学方式的转变,对化学新课程的实施发挥良好的导向作用。

二、试卷概况

2013年南京市中考化学试卷的题型结构、内容结构、题量和难度均比较合理。试题的思维梯度层次分明,题型丰富多样。

1. 基本信息

考试性质为"毕业考试"和"升学考试"两考合一,采用闭卷的形式,不允许使用计算器。全卷满分80分,考试时间为100分钟。

2. 具体结构

	结　构	题　号	分值	合计
目标结构	知识与技能	第1~28题	80分	(100%)
	过程与方法	第1、4、7、10、14、15、16、18、19、20、21、22、24、25、26、27、28题	61分	(>50%)
	情感、态度与价值观	第6、8、9、11、12、13、17、23、24、26、28题	41分	(>50%)

续表

结　构		题　号	分值	合计
题型结构	选择题	第1~20题	25分	84分（由于某些题型的题号出现重复,因此分值累计大于80）
	填空题	第21(1)(2)(3)(4)、22(1)(2)②、23、24(1)(2)(3)①②、25、26(2)(3)(4)、27、28[交流反思](2)(3)(4)[拓展应用](1)②	41分	
	简答题	第21(4)、22(1)①、24(3)①、26(1)、28[交流反思](1)[拓展应用](1)	8分	
	计算题	第15、17、21(4)、28[拓展应用](2)	10分	
内容结构	科学探究(实验)	第4、7、16、21、28[交流反思](1)(2)(3)(4)[拓展应用](1)	20分	80分
	身边的化学物质	第、8、18、23、24、28[拓展应用](2)	23分	
	物质构成的奥秘	第3、5、12、17、26	12分	
	物质的化学变化	第1、2、14、15、19、20、22、27	16分	
	化学与社会发展	第6、9、10、11、13、25	9分	
难度结构	容易题	第1、2、3、4、5、6、8、12、21(1)、23、24(1)(2)(3)①、26(2)、27(1)	25分	80分
	较容易题	第7、9、10、11、13、17、21(2)(3)(4)、22(1)、24(3)②、25(1)(2)(3)、26(1)(4)、27(2)(3)(4)、28[交流反思](3)[拓展应用](2)	32分	
	中等难度题	第14、15、16、19、20、22(2)、26(3)、28[交流反思](2)(4)	16分	
	较难题	第18、21(4)、27(1)、28[交流反思](1)[拓展应用](1)	7分	

三、试题特点

2013年南京市中考化学试卷充分体现了《义务教育化学课程标准(2011年版)》的评价理念,成功地将知识、能力与素质融为一体,在"双基"落实、时代特征、化学学科的思想方法等方面的考查做了新的探索。试卷既重点考查了学生通过初中化学学习在"知识与技能、过程与方法、情感态度与价值观"的发展程度,又引发了学生对今后的学习探究和发展的思考。该试卷遵循课标,源于课本,难易适中,区分度好,符合初中学生的认知特征,既有利于全面、准确地反映初中毕业生的学业水平,又有利于高一级学校坚持在综合评价的基础上择优录取新生的原则,也体现了南京市化学中考命题的连续性。

1. 注重"双基",回归教材,有效评价学生化学学科素养

2013年南京市中考化学试卷坚持以课程标准为依据,做到重点知识、主干知识重点考查,基本技能、学科方法突出考查。特别考查了新课标中规定的8个必须完成的基础化学实验。情境的设置源于课本内容,如实验、活动与探究、讨论、家庭小实验、资料和课程标准的情景素材等,问题的设计落脚于教材的重点知识和基本技能,强调了化学在科技、生活和生产中的实用性。如通过碳与能源相结合的话题为主题,从不同的新视角,把散落在教材中和碳及能源等相关的方方面面的知识点串联成题。命题角度有:化石燃料、燃烧与灭火、大气污染、温室效应、二氧化碳性质的验证等。

在测试过程中,考查学生对基本知识和基本技能的掌握,特别增加了对新课标和新教材中增加内容的考查,有效地评价了学生的化学学科素养。试卷中有96%以上的试题是教材知识和习题的重组或再现,其他也均为初中化学新课标所要求的知识、能力、方法的迁移和应用,既保证了考试的有效性和公平性,又充分体现出了教材的重要性和对所学知识应用的重要性。同时对教师研究课标、回归教材具有良好的导向性,也能引导学生认识到对基础知识和基本技能的掌握,不是简单地接受性学习,或通过死记硬背、机械性训练获得,而应积极主动地建构适合自己的知识网络和学习方法。

2. 追踪热点话题,联系生活实际,彰显学科特色

2013年南京市中考化学试卷注意将学生生活经验、科学、技术、热点话题内容等设计到试题中,通过测试学生在真实的背景中,应用化学知识和技能的问题解决过程,来考查学生的学习力和对社会的关注、对事件的态度和价值观的表现,强调学以致用。如纳米材料、毒淀粉、青奥会、同呼吸 共奋斗、$PM_{2.5}$、水合作、汞污染等。并通过框图形式考查基本反应类型、用饼图的形式来考查质量守恒定律,有效地考查了学生对图表中有效信息的获取及数据的处理能力;以教材中元素周期表和原子结构示意图相结合,从宏观和微观的角度考查粒子的结构、物质的组成与类别;以教材中的二氧化碳与水反应的实验为背景,用科学探究的方法,从个性与共性等不同的角度考查了酸的性质。信息素养贯穿全卷,试卷引导教师在教学过程中,要进一步落实课标要求,引导学生初步学会运用观察、实

验等方法获取信息,能用文字、图表和化学语言表述有关信息,初步学会运用比较、分类、归纳、概括等方法对信息进行加工,更重视知识的建构过程,引导学生经历学习过程,发展自我学习能力。引导学生从化学的视角来认识、思考科技与社会生活中的问题,体现了试题的时代性和教育性。

3. 重视学科方法,适度体现开放,加强对学生思维品质的考查

2013年南京市中考化学试卷进一步注意创设试题情境,全面考查学生在新情景中解决实际问题的能力。试卷进一步注意了选用素材的广泛性,以这些素材为背景材料,创设情境,全面考查学生对以上内容的掌握情况。同时进一步加强思维的开放性和知识的迁移运用,展现了化学学科的思想和方法。如26题以教材中元素周期表和原子结构示意图相结合,从宏观和微观的角度考查粒子的结构、物质的组成与类别。28题以氯化氢气体是否显酸性为话题,结合教材中自制指示剂的探究实验,用科学探究的方法揭示盐酸显酸性的本质,挖掘了教材中学科方法、学科思想在探究酸的性质中的思路历程,挖掘了教材中图片的示范作用,体现了元素观、微粒观等化学观念,同时引导教师在教学中充分挖掘教材中图片的功能,以培养学生的思维品质。

整张试卷图文并茂,设计精致,既具有时代信息,又突显学科特点,体现了化学基础知识、基本技能及化学思想和方法的丰富内涵。试卷通过设置情境,考查学生从文字、图、表、实验装置、数据处理等方面捕捉信息、运用知识的能力,充分体现了:①实验方法和能力;②物质结构决定性质,性质决定用途;③守恒思想;④定性、定量分析问题的能力;⑤由个性到共性;⑥"化学—技术—社会"等学科特点。

4. 重视创新,体现人文修养,有利于促进学生发展

2013年试卷与2012年试卷相比,在结构、教学导向上,很好地体现了传承、延续与发展,充分体现了化学教学应立足课本,重视"双基",关注学习方法训练和化学思想方法养成的方向。如用化学知识来解释成语,体现了科学素养与人文素养的巧妙结合。让纳米铁的制备、化肥尿素的制备与初中化学知识贴近,使学生感受到学好化学的重要性及化学科学的发展在帮助人类改善环境与研发新材料方面的重大贡献,以及对改善生活和促进社会发展的积极作用,培养学生关心社会、关心自然的情感和品质。

2013年试卷版面布局,充分考虑学生在答题过程中的心理状态,体现了浓郁的人文关怀。如主观性试题的开篇就是常见基本实验装置,一方面,图文显示的是学生非常熟悉的内容,且难度不大,有利于激发学生答题的积极性;另一方面,在试题难度的编制上,既注意了大题总难度的螺旋式递进,也着意每道大题

难度的由浅入深,从最基本的知识点切入,层层发展,步步拔高,便于不断增加学生的答题信心。每个版面的起始问题均很基础,大多数学生都能较好地完成。此外,版面中图、表精美,疏落有致,既给学生有效的信息情景,又让学生赏心悦目,整张试卷充分展示了化学新课程的魅力。

四、数据分析

化学中考南京市均分 57.10,合格率 75.07%,难度 0.714,学生成绩呈正态分布,较好地体现了两考合一的性质。

1. 总体数据

(1) 各分数段分布图。

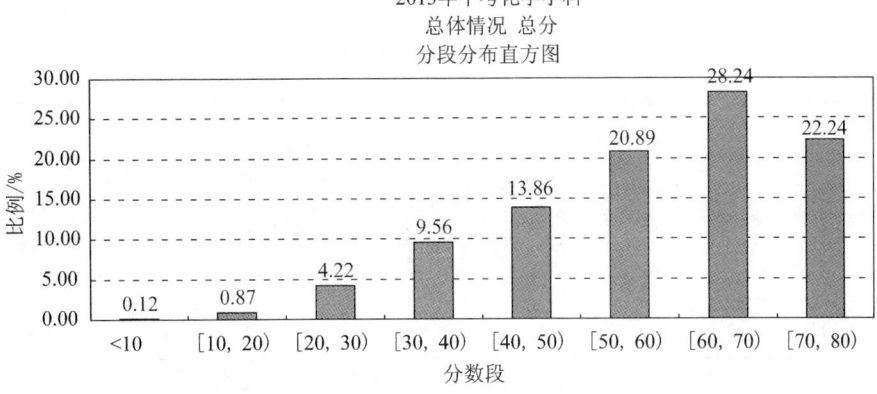

(2) 小班化各分数段分布图。

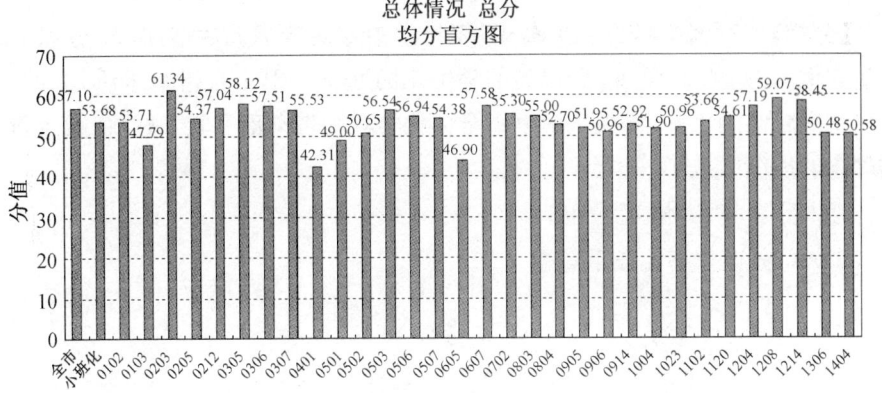

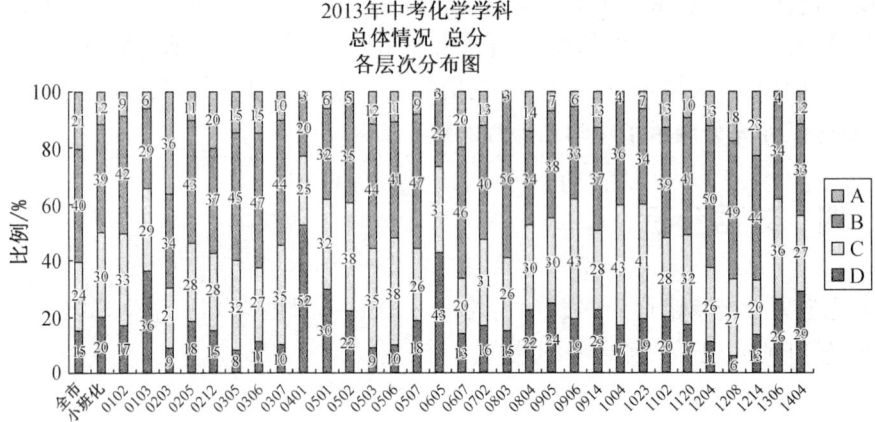

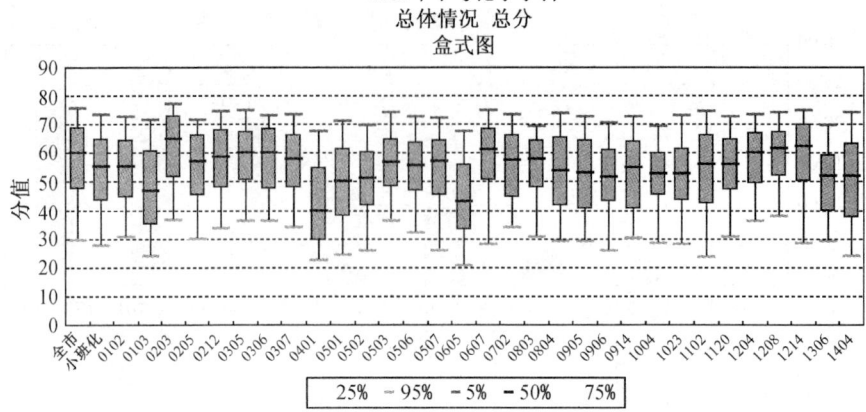

【分析】从考试的情况来看，2013年化学中考高分层人数增加，70分以上的学生比例约为22.24%，60分以上的学生比例近50.48%，合格率达到75.07%，整体达到较高的水平，体现了南京市全体化学教师贯彻落实教学建议，践行新课程理念的成绩又上了一个台阶。

2．区县考试情况分析

(1) 总分得分率比较示意图。

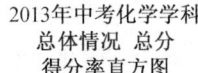

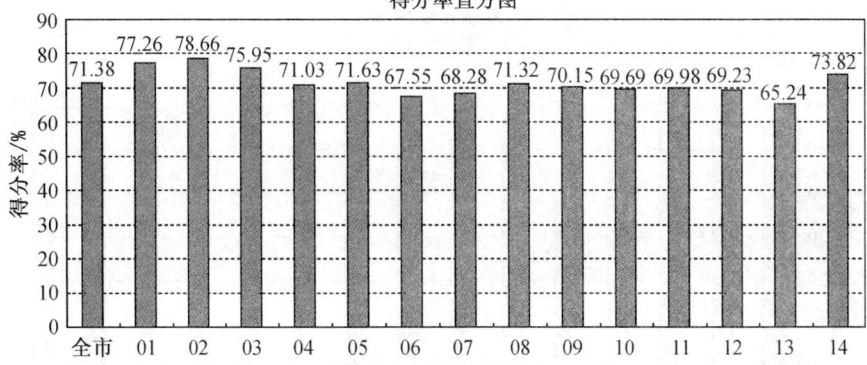

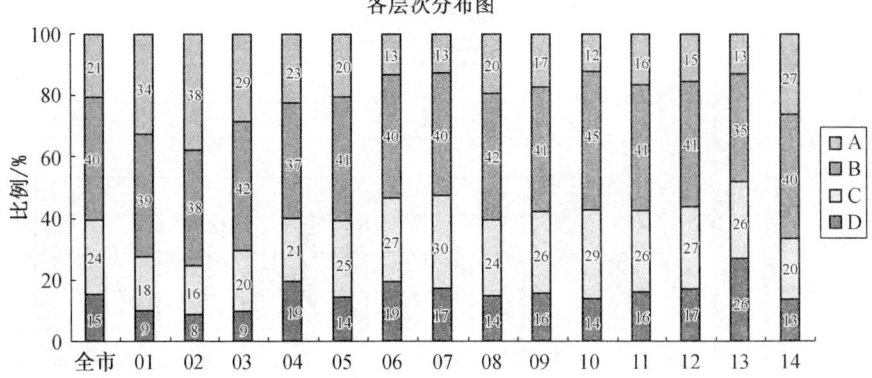

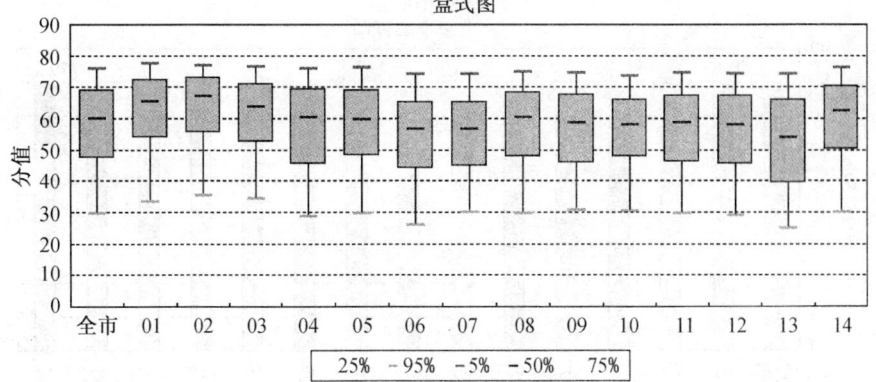

(2) 均分、优分率、合格率、差分率比较示意图。

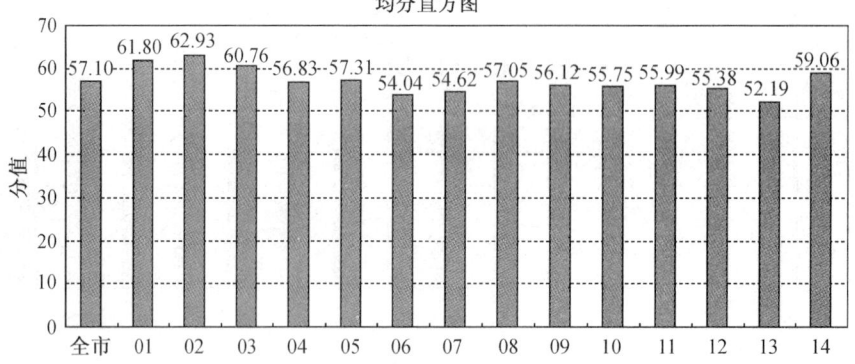

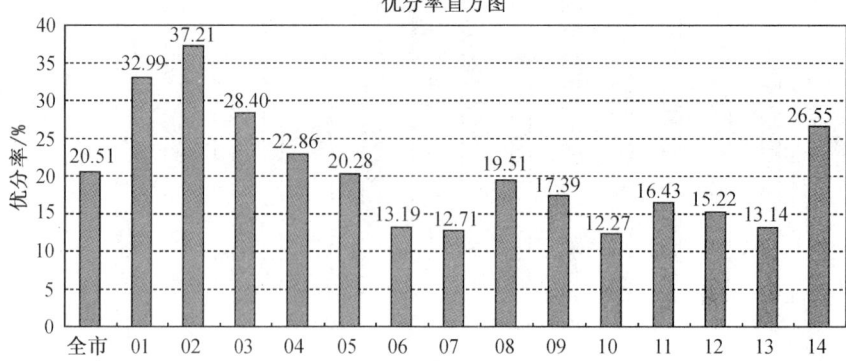

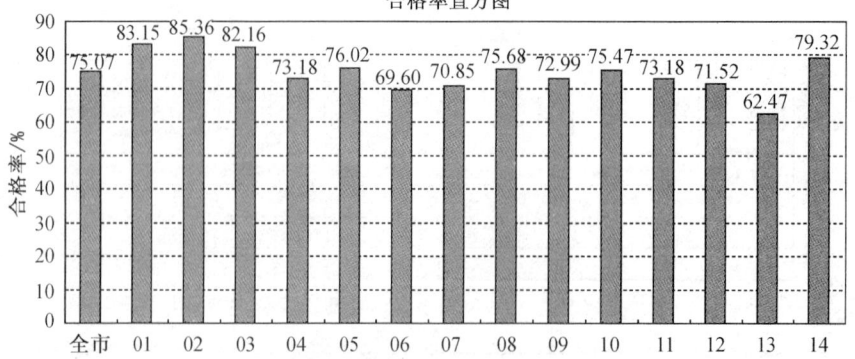

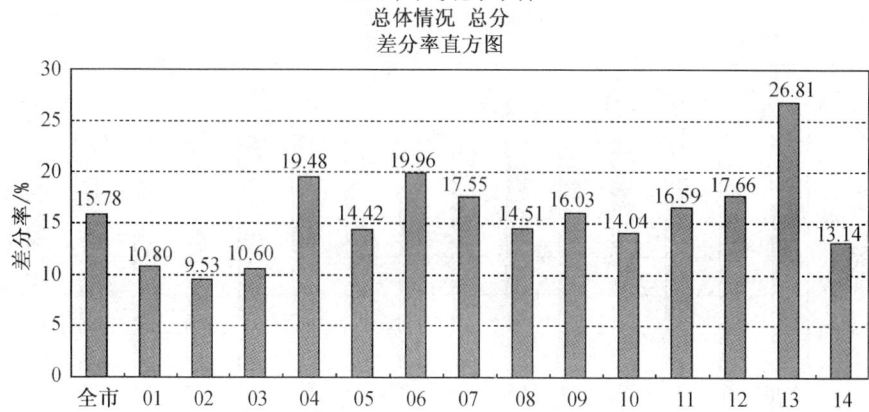

2013年中考化学学科
总体情况 总分
差分率直方图

【分析】从各区县考试数据来看,2013年中考各区县均分与市均分的比率发生了变化,合格率、优分率的分布也发生了变化。在全市均分、优分率和合格率全面提高的情况下,有的区县差分率较高,需要继续加强"双基"教学,提高教师专业水平,并分析原因,寻找对策。

3. 各维度数据分析

(1) 内容维度。

① 内容维度—科学探究得分分布图。

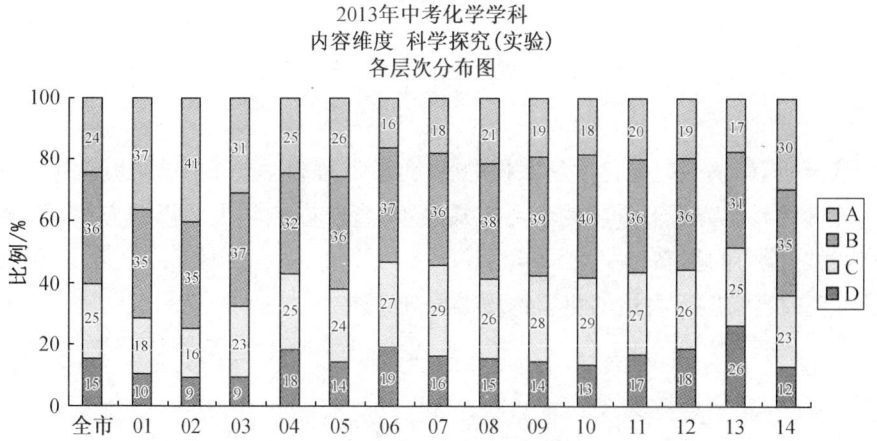

2013年中考化学学科
内容维度 科学探究(实验)
各层次分布图

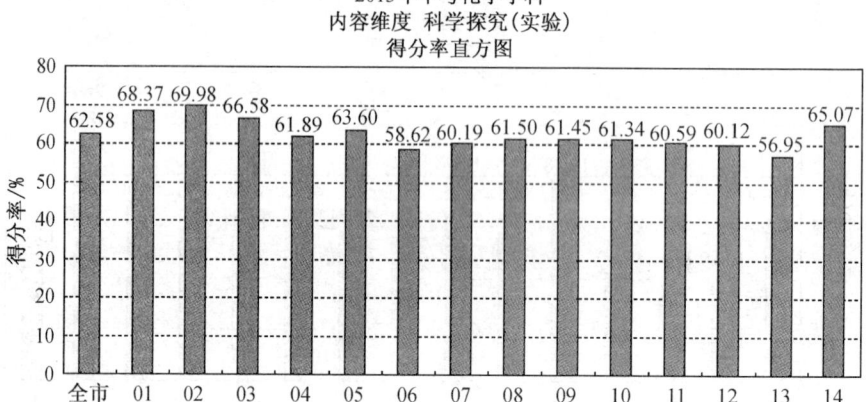

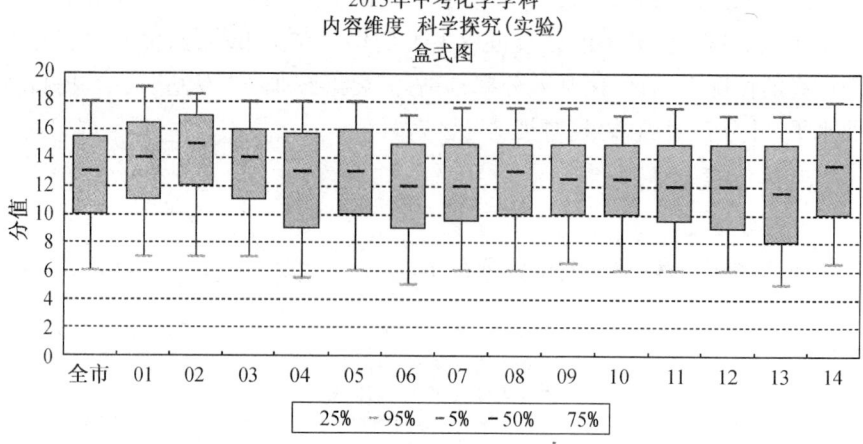

【分析】科学探究是化学新课程的脉络,新课程教学要求较高,也是中考的难点,教师的教学方式和学生的学习方式改革,直接影响学生的思维方式,影响了学生学习能力的提高。

② 内容维度—身边的化学物质得分分布图。

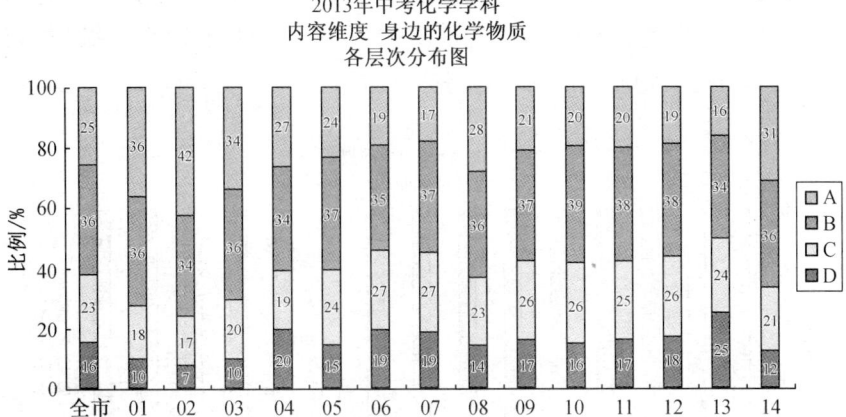

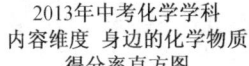

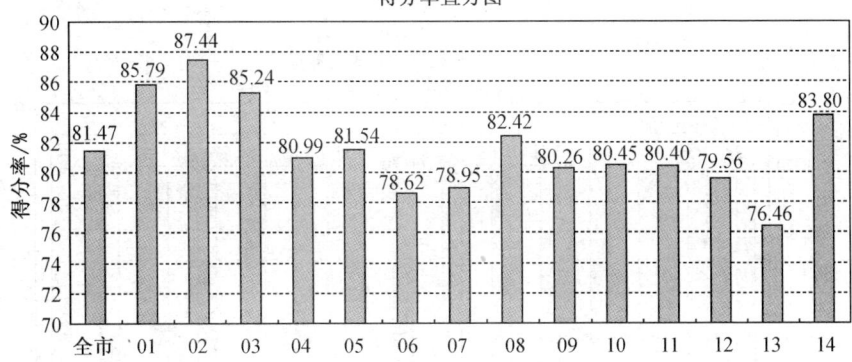

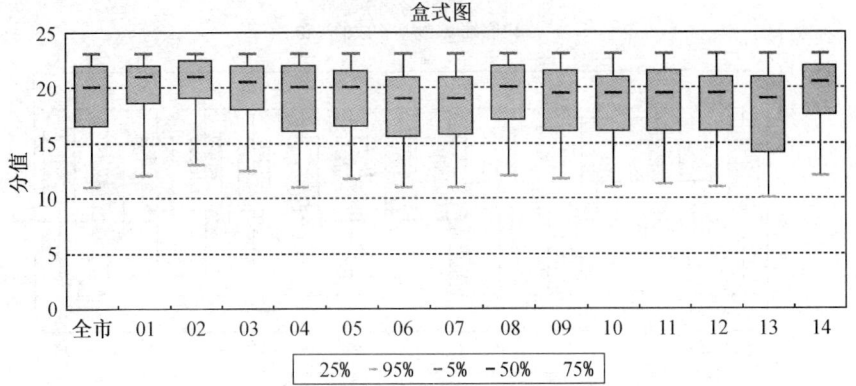

【分析】本学年继续加强了化学学科观念的教学研究,特别是元素观、变化观的教学,全体教师进一步注意到主干化学知识及典型化学物质的教学,学生掌握得较好。

③ 内容维度—物质构成的奥秘得分分布图。

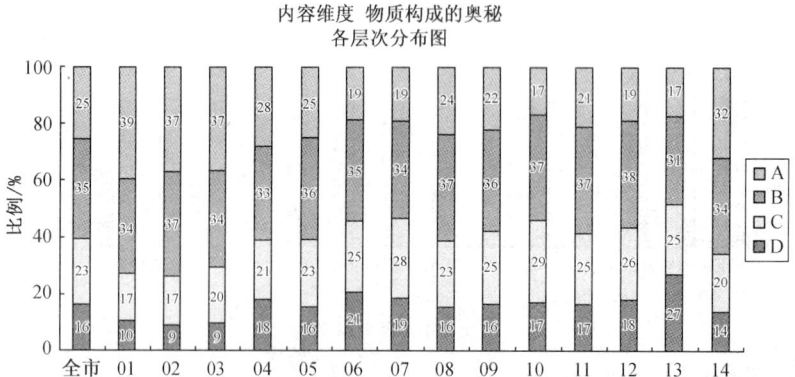

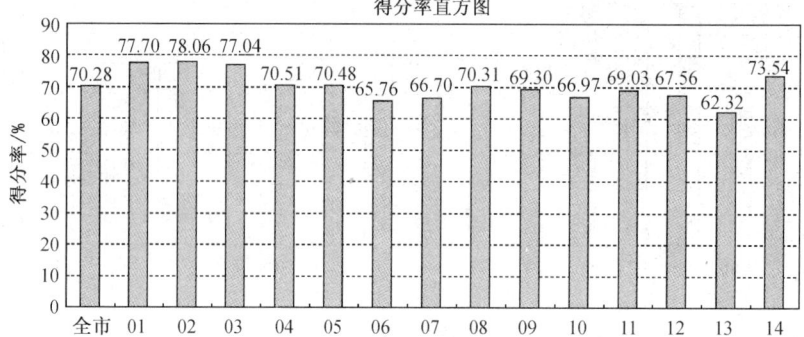

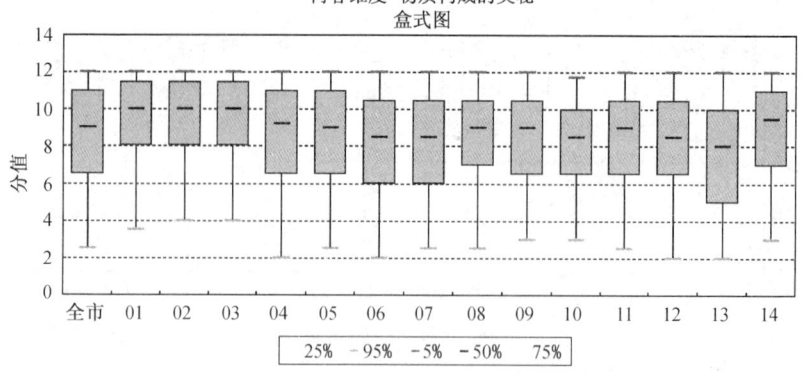

【分析】数据体现了各区县教学的特点,特别是引导学生建立元素观、微粒观、变化观,掌握透过现象看本质的学习方式,建立化学的学科方法等。

④ 内容维度—物质的化学变化得分分布图。

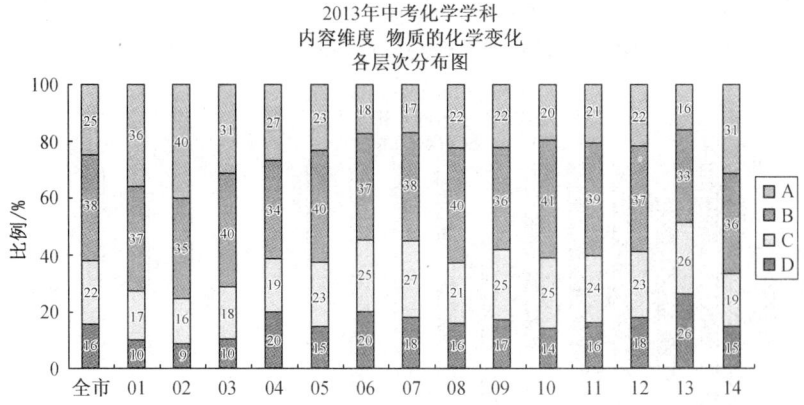

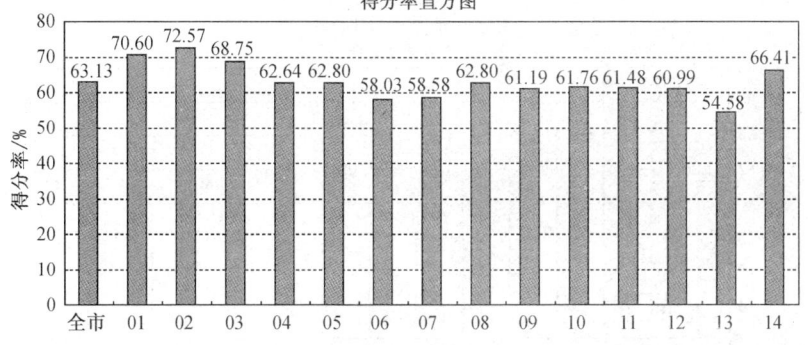

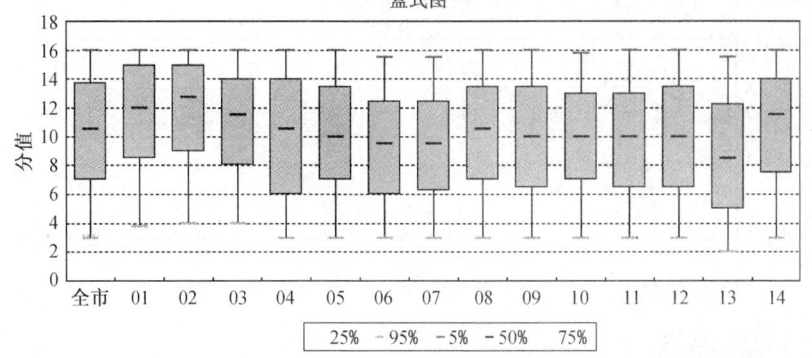

【分析】 本维度的内容是建立在几个化学基本观念上的教学,需要学生在熟练掌握初中化学中应该知道的化学变化的基础上,有一定的推断能力,有较准确的表达能力。试题对教学中跳出题海战术,根据学生的心智引导学生建立知识网络,掌握反应的规律有很好的导向作用。

⑤ 内容维度—化学与社会发展得分分布图。

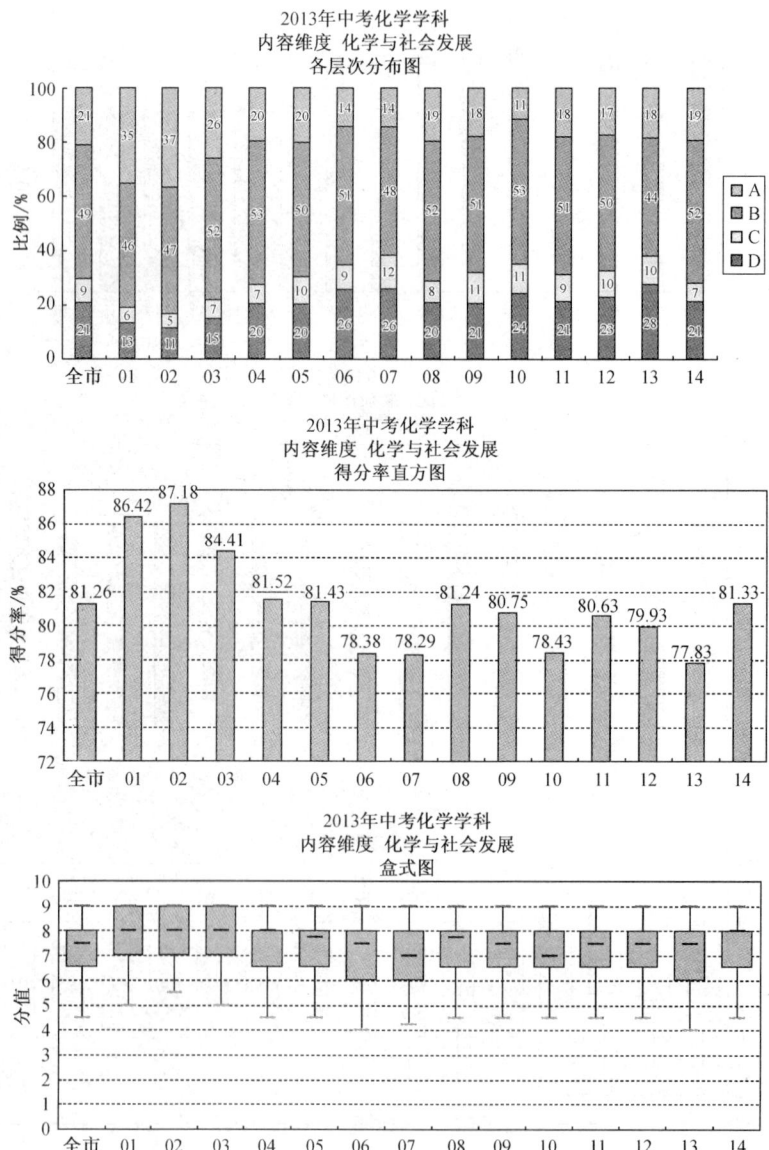

【分析】 从内容维度分析可以看出，各维度的得分率体现了各区的教学实际，特别是落实化学学科基本观念的教学特点。

（2）难度维度

① 难度维度—容易题各层次分布图。

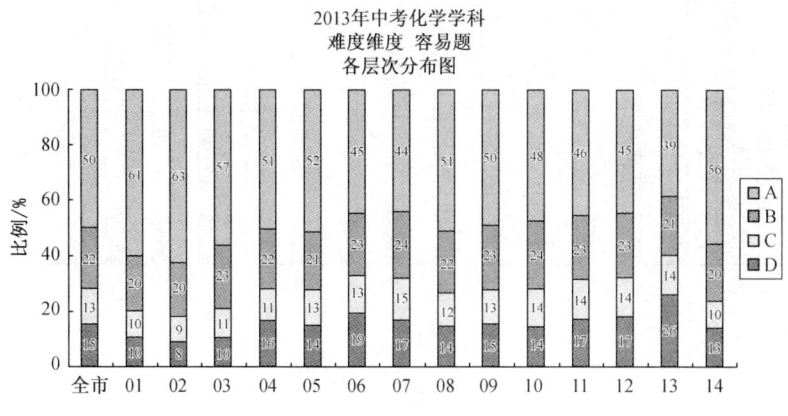

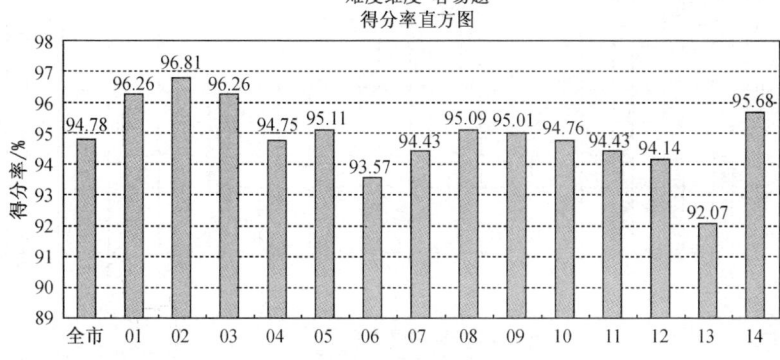

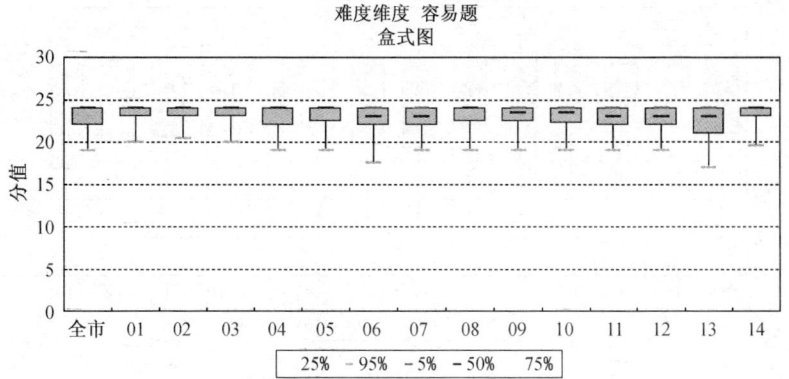

② 难度维度—较容易题各层次分布图。

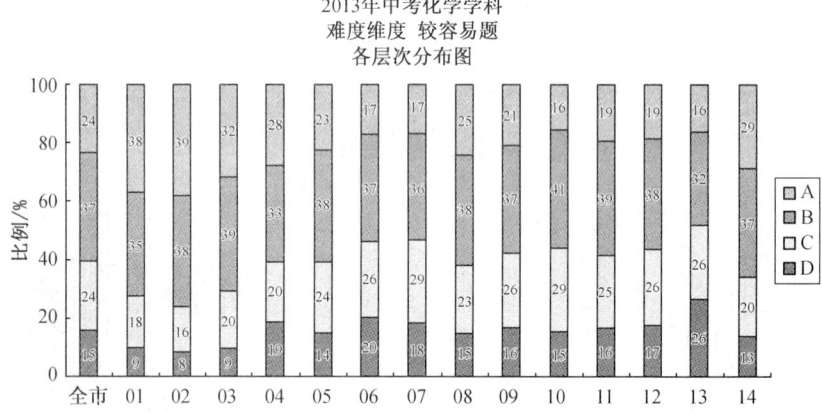

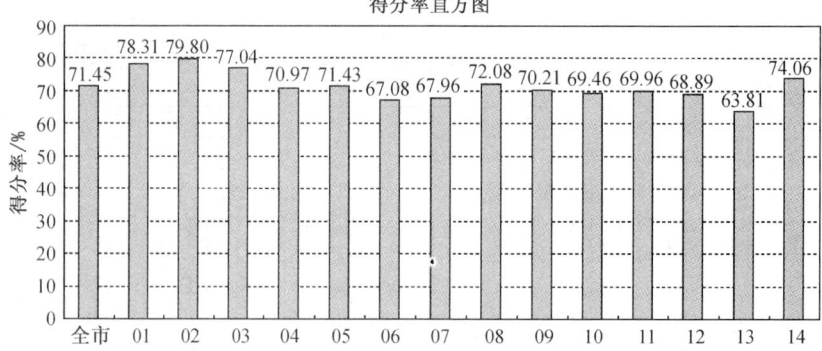

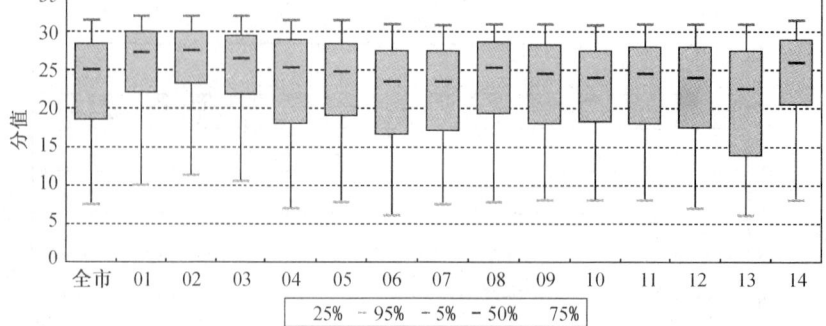

③ 难度维度—中等题各层次分布图。

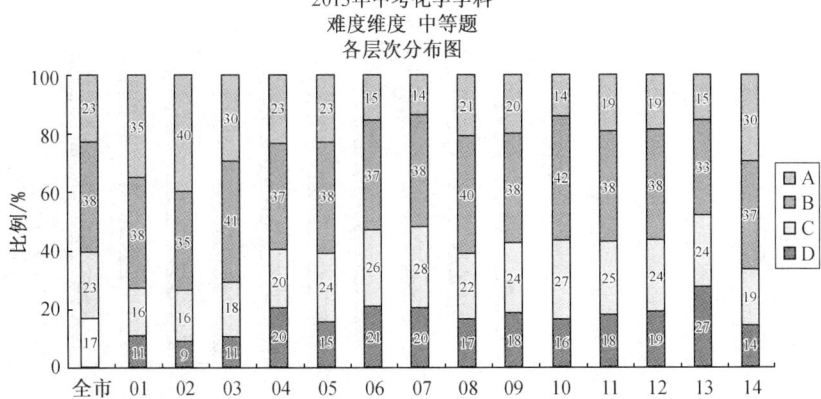

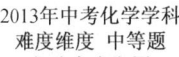

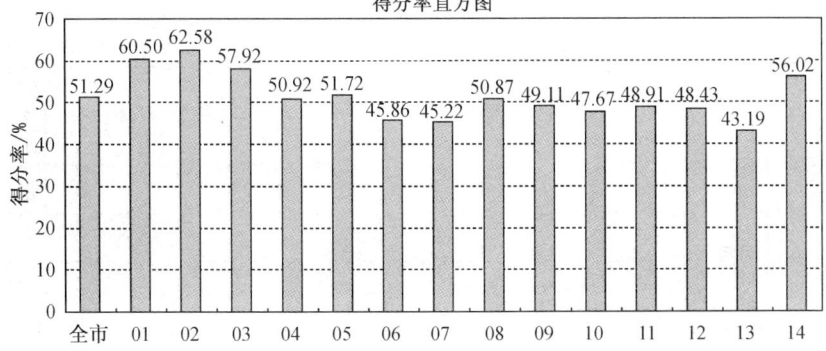

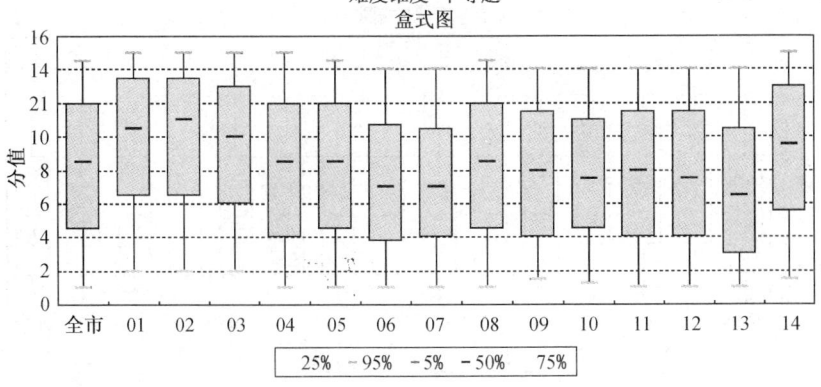

④ 难度维度—较难题各层次分布图。

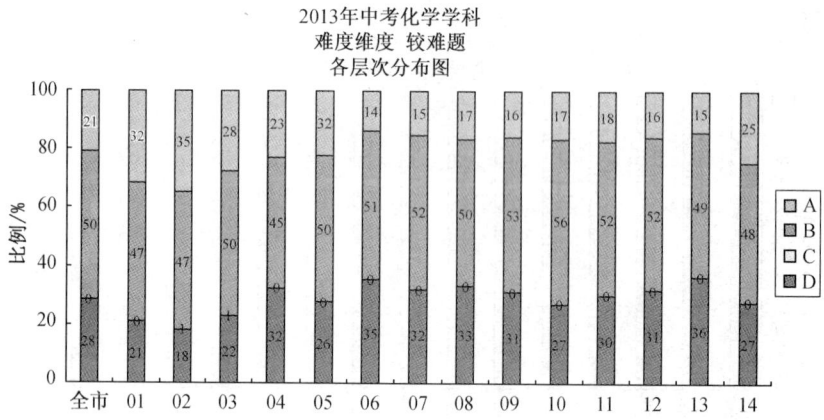

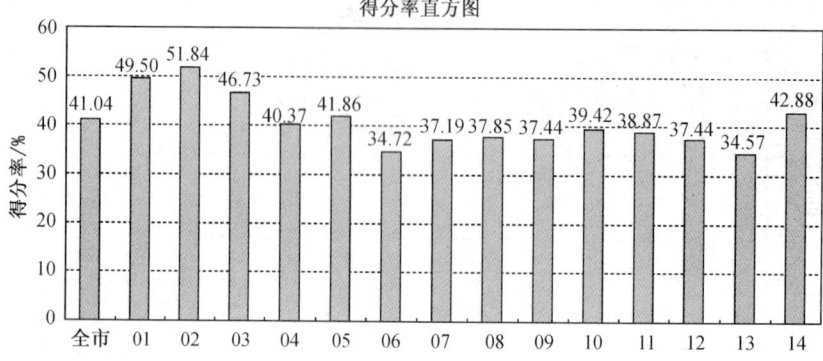

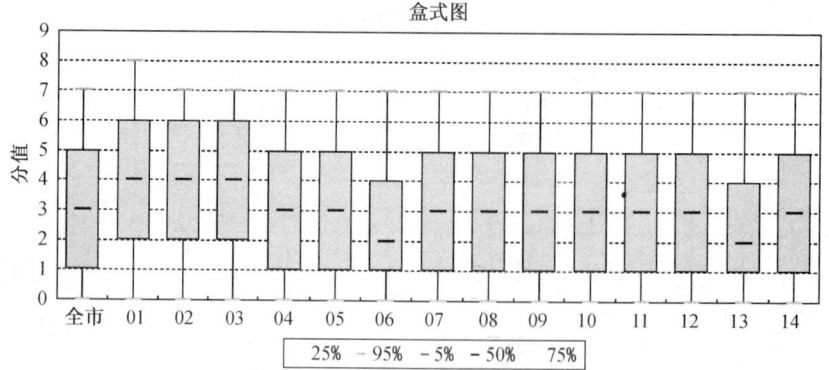

【分析】从难度维度的数据可以看出,夯实基础是教学中的本中之本,研究教材是提高教学质量的重中之重,整合资源是教师教学技能培养的重要突破口,落实教学目标是教师的专业素养的基本点,多元化评价是教师落实课程教材的重要支撑点。

五、典型试题分析

15. 在密闭容器中有甲、乙、丙、丁四种物质,在一定条件下充分反应,测得反应前后各物质的质量分数如下图所示:

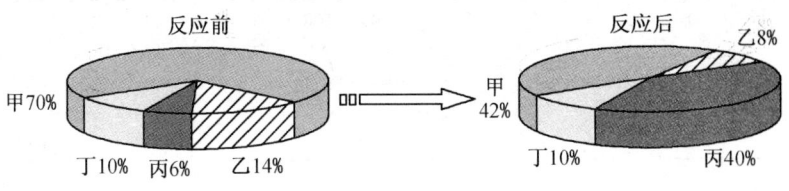

下列说法正确的是 （　　）

A. 丙可能是单质

B. 在该反应中丁一定没有参加化学反应

C. 该反应是化合反应

D. 甲和乙的质量之和一定等于生成丙的质量

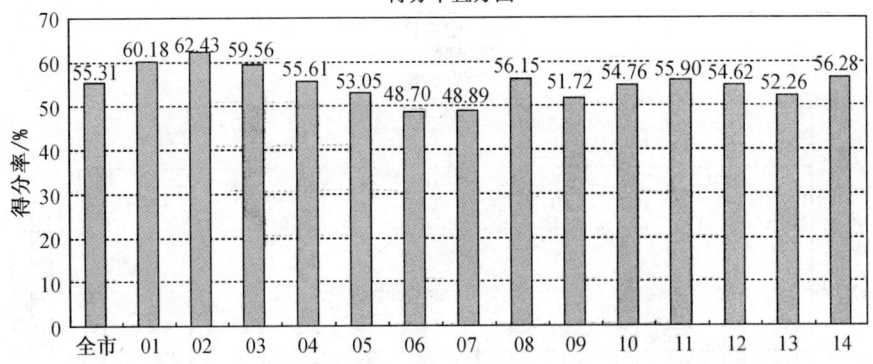

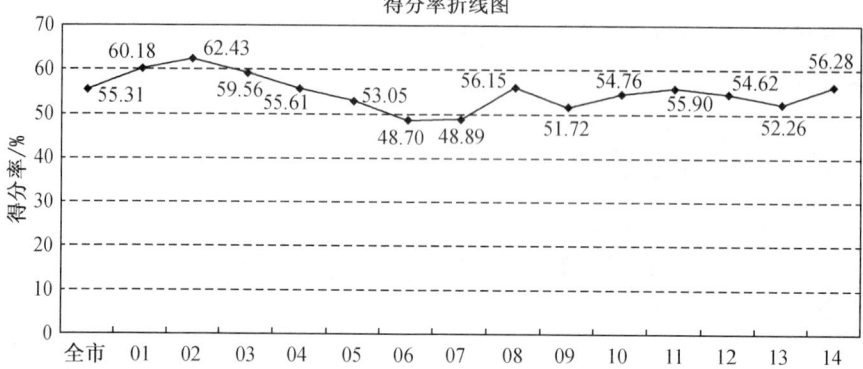

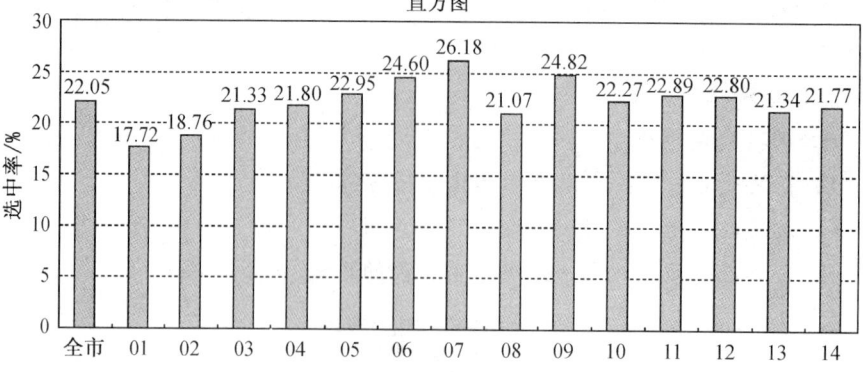

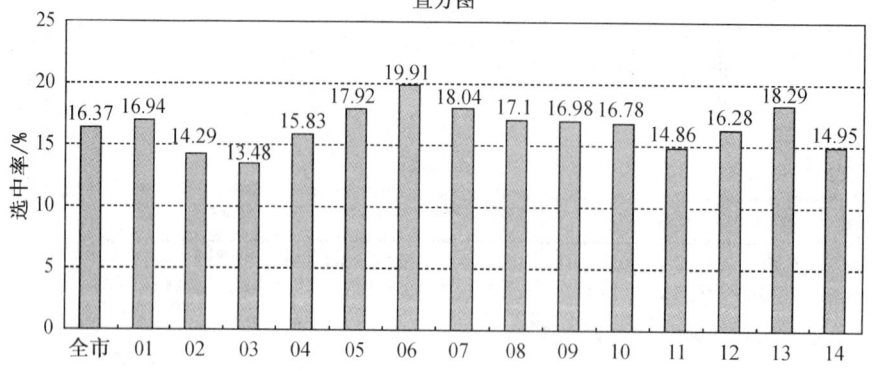

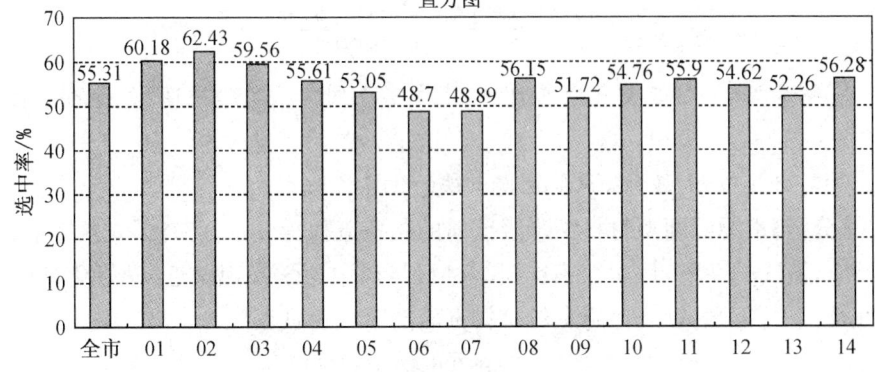

2013年中考化学学科
第15题 C选项
直方图

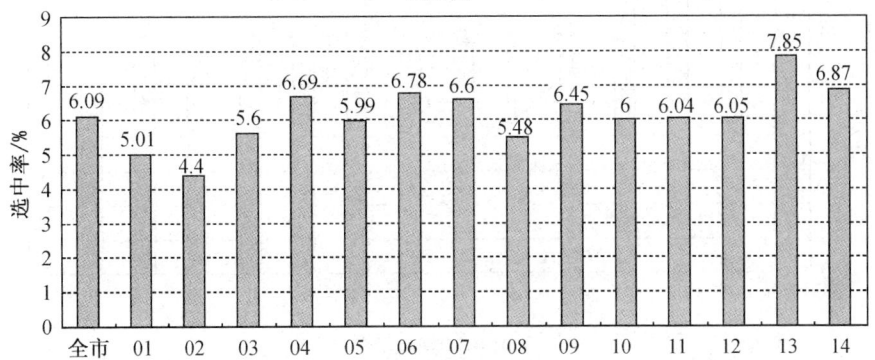

2013年中考化学学科
第15题 D选项
直方图

【分析】本题以饼图的形式来考查对质量守恒定律的理解和应用，图文并茂，将抽象的化学知识形象化，有效地考查了学生对图表中有效信息的获取及数据的处理能力。

典型错误：

（1）看不懂饼图和质量分数变化的含义。

（2）没有正确理解质量守恒定律的内涵。

（3）没有掌握催化剂概念的本质。

22. 铁是应用最广泛的金属。

（1）写出铁丝在氧气中燃烧的化学方程式：_____。

（2）新型材料纳米级Fe粉能用作高效催化剂。实验室采用还原法制备纳米级Fe粉，其流程如下图所示：

N_2
H_2
$FeCl_2 \cdot nH_2O$固体
Ⅰ.加热脱水干燥
$FeCl_2$
Ⅱ.高温
纳米级Fe粉

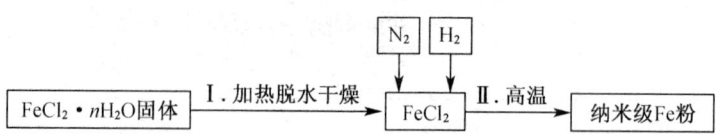

①纳米级 Fe 粉在空气中易自燃,生成黑色固体。实验中通入 N_2 的目的是______________。

②写出Ⅱ中 H_2 还原 $FeCl_2$ 置换出铁的化学方程式:______________。

【分析】本题以新型材料纳米级铁粉的制备流程为背景,考查了元素守恒、置换反应、氮气的性质,让学生感受到新材料与初中化学知识贴近,学好化学的重要性及化学科学的发展在研发新材料方面的重大贡献。

2013年中考化学学科
第22题
得分率直方图

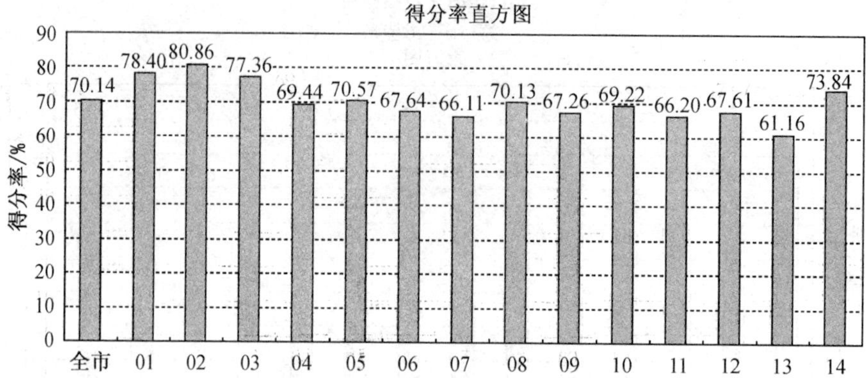

90
80
70
60
50
40
30
20
10
0
得分率/%
70.14
78.40
80.86
77.36
69.44
70.57
67.64
66.11
70.13
67.26
69.22
66.20
67.61
61.16
73.84
全市
01
02
03
04
05
06
07
08
09
10
11
12
13
14

2013年中考化学学科
第22题
得分率折线图

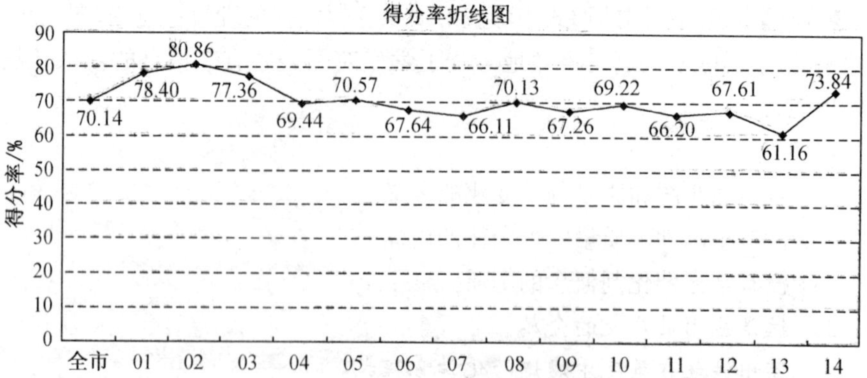

90
80
70
60
50
40
30
20
10
0
得分率/%
70.14
78.40
80.86
77.36
69.44
70.57
67.64
66.11
70.13
67.26
69.22
66.20
67.61
61.16
73.84
全市
01
02
03
04
05
06
07
08
09
10
11
12
13
14

典型错误:

(1) 化学方程式书写不规范。错(漏)写反应条件或"↑""↓"。

(2) 对"纳米铁粉自燃"的原因表达错误。

(3) 术语表达错误。

24. 2013 年 6 月 5 日是"世界环境日",中国主题为"同呼吸 共奋斗"。

(1) 化石燃料是不可再生能源,包括煤、_____和天然气等。

(2) 下列不属于空气污染物的是_____。

　　A. 二氧化氮　　　B. 二氧化硫　　　C. $PM_{2.5}$　　　D. 氮气

(3) 二氧化碳是一种温室气体。某化学兴趣小组利用如下图所示装置对二氧化碳的性质进行验证:

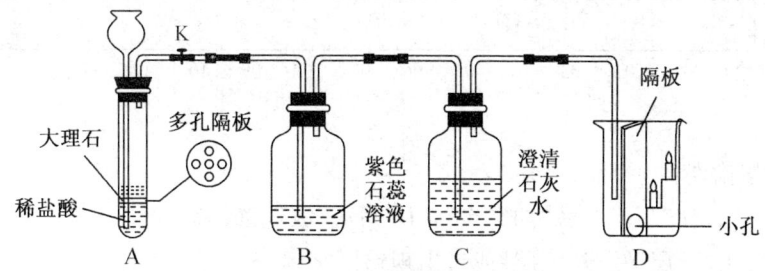

打开 K,反应一段时间后:

① D 烧杯中_____(填"上层"或"下层")的蜡烛先熄灭,说明二氧化碳具有的物理性质是_____,具有的化学性质是_____。

② B 处紫色石蕊溶液变成红色,C 处澄清石灰水变浑浊。B 处使紫色石蕊溶液变红的物质是_____;写出 C 处发生变化的化学方程式:_____。

【分析】本题以"世界环境日",中国主题"同呼吸 共奋斗"为话题,考查能源、大气污染及二氧化碳性质的验证,有效地评价了学生对教材中重点知识、主干知识的掌握情况,引导学生回归课本。

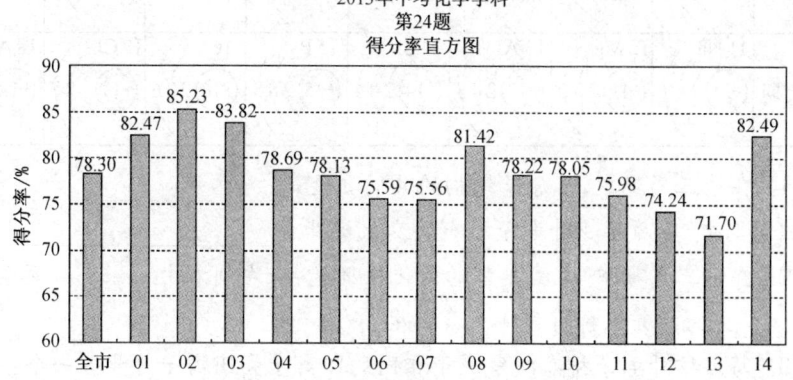

2013 年中考化学学科
第 24 题
得分率直方图

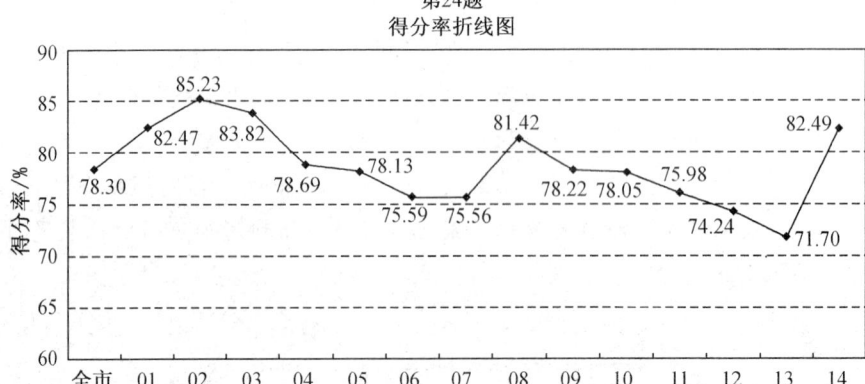

典型错误:

(1) "石油"写成"煤""油""炭","D"写成"氮气"或者多选。

(2) ①"下层"写成"上层"或者出现错别字等。

②"H_2CO_3"写成"CO_2"或只写"HCl","$CO_2 + Ca(OH)_2 == CaCO_3 \downarrow + H_2O$"主要是少写"↓",多写不合理的条件或配平错误。

26. 核电荷数为 1~18 的元素的原子结构示意图等信息如下,回答下列问题:

第一周期	1 H (+1)1							2 He (+2)2
第二周期	3 Li (+3)2 1	4 Be (+4)2 2	5 B (+5)2 3	6 C (+6)2 4	7 N (+7)2 5	8 O (+8)2 6	9 F (+9)2 7	10 Ne (+10)2 8
第三周期	11 Na (+11)2 8 1	12 Mg (+12)2 8 2	13 Al (+13)2 8 3	14 Si (+14)2 8 4	15 P (+15)2 8 5	16 S (+16)2 8 6	17 Cl (+17)2 8 7	18 Ar (+18)2 8 8

(1) 在第三周期中,各原子结构的共同之处是_____;该周期中,各原子核外电子排布的变化规律是_____。

(2) 在第三周期中,元素类型的变化情况是:从左到右由_____元素过渡到_____元素,并以稀有气体元素结尾。

(3) 写出核外电子排布与氖原子相同的阳离子和阴离子符号各一个:

阳离子_____,阴离子_____。

（4）写出含有氮元素的常见氧化物、酸、碱、盐的化学式各一个：

物质的类别	氧化物	酸	碱	盐
物质的化学式				

【分析】本题以教材中元素周期表和原子结构示意图相结合为素材，从宏观和微观的角度考查元素周期表中元素类型、原子结构的变化规律及物质的组成与类别，有效地评价了学生对粒子观、元素观的理解和应用。

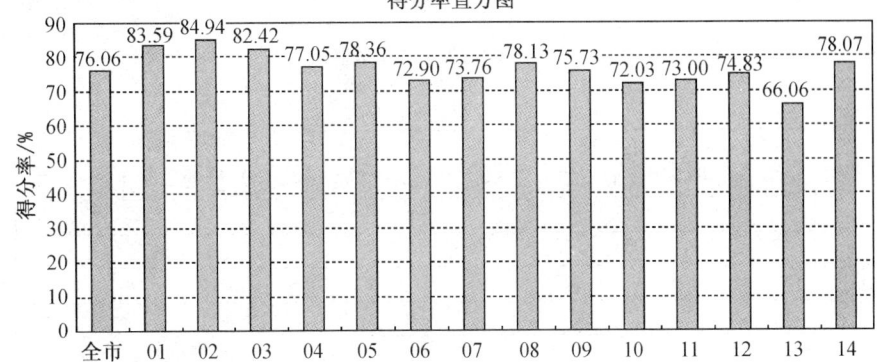

2013年中考化学学科
第26(1)(2)题
得分率直方图

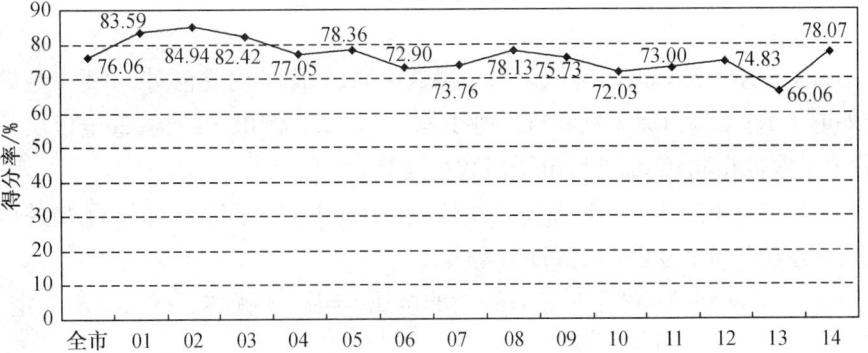

2013年中考化学学科
第26(1)(2)题
得分率折线图

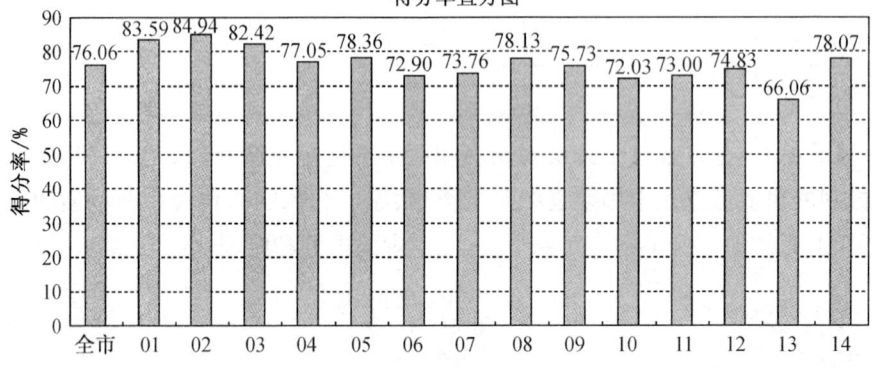

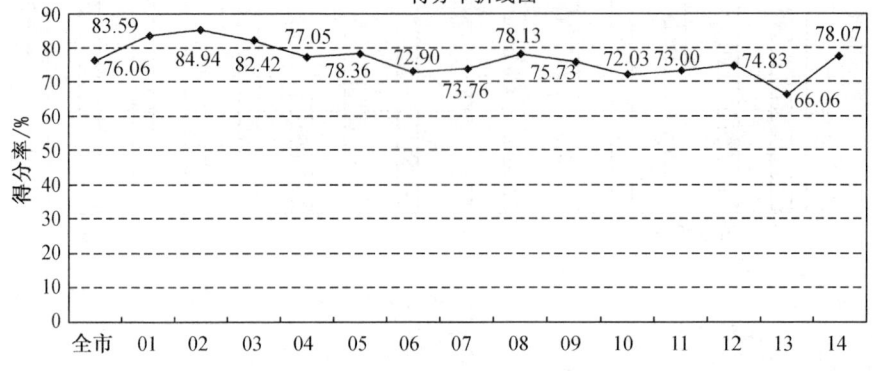

典型错误：

(1) 表述不清，如：①各原子原子层数相同；②原子构成相同；③质子数等于核外电子数；④都由原子核和核外电子构成；⑤都是满电子结构；⑥电子层数相同、电子圈数相同；⑦最外层电子层数相同等。

(2) ①电子层1~8排列；②依次增大；③最外层电子逐个增大；④最外层核电荷数逐个增大；⑤电子层数逐渐增大。

(3) ①Na到Ar；②常量、微量；③非金属、金属；④固体、气体；⑤不稳定、稳定；⑥固体金属、气体非金属。

27. 下图中的A~I表示几种初中化学常见的物质，其中A、D、I是氧化物，I中两种元素质量之比为3∶4；B元素在地壳中的含量位居第三；C由三种元素组成；G为紫红色。图中"—"表示两端的物质间能发生化学反应；"→"表示物质间存在转化关系;部分反应物、生成物或反应条件已略去。

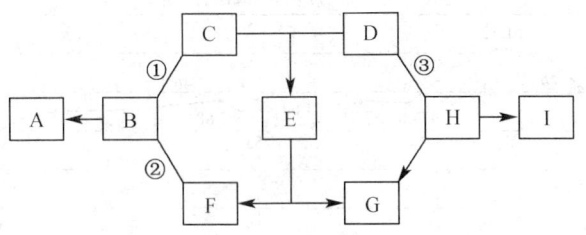

(1) 写出 G 的化学式:＿＿＿＿;E 的化学式:＿＿＿＿。
(2) 写出 B→A 反应的化学方程式:＿＿＿＿＿＿＿＿。
(3) 反应①、②和③的基本反应类型相同,均为:＿＿＿＿。
(4) 写出 H 与 D 反应的化学方程式:＿＿＿＿＿＿＿＿。

【分析】本题主要考查初中化学中非金属与非金属氧化物、金属与金属氧化物、酸与金属氧化物、金属与酸、金属与盐之间的反应和转化知识及与化学反应的基本类型相结合考查金属的性质。但设计了新的情境,不仅要求学生建立相关的知识网络,更是建立了全新的视角,将物质的组成、分类、性质联系起来,综合应用所学化学知识进行推理。要求学生有扎实的基础知识和较强的思维推理能力,并能用化学用语准确地表达出来,是一道以能力立意、考查全面的新颖题型。

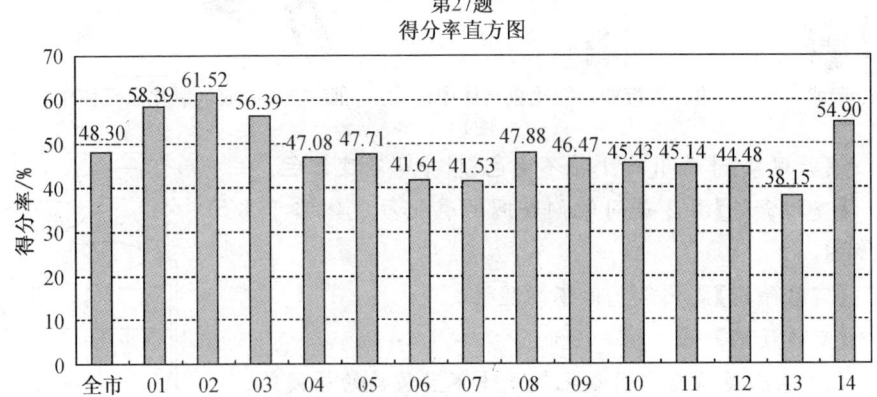

2013年中考化学学科
第27题
得分率直方图

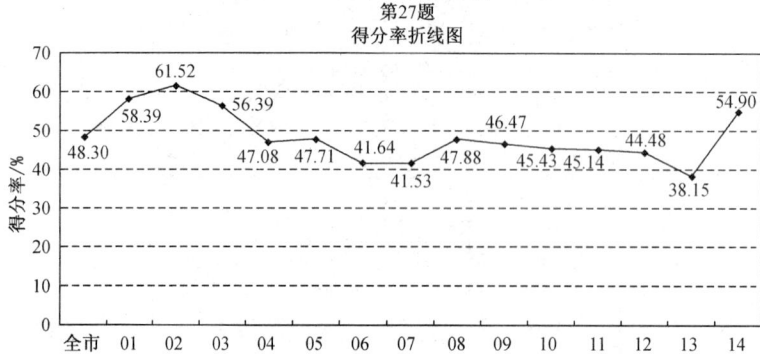

典型错误：

（1）因元素符号书写不规范造成化学式书写不规范，如 Cu 写成 Ca，"CO_2"写成"C_{O2}"。

（2）化学式书写错误，如"Al_2O_3"错写成"Al_3O_4""Al_3O_2"或"AlO_2"等。

（3）错别字或文字不规范，如"置换反应"错写成"质换"或"置挽"等。

28．某兴趣小组对物质的性质进行相关探究。

【提出问题】氯化氢（HCl）气体显酸性吗？

【进行实验】该兴趣小组的同学根据二氧化碳与水反应的实验探究方法，用三朵由紫甘蓝的汁液染成蓝紫色的纸质干燥小花进行如图1的三个实验：

  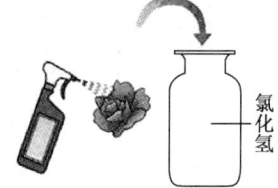

Ⅰ．喷水　　　　Ⅱ．直接放入氯化氢气体中　　Ⅲ．喷水后放入氯化氢气体中

图1

实验现象：Ⅰ和Ⅱ中小花不变色；Ⅲ中小花变红色。

【查阅资料】图2是同学们查阅的氯化氢气体溶于水的示意图。

【实验结论】氯化氢气体不显酸性。

【交流反思】

（1）从微观角度分析氯化氢气体不显酸性的原因是_____。

（2）小明向实验Ⅲ中变红的小花上喷足量的稀氢氧化钠溶液，发现小花最后变成黄绿色，写出相关反应的化学方

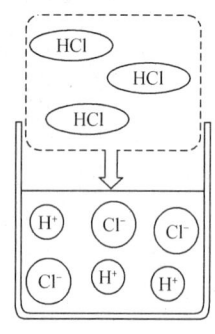

图2

程式：_____。

（3）紫甘蓝的汁液在酸性溶液中显_____色。

（4）下列实验可以用来说明氯化氢气体不显酸性的是_____。

A. 测试盐酸的导电性，盐酸能导电

B. 干燥的碳酸钠粉末放入氯化氢气体中，不反应

C. 氢气与氯气反应，生成氯化氢气体

D. 干燥的碳酸钠粉末放入盐酸中，能反应

【拓展应用】

（1）该兴趣小组的同学为探究分子的运动情况，在玻璃管两端同时放入蘸有试剂的棉花，做了如右图所示实验，发现在玻璃管内形成了白色烟环（成分为氯化铵）且偏向蘸有浓盐酸的棉花一端。

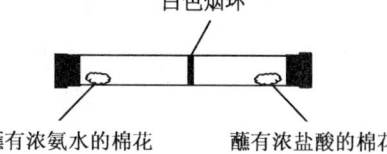

①白色烟环偏向蘸有浓盐酸的棉花一端的原因是_____。

②写出该反应的化学方程式：_____。

（2）氢气在氯气中燃烧生成氯化氢气体，燃烧 100 g 氢气，理论上生成氯化氢气体的质量是多少？（在答题卡上写出计算过程）

【分析】本题以教材中二氧化碳是否有酸性的探究式的化学方法和 HCl 在水中离解出离子的图片为实验为情景，考查了学生对盐酸和氯化氢气体是否显酸性的本质认识，特别是考查了微观结构与宏观组成、粒子存在方式对物质性质的影响及分子的性质等，较好地关注了学生识图能力、阅读能力以及科学探究中的实验设计、收集资料、实验评价等方面的能力，对学生理解化学性质的本质起到很好的导向作用，促进在平时的教学中重视学生实验的开展和科学探究能力的培养。

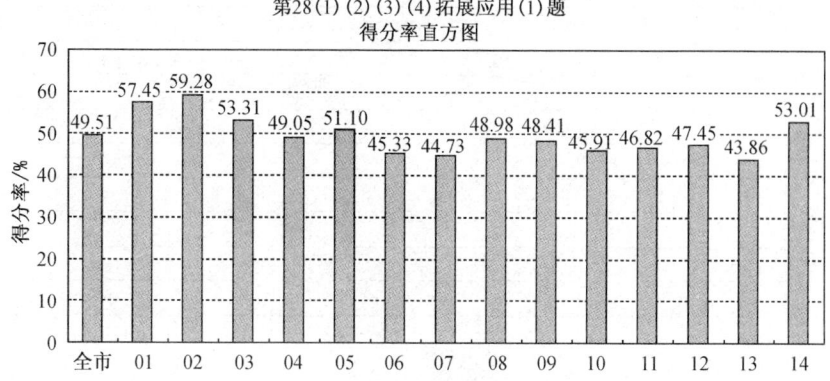

2013年中考化学学科
第28(1)(2)(3)(4)拓展应用(1)题
得分率直方图

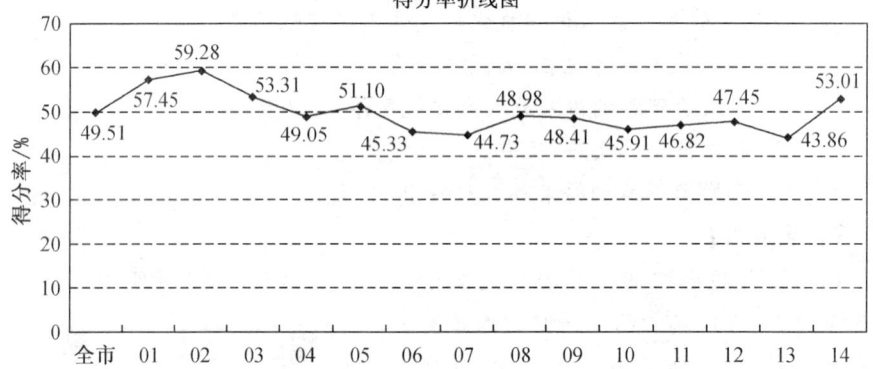

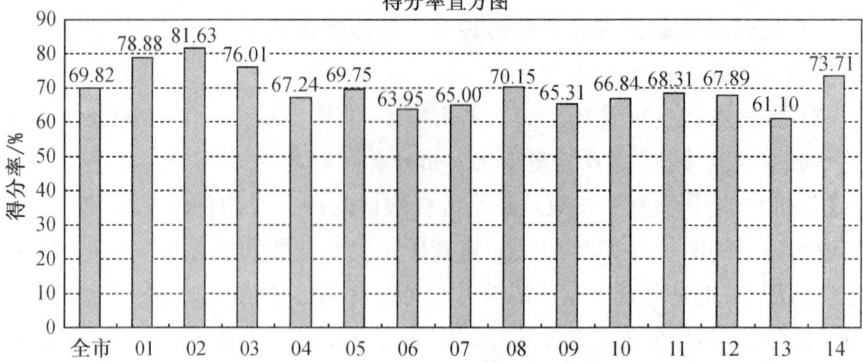

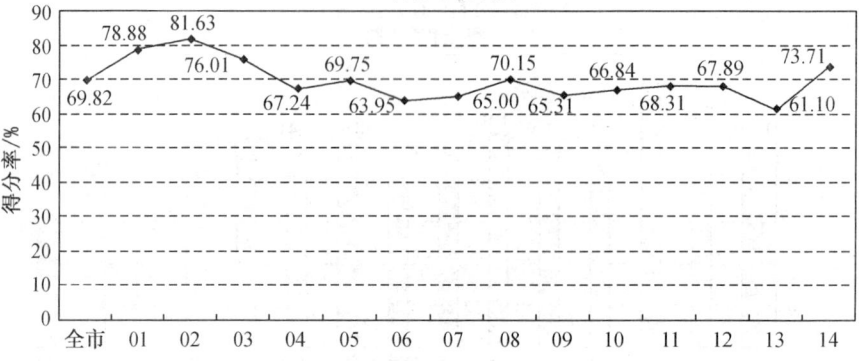

典型错误：

(1) 化学方程式书写错误。化学式错：Cl_2 错写成 Cl，HCl 错写成 H_2Cl、HCl_2 或 H_2Cl_2；配平错误、反应条件错误（条件不写或错写成"燃烧"）；气体箭头使用不当。

(2) 相对分子质量计算错误。HCl 的相对分子质量计算错误（错误算成 75、72、71 等）。

(3) 关系式不规范：如错位、附加交叉线等。

(4) 比例式不正确或计算错误。

(5) 单位使用不规范。

六、教学建议

(1) 要进一步加强对课程标准和教材的研究，在实际教学中认真贯彻课程的基本理念，落实课程目标和内容标准的要求，认真反思教学过程中的得与失，研讨化学启蒙阶段可行的教学策略，开拓培养学生综合素养的途径，提高教学的有效性，训练学生表达的准确性，切实培养学生的学习能力，增强学生的社会责任感，为学生的终身发展奠定良好的基础。

(2) 继续开展对课程标准教学要求及新课程教学目标的探讨，结合《初中化学教学建议》和《课程标准的教学解析和实施建议·化学（九年级）》的要求，探索改进教师教学方法与学生学习方式的协同改革，以科学探究为脉络，整合化学课堂教学手段，优化夯实基础的教学过程，强化科学探究启蒙教学的措施及有效性，促使科学探究的具体目标能够有机地融合在课堂教学中。从"三维"角度有机结合出发，不再是简单的识记，而是注重运用、变式和正迁移，促进学生知识、技能与能力的发展，为进一步的学习奠定基础。

(3) 处理好基础与能力的关系。进一步明确抓"双基"的重要性，在夯实基础的前提下，注意学生学科方法与学科思想的培养，注意引导学生对学习内容进行适时的归纳比较；信息的收集整理、阅读理解、概括表述等，将化学计算基本技能与实验、具体事物的分析及说理等解决实际问题的过程与方法相结合，在运用中拓展学习视野，提高学习效率。

(4) 加强化学用语的规范性教学。化学用语包括文字、符号、图形，它是化学思维和化学交流的工具。在教学过程中，不仅要培养学生能够理解化学用语，还要培养学生会用化学用语准确、简洁地表达自己的观点和思想。

(5) 精心设计科学探究活动，重视实验教学。化学是一门以实验为基础的学科,实验教学能有效提高学生的动手能力、观察能力和应用能力,培养学生对化学特有的学习兴趣和形成一定的实验科学素养。加强实验教学应从基础抓起,我们要认真对待课本上出现的实验,切忌将课本实验程式化,用教师头脑中固有的实验原理、熟悉的实验现象、解释与结论来束缚住学生的思维,应敞开实验的大门,给学生一片广阔的实验天地,在学生多角度、多视野的观察与分析中得出实验结论。教师在教学中不应惧怕实验的失败,成功与失败的实验都是培养学生科学探究能力的生成资源,教师在平时的教学中要积极引导学生进行实验探究,要让学生真正把动手操作与动脑思考结合起来,把化学实验原理与实验设计、安全操作、思维方法结合起来,从本质上了解、体会和掌握化学实验的规律性。

(6)进一步加强课堂教学技巧的研究,提高课堂教学的有效性。在课堂教学中,要将问题的设计、解决问题的过程向着有利于学生发现问题、有利于学生主动参与积极探索的方向进行研究,达到提高思维能力的成效。要注意提高学生读图、读表、读题能力,能从图、表、文字中提取解决问题的信息,加强学生对信息处理、运用能力和认知迁移能力的培养和训练。

(7)课堂教学中要坚持以学生为主体,多给学生思辨、交流与表达的时空,重视学法指导,组织有效的课堂学习活动,增强师生、生生交流,逐步培养学生的化学基本观念。教学中,要多角度、多途径地加强化学用语的规范性教学,加强学生口头表达交流及书面表达能力的训练,不断提高学生阅读与表述、交流与反思的能力;坚持评价的多元化,使每个学生均有所发展。

(8)以中考阅卷反映出的问题为案例出发,注意贴近学生的生活,联系社会实际,从提升与发展教师备课技能入手,促进教师教学方式和教学手段的改变,自觉进行务实的系统教学设计的尝试,有效开展复习和习题教学,不断提高教学反思能力。

02 2014年南京市中考化学质量分析报告

一、命题指导思想

2014年南京市中考化学试卷依据课程标准和教材,紧扣初中化学核心观念和主干知识,重点考查学生的基础知识、基本技能、基本方法。整卷以现实生活、科学技术、热点问题为背景,重视了对学生化学基础知识和基本素养的考查。为了适应南京市2014年中考改革过渡方案,本试卷减少了长度、降低了难度、突出了基础,在结构上、教学导向上,有着很好的传承、延续与发展,充分体现了化学教学应立足课本,重视"双基",关注学生。这样的命题必将对减轻学生学业负担和中学化学教学导向产生非常深远的影响。

二、试卷概况

2014年南京市中考化学试卷的题型结构、内容结构、题量和难度均比较合理。试题的思维梯度层次分明,题型丰富多样。

1. 基本信息

考试性质为"毕业考试"和"升学考试"两考合一,采用闭卷的形式,不允许使用计算器。全卷满分80分,考试时间为60分钟。

2. 具体结构

结构		题 号	分值	合计
目标结构	知识与技能	第1~21题	80分	(100%)
	过程与方法	第2、4、8、10、11、12、13、14、15、16、17、19、20、21题	60分	(>50%)
	情感态度与价值观	第5、6、8、9、10、11、13、16、18、19、21题	45分	(>50%)

续表

结　　构		题　号	分值	合计
题型结构	选择题	第1~15题	30分	82分（由于某些题型的题号出现重复,因此分值累计大于80）
	填空题	第16(1)(2)(3)、17(2)、18(1)(3)(4)①、19、20、21(1)(2)[实验求证]	34分	
	简答题	第16(4)、17(1)、18(4)②、19(1)、21(2)[实验求证]	8分	
	计算题	第17(3)、18(4)②、21(2)[实验反思]	10分	
内容结构	科学探究(实验)	第4、11、16(1)(2)(3)(4)、19(2)、21(2)	21分	80分
	身边的化学物质	第1、5、9、14、15、17(1)(2)、19(1)、20(1)(2)①、21(1)	24分	
	物质构成的奥秘	第2、3、7、8、10、12	12分	
	物质的化学变化	第13、17(3)、18(4)、20(2)②③	16分	
	化学与社会发展	第6、18(1)(2)(3)	7分	
难度结构	容易题	第1、2、3、4、5、6、7、8、9、16(1)、18(1)(3)、20(1)	24分	80分
	较容易题	第10、11、12、13、16(2)(3)(4)、17(2)(3)、18(2)、19(1)、21(1)	32分	
	中等难度题	第14、15、17(1)、18(4)、19(2)、20(2)①、21(2)[实验与讨论][实验求证]	17分	
	较难题	第20(2)②③、21(2)[实验反思]	7分	

三、试题特点

2014年南京市中考化学试卷充分体现了《义务教育化学课程标准(2011年版)》的评价理念,成功地将知识、能力与素质融为一体,在"双基"落实、时代特征、化学学科的思想方法等方面的考查做了新的探索。试卷既重点考查了学生通过初中化学学习在"知识与技能、过程与方法、情感态度与价值观"的发展程度,又引发了学生对今后的学习探究和发展的思考。该试卷遵循课标,源于课本,难易适中,区分度好,符合初中学生的认知特征,既有利于全面、准确地反映初中毕业生的学业水平,又有利于高一级学校在综合评价的基础上择优录取新生,也体现了南京市化学中考命题的连续性。

1. 突出基础考查,有效评价学生素养

2014年南京市中考化学试卷坚持以课程标准为依据,做到重点知识、主干知识重点考查,基本技能、学科方法突出考查。特别考查了新课标中规定的8个必须完成的基础化学实验。情境的设置源于课本内容,如实验、活动与探究、讨论、课外实验、资料和课程标准的情景素材等,问题的设计落脚于教材的重点知识和基本技能,强调了化学在科技、生活和生产中的实用性。如通过能源与环境相结合为主题,从不同的视角,把能源与环境等相关问题方面的知识串联成题。命题角度有:化石燃料、大气污染、温室效应、新能源的开发、青奥会火炬燃烧相关问题等。

在测试过程中,考查学生对基本知识和基本技能的掌握,有效地评价了学生化学学科素养。试卷中有98%以上的试题是教材知识和习题的重组或再现,其他也均为初中化学新课标所要求的知识、能力、方法的迁移和应用,既保证了考试的有效性和公平性,又充分体现出了教材的重要性和对所学知识应用的重要性。同时对教师研究课标、回归教材具有良好的导向性,也能引导学生认识到对基础知识和基本技能的掌握,不是简单地接受性学习,或通过死记硬背、机械性训练获得,而应积极主动地建构适合自己的知识网络和学习方法。

2. 联系生活实际,彰显化学学科特色

2014年南京市中考化学试卷注意将生活生产实际、社会热点和环境能源等问题设计到试题中,通过测试学生在真实的背景中,应用化学知识和技能的问题解决过程,来考查学生的学习力和对社会的关注、对事件的态度和价值观的表现,强调学以致用。如"青奥会火炬燃烧的相关话题""糖水""西红柿等常见食物的pH""厨房中用食醋区分食盐和小苏打""糖果增香剂""空气污染""新能源的开发"等。引导教师在教学过程中,要进一步落实课标要求,用好教材,让学生在知识的学习过程中不断地夯实、积累、深化,在已有的知识基础上运用并解决新的问题;引导学生初步学会运用观察、实验等方法获取信息,能用文字、图表和化学语言表述有关信息,初步学会运用比较、分类、归纳、概括等方法对信息进行加工,更重视知识的建构过程;引导教师和学生阅读、理解课本,让学生经历学习过程,培养良好的学习习惯和态度。

3. 重视学科方法,培养学生思维品质

2014年南京市中考化学试卷进一步注意创设试题情境,全面考查学生在新情景中解决实际问题的能力。试卷进一步注意了选用素材的广泛性,以这些素材为背景材料,创设情境,全面考查学生对以上内容的掌握情况。同时进一步加强思维的开放性和知识的迁移运用,展现了化学学科的思想和方法。如 18 题以教材中天然气和煤燃烧产物对环境的影响为背景,通过柱状图的形式来考查,有效地考查了学生对图表中有效信息的获取及数据的处理方法;并以教材中分子示意图和化学反应相结合,从宏观和微观的角度考查化学反应中物质的组成、结构、性质等,体现了元素观、微粒观等化学观念。21 题以教材中的炭粉与氧化铜的反应实验为背景,用定性、定量等方式对物质的成分进行探究,挖掘了教材中学科方法、学科思想,培养了学生的思维品质。

整张试卷图文并茂,设计精致,既具有时代信息,又突显学科特点,体现了化学基础知识、基本技能及化学思想和方法的丰富内涵。试卷通过设置情境,考查学生从文字、图表、实验装置、数据处理等方面捕捉信息、运用知识的能力,充分体现了:①实验方法和能力;②物质结构决定性质,性质决定用途;③守恒思想;④定性、定量分析问题的能力;⑤"化学—技术—社会"等学科特点。

4. 体现人文关怀,促进学生品质发展

2014 年试卷与 2013 年试卷相比进一步突出了基础,降低了难度,减少了长度。在结构、教学导向上,很好地体现了传承、延续与发展,充分体现了化学教学应立足课本,重视"双基",关注学生的学习方法、学习习惯和学习态度。如让"铁刀变铜刀""青奥会火炬燃烧的相关话题"等与初中化学知识贴近,使学生感受到学好化学的重要性及化学科学的发展在帮助人类改善环境方面的重大贡献,以及对改善生活和促进社会发展的积极作用,培养学生关心社会、关心自然的情感和品质。

2014 年试卷版面布局,充分考虑学生在答题过程中的心理状态,体现了浓郁的人文关怀。如主观性试题的开篇就是常见基本实验装置,一方面,图文显示的是学生非常熟悉的内容,且难度不大,有利于激发学生答题的积极性;另一方面,在试题难度的编制上,既注意了大题总难度的螺旋式递进,也着意每大题难度的由浅入深,从最基本的知识点切入,层层发展,步步拔高,便于不断增加学生的答题信心。每个版面的起始问题均很基础,大多数学生都能较好地完成。此外,版面中图、表精美,疏落有致,既给学生有效的信息情景,又让学生赏心悦目,整张试卷充分展示了化学新课程的魅力。

四、数据分析

化学中考市均分 64.19,合格率 86.31%,难度 0.80,学生成绩呈正态分布,

较好地体现了两考合一的性质。

1. 总体数据

（1）各分数段分布图。

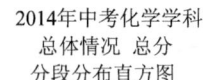
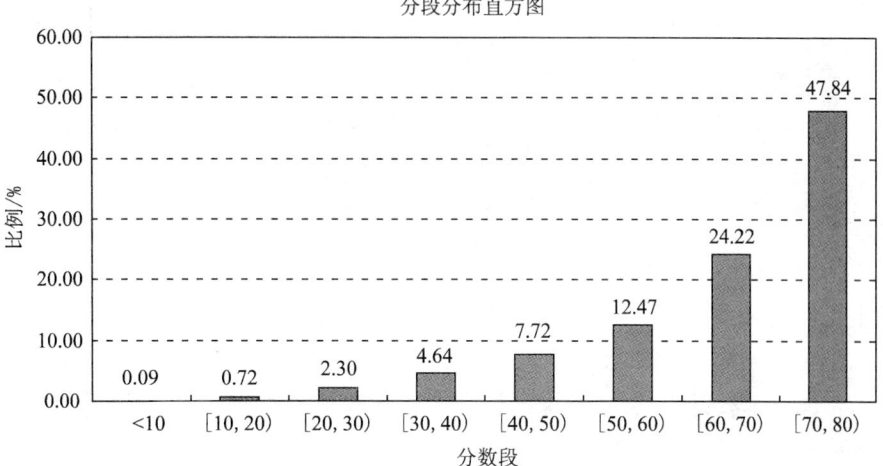

（2）各层次得分率情况分析。

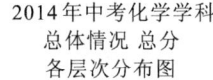
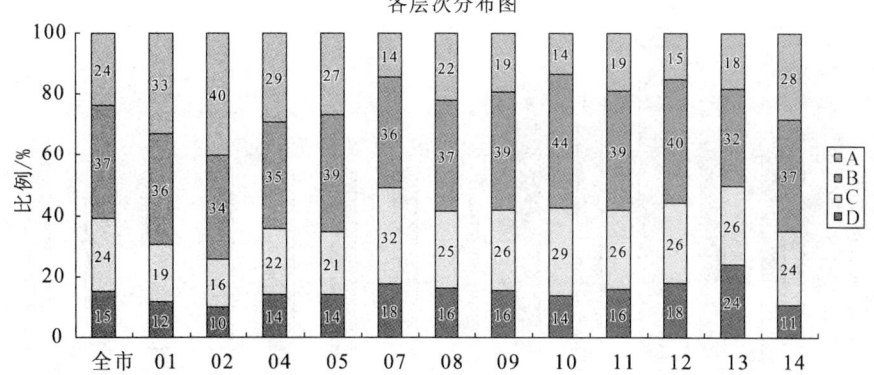

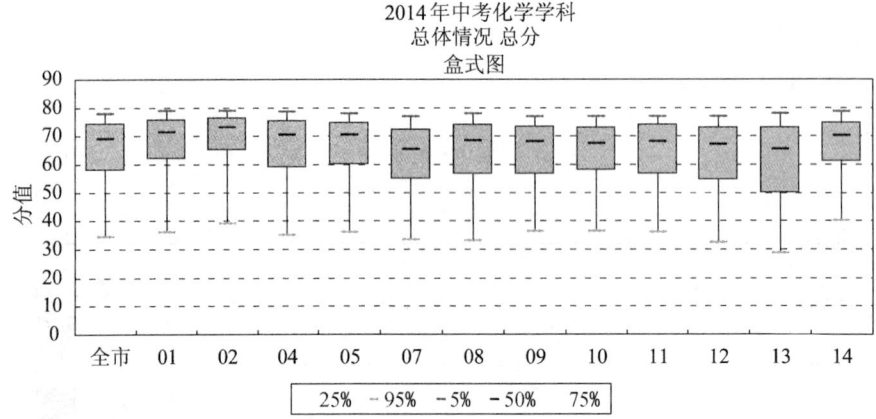

【分析】从考试的情况来看,2014年化学中考高分层人数增加,70分以上的学生比例约为47.84%,60分以上的学生比例近72.06%,合格率达到86.31%,在2013年75.07%的基础上又有了新的突破,整体达到较高的水平,体现了南京市全体化学教师贯彻落实《课程标准的教学解析和实施建议》,践行新课程理念的成绩又上了一个台阶。

2. 区县考试情况分析

(1) 总分得分率比较示意图。

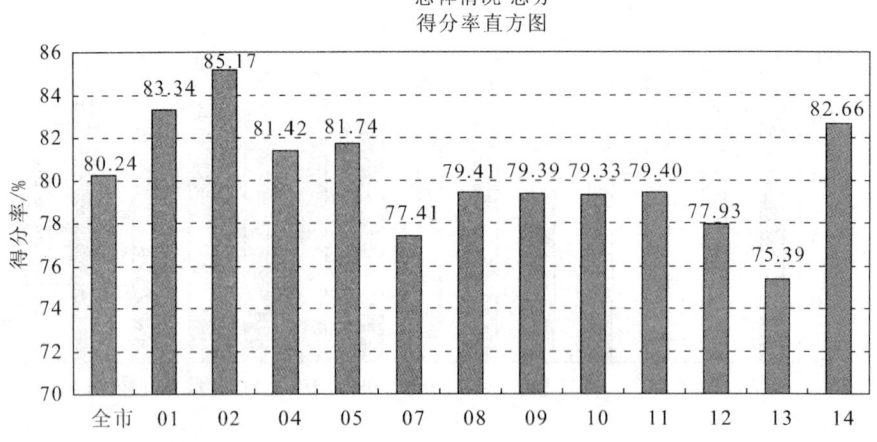

(2) 均分、优分率、合格率、差分率比较示意图。

① 均分。

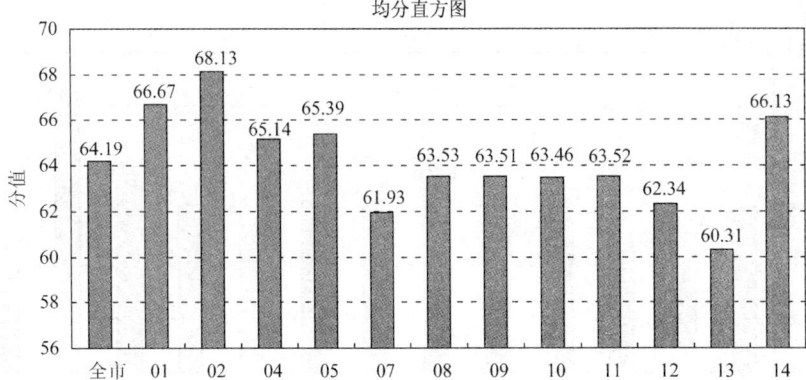

② 优分率。

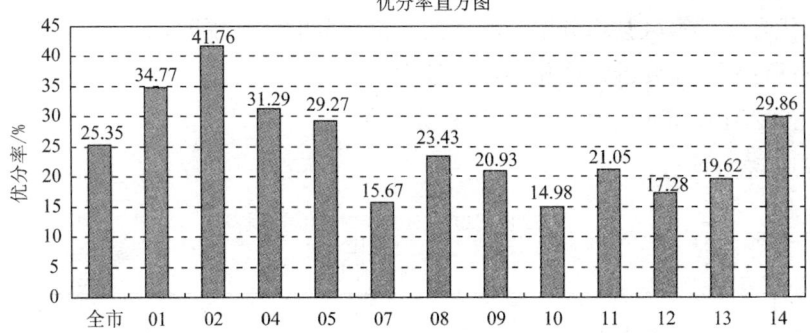

③ 合格率。

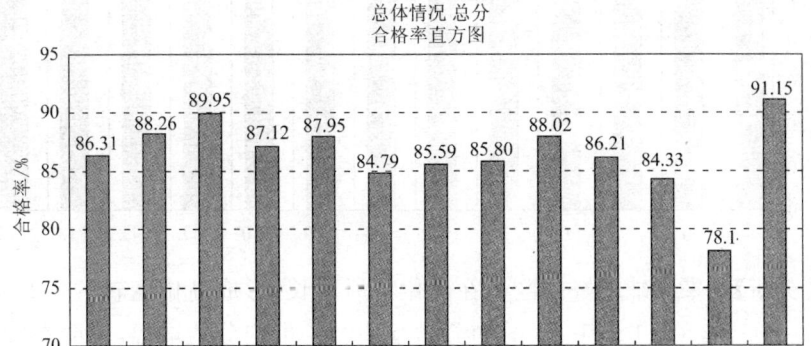

④ 差分率。

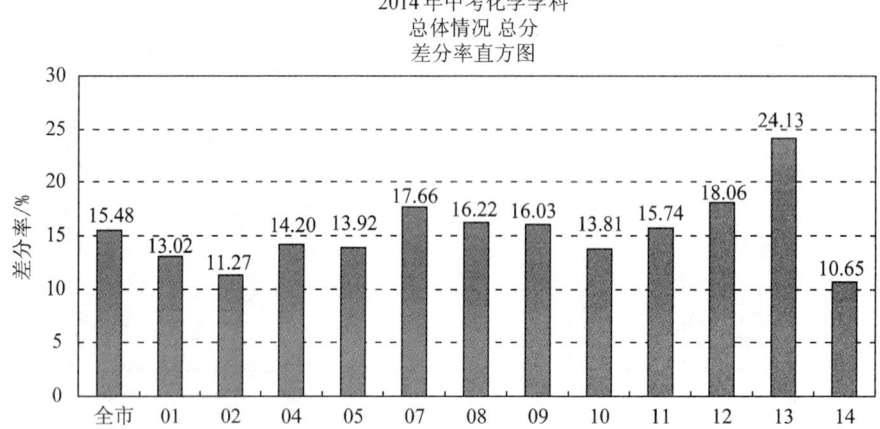

【分析】从各区县考试数据来看,2014年中考各区县均分与市均分的比率发生了变化,特别是反映在合格率上。在全市均分、优分率和合格率全面提高的情况下,代号"04"等区县均分增长幅度大于市均分的增长幅度,部分区县差分率比去年有所提升,需要继续强化"双基"教学。

3. 2012、2013、2014 三年数据分析

(1) 总分均分。

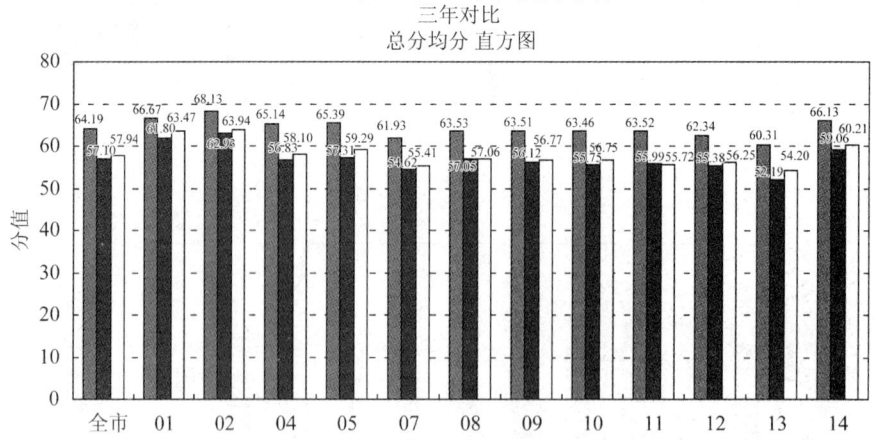

【分析】原来基础较好的区县在高位有所增长,形成高位运转的良好局面。区县04、05、07、09、10、11、13 的均分增幅超过了市均分的增幅,说明在紧扣教材,重视基础方面做得比较成功。

（2）总分合格率。

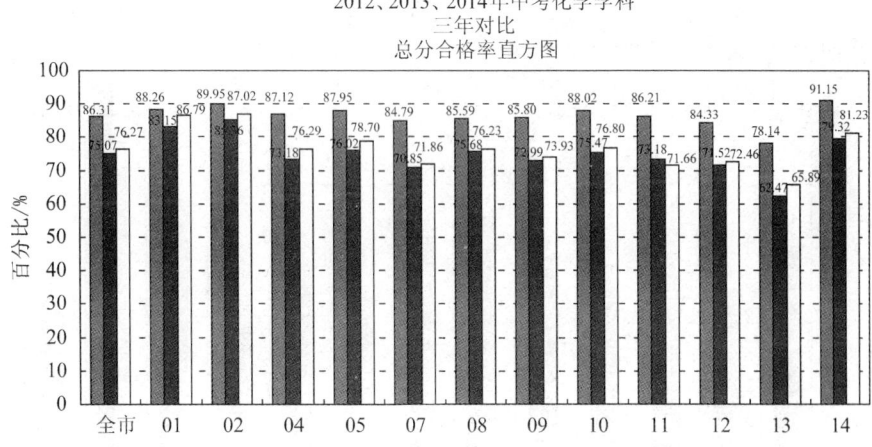

2012、2013、2014年中考化学学科三年对比总分合格率直方图

【分析】全市各区合格率整体提升，且基本达到85％左右，全市化学教学水平显现高位运行的态势。

（3）总分优分率。

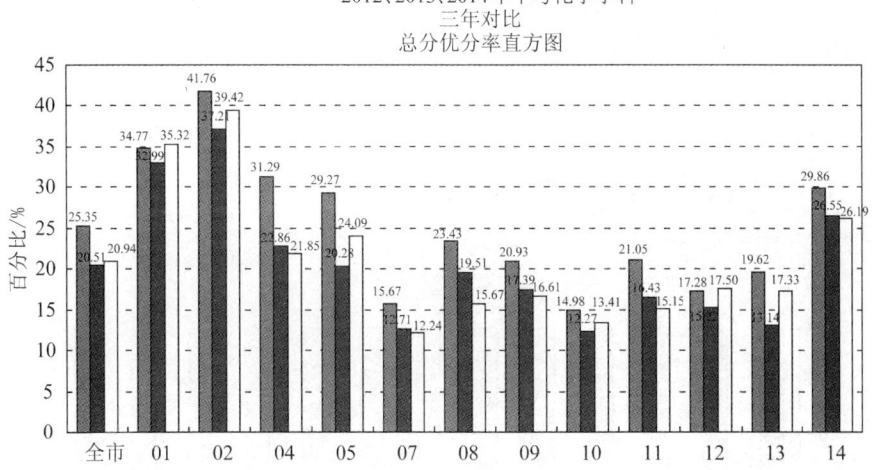

2012、2013、2014年中考化学学科三年对比总分优分率直方图

（4）总分差分率。

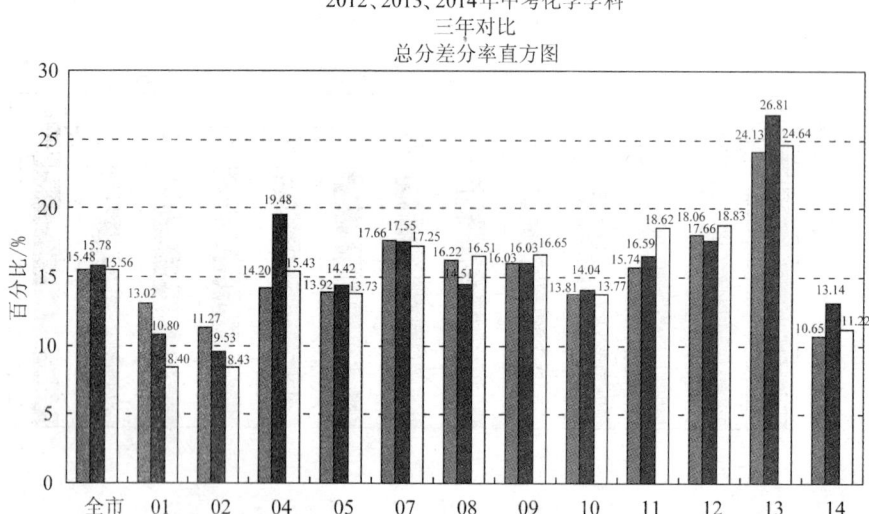

2012、2013、2014年中考化学学科三年对比总分差分率直方图

【分析】从近三年的中考数据分析，有的区县进步较大，如11区县优分率、合格率不断增加，差分率降低，促使均分不断升高，所处均分的位置不断提升。大部分区县的优分率、合格率都有不同程度的进步，但差分率变化不大，这就提醒我们在平时的教学中，要进一步关心学困生，要采取科学合理的、符合学生认知水平的方法，继续加强"双基"教学，切实将学科基础知识落实到位，使每一个学生均有进步。

4. 各维度数据分析

（1）内容维度。

① 内容维度—科学探究得分分布图。

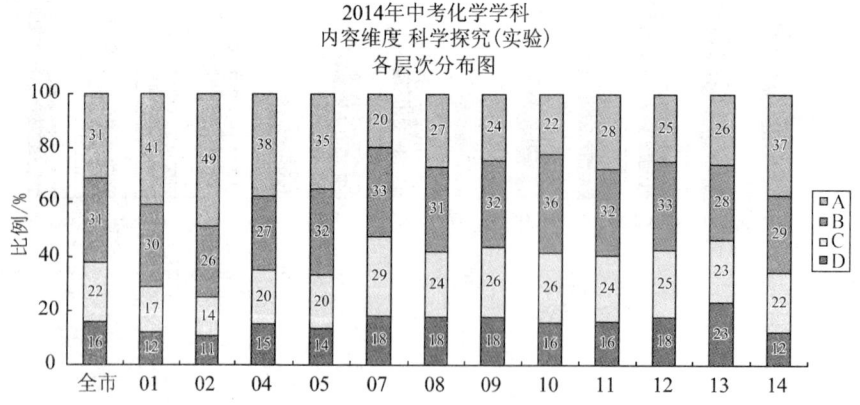

2014年中考化学学科内容维度 科学探究(实验)各层次分布图

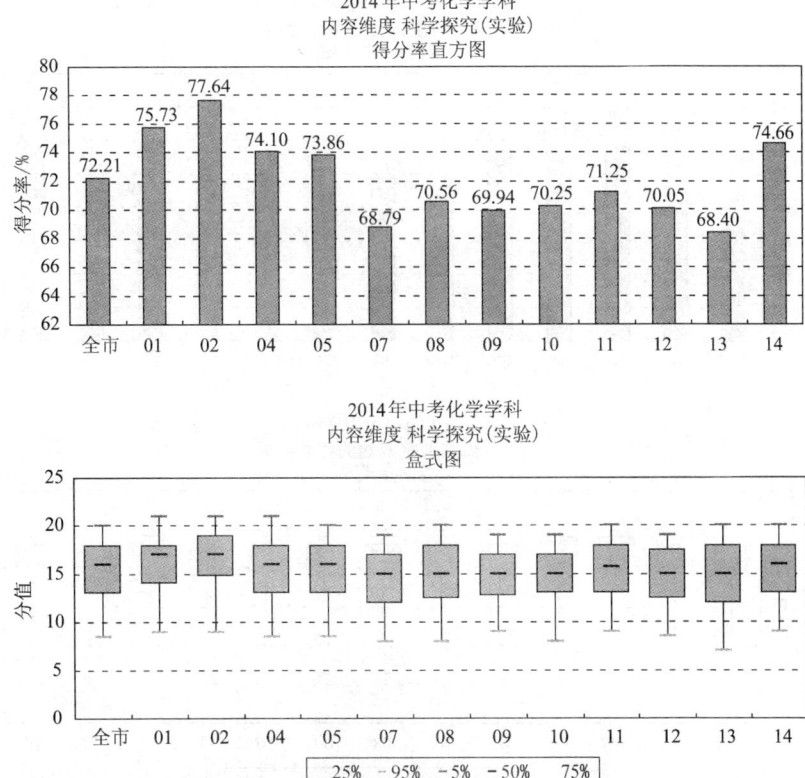

【分析】科学探究是化学新课程的脉络,近年来,南京市在"科学探究"的教与学上有了一定的探索和实践,尤其在学业评价方式上有了很大的改进,使得学生的学力得到提升。

② 内容维度—身边的化学物质得分分布图。

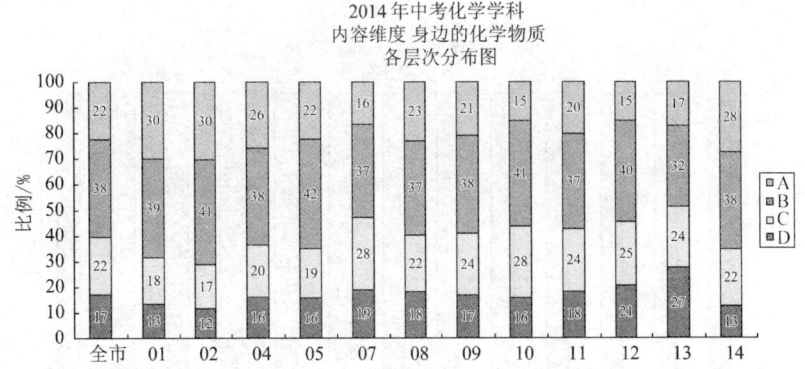

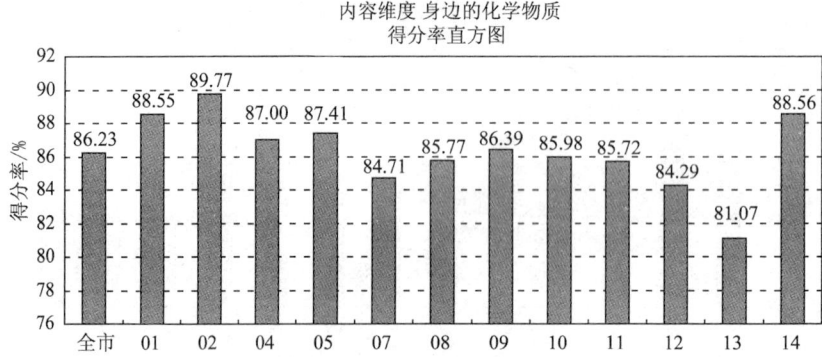

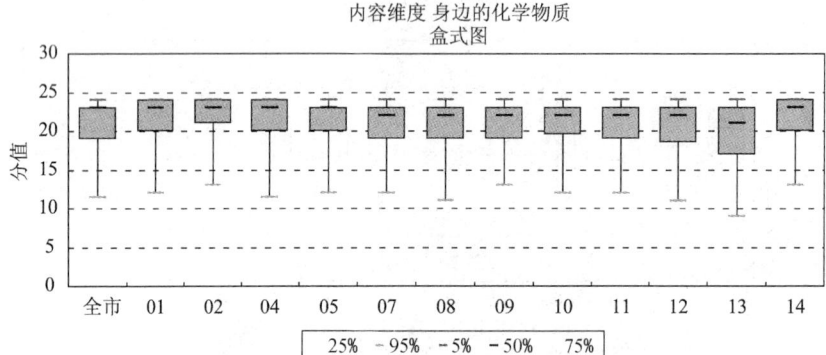

【分析】身边的化学物质是化学学科中知识与技能的重要组成部分,在本学年的教学中,各区县继续强化了化学学科观念的教学研究,尤其关注化学主干知识以及典型化学物质的教学与评价,学生的掌握情况较好。

③ 内容维度—物质构成的奥秘得分分布图。

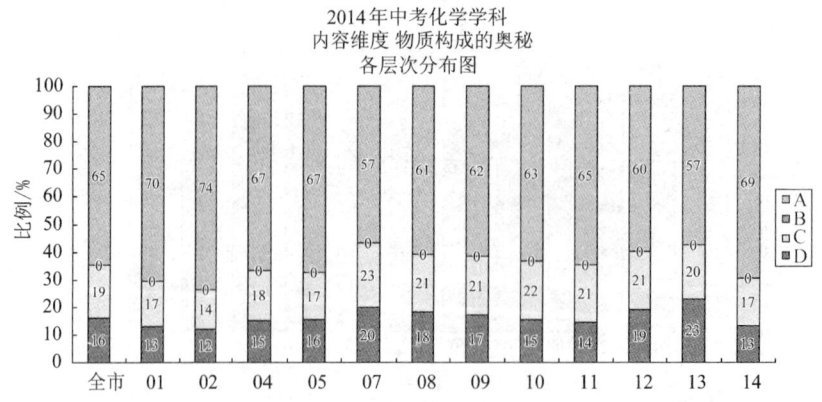

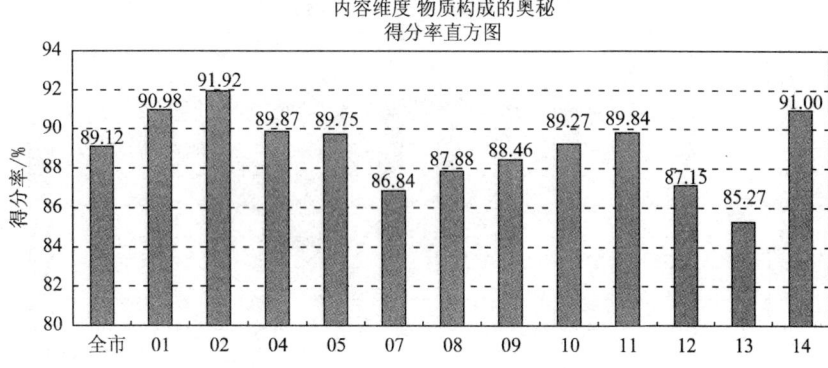

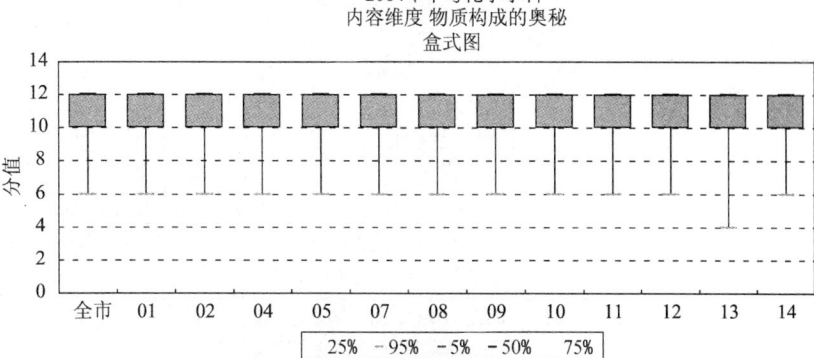

【分析】物质构成的奥秘的内容蕴含着学生形成化学思想和化学学科认识方法必不可少的技能与方法，从数据分析，各区县在教学中对学生建立元素观、微粒观、变化观等化学观念培养落实较好，各区县的得分率都有所提升。

④ 内容维度—物质的化学变化得分分布图。

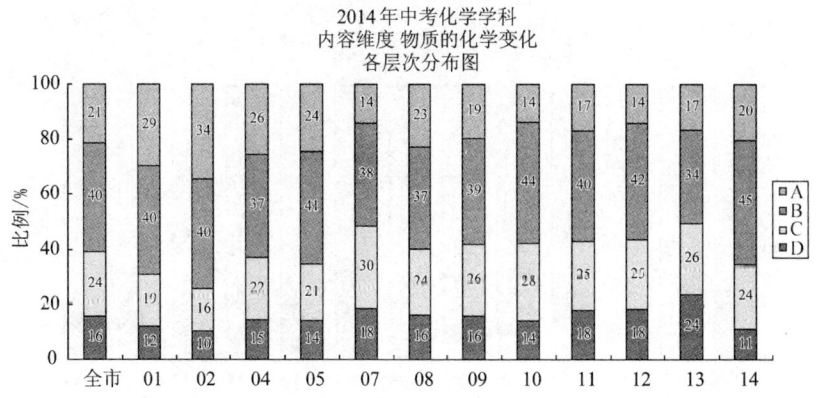

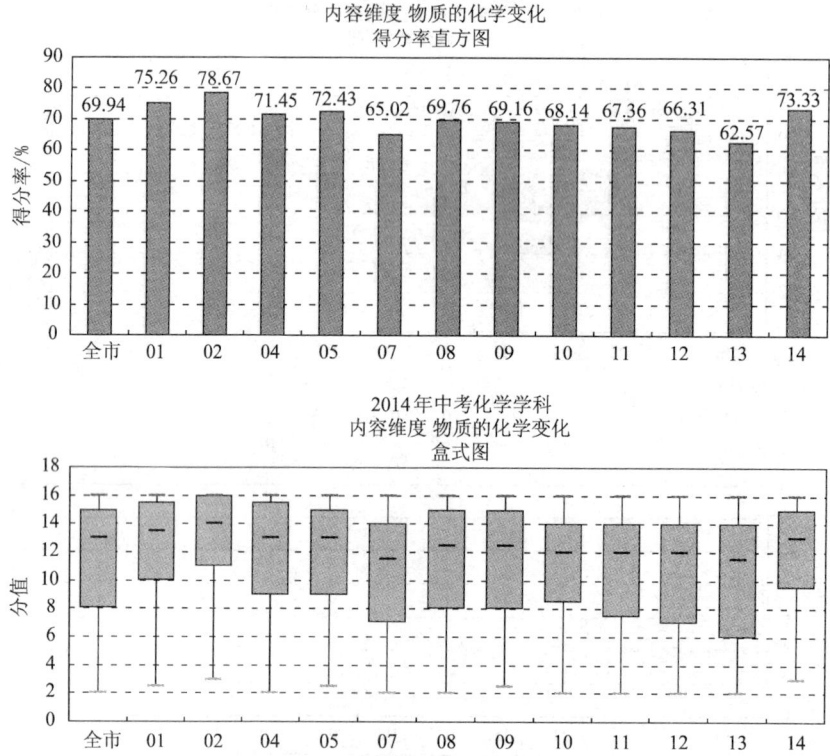

【分析】物质的化学变化部分涉及基本概念和化学用语等基础内容,试题新颖,能力要求较高,在教学中,教师需要在夯实基础的同时注意能力的培养,注重引导学生建立知识的网络。

⑤ 内容维度——化学与社会发展得分分布图。

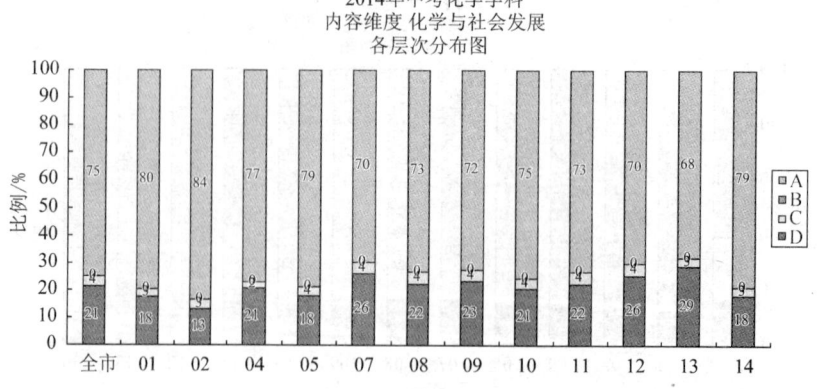

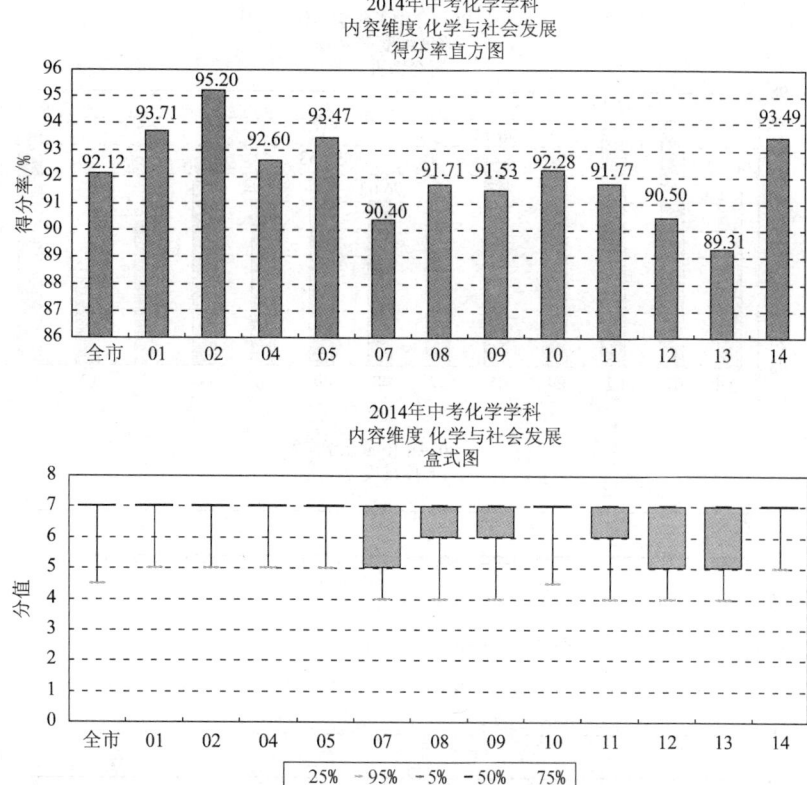

【分析】化学与社会发展部分知识的考查,试题创设的情景符合学生的生活实际,考查了学生的基本素养,从各维度的得分率分析,全市在教学中落实化学学科素养培养较好。

(2) 难度纬度。

① 难度维度——容易题得分分布图。

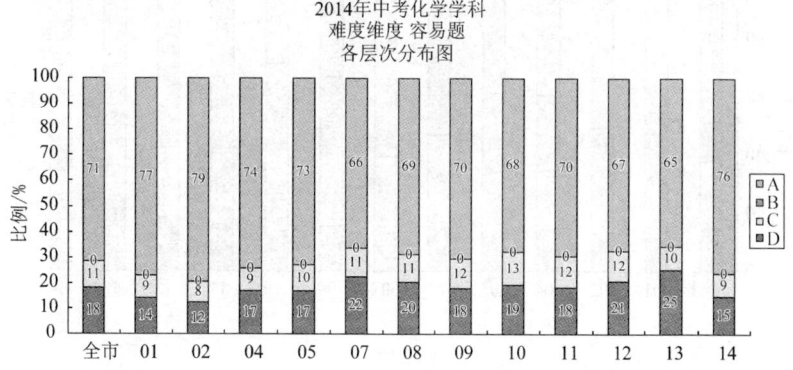

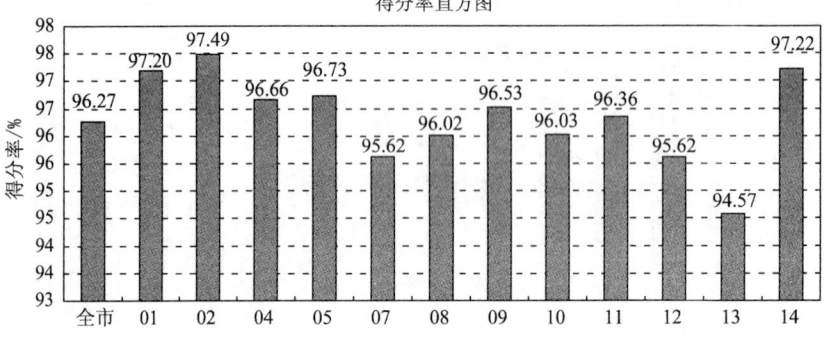

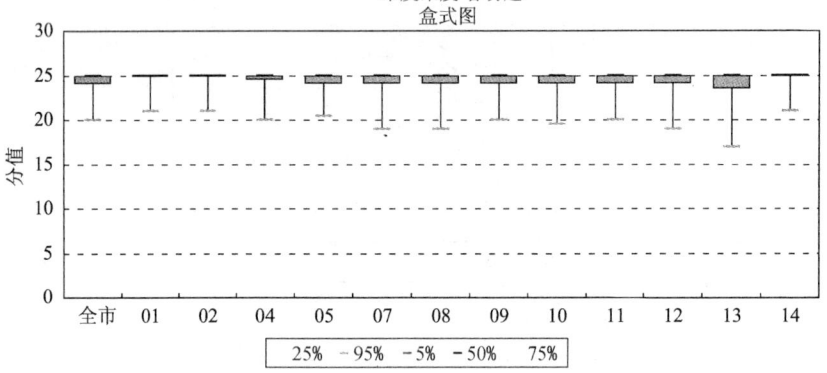

② 难度维度—较容易题得分分布图。

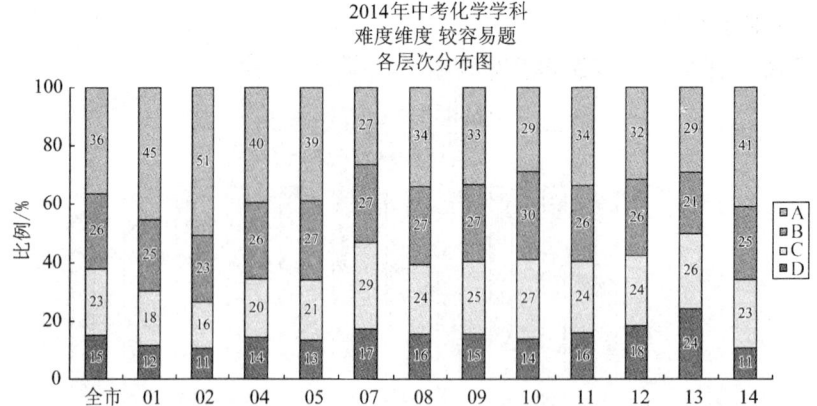

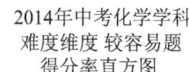

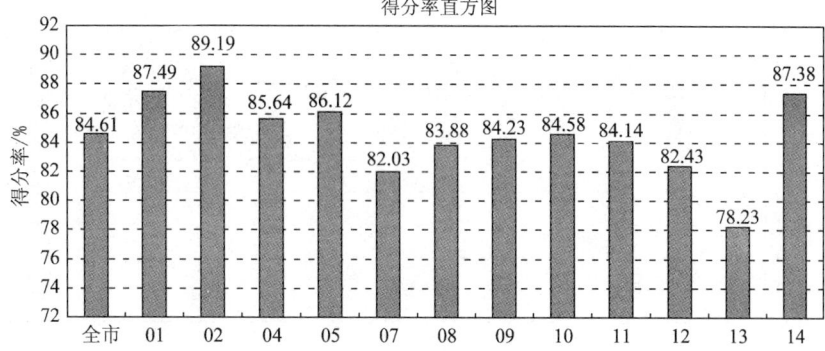

③ 难度维度—中等难度题得分分布图。

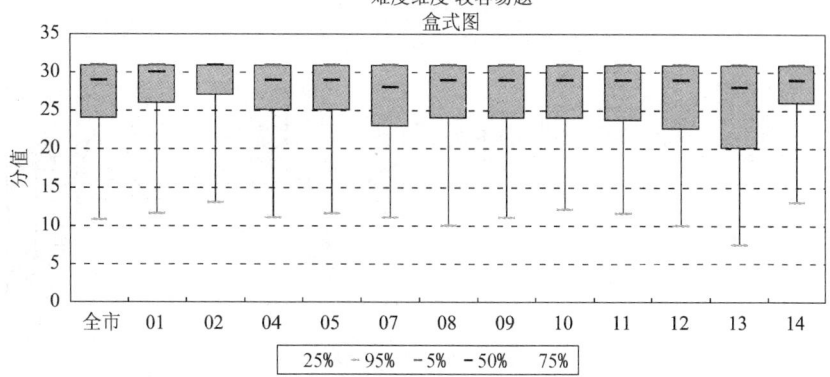

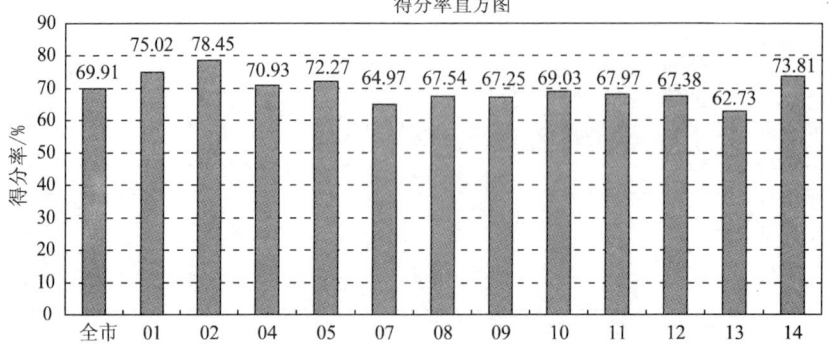

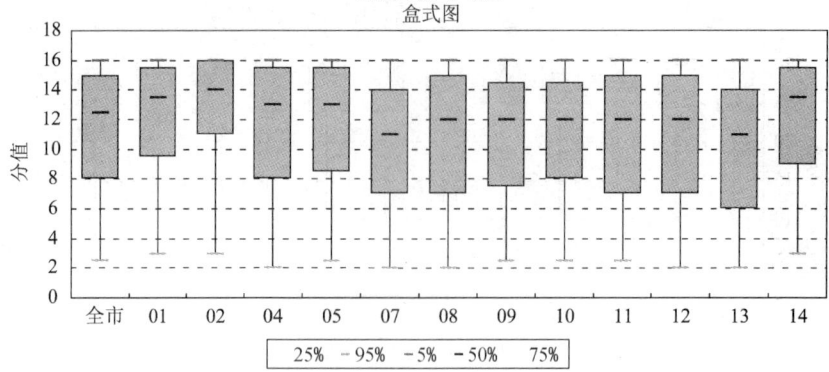

④ 难度维度—较难题得分分布图。

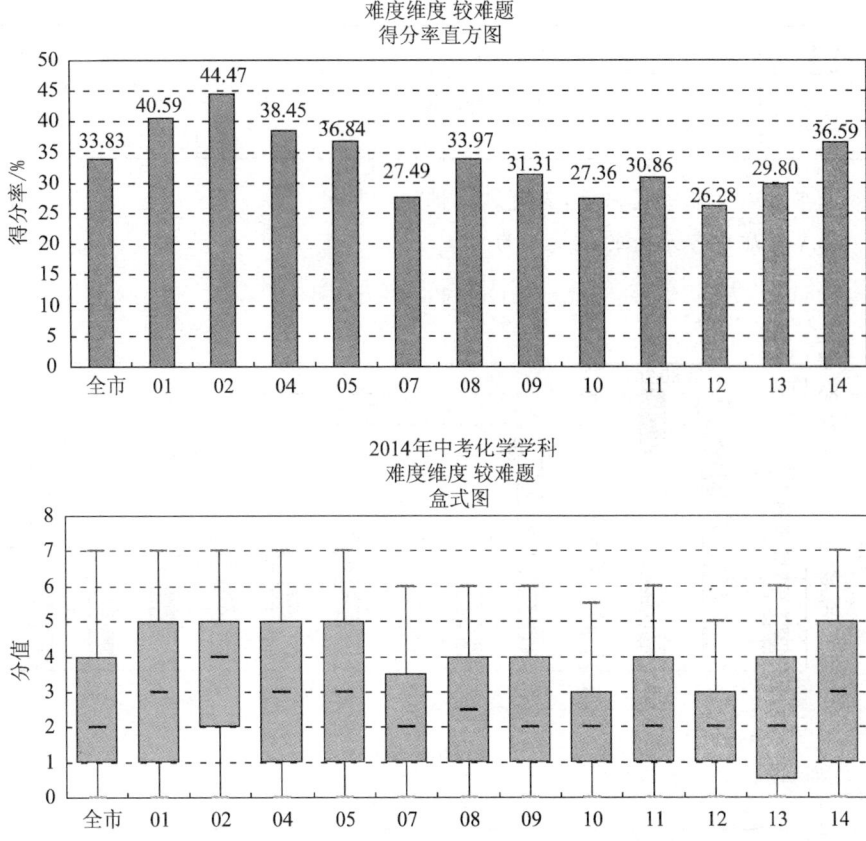

【分析】 从难度数据分析,基本概念、基本规律是化学考查的主要内容和重点内容,而主干知识又是化学知识体系中的最重要的知识,学好主干知识是学好化学的关键,是提高能力的基础。课本是落实课标的载体,具有很强的权威性、指导性、规范性,研究教材是提高教学质量的重中之重。教学中要立足于本学科知识,把握好要求掌握的知识点的内涵和外延,明确知识点之间的内在联系,形成系统的知识网络,在教学中尤其要关注多元评价。

五、典型试题分析

18. 能源与环境已成为人们日益关注的问题。

(4) 2014年南京青奥会火炬使用的燃料为 A 物质,纯净物 A 在 B 物质中充分燃烧,发生反应:A+5B $\xrightarrow{\text{点燃}}$ 3C+4D(部分微观示意图如下所示)。

物质	A	B	C	D	○——氢原子 ●——氧原子 ○——碳原子
分子示意图	?	●●	●○●	○●○	

①在上述反应中提供氧,具有氧化性的物质为 ＿＿＿＿＿＿。
②A物质中各元素的质量比为 ＿＿＿＿＿＿。

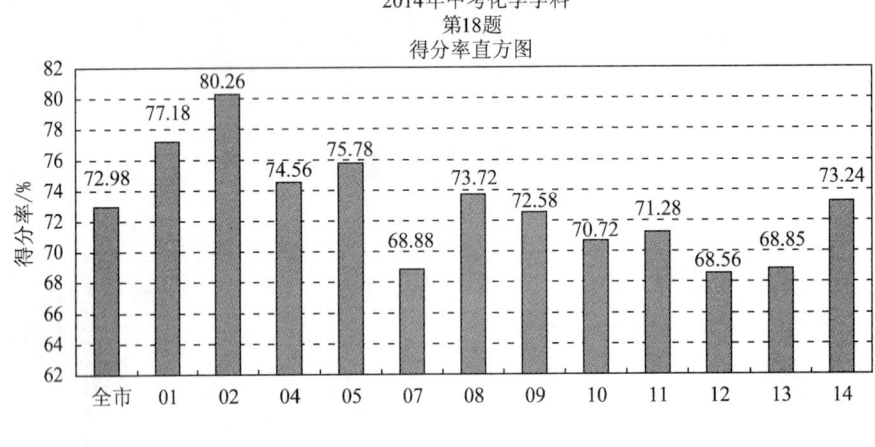

2014年中考化学学科
第18题
得分率直方图

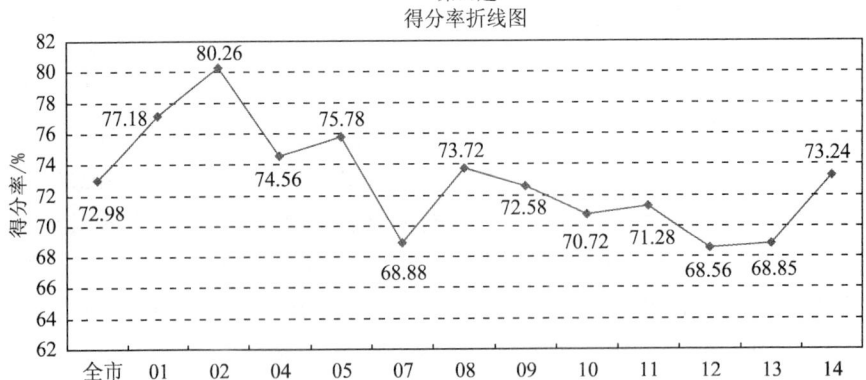

2014年中考化学学科
第18题
得分率折线图

【分析】结合南京青奥会时事热点对初中化学中的微粒观、模型图的应用、质量守恒定律、氧化性、根据化学式的计算等内容进行考查,评价了对粒子观、元素观的理解和应用。学生需要由微观示意图得出B是氧气,C是二氧化碳,D是水,书写化学方程式A+5O$_2$ $\xrightarrow{\text{点燃}}$ 3CO$_2$+4H$_2$O,根据反应过程可知,氧气具有氧化性,根据化学反应前后,原子的种类和数目均不改变可推出 A 物质的化学式为 C_3H_8。

典型错误:①答 CO_2 或 H_2O 的原因,氧化剂和氧化产物概念混淆了。答 A 的原因是对物质在化学变化中表现出氧化性不理解。②直接写 9∶2,没有写出碳元素与氢元素的质量比为 9∶2,教学的不严谨导致错误。

19. U 形管中是滴有酚酞试液的蒸馏水,向左、右两管中同时逐滴滴加一定量的氢氧化钠稀溶液和稀盐酸(如图所示)。

(1) 开始时_____管溶液呈红色。

(2) 充分反应后 U 形管中溶液全部呈无色,除酚酞外,此时溶液中一定含有的溶质的名称为_____,可能含有的溶质的化学式为_____,写出上述反应的化学方程式:_____。

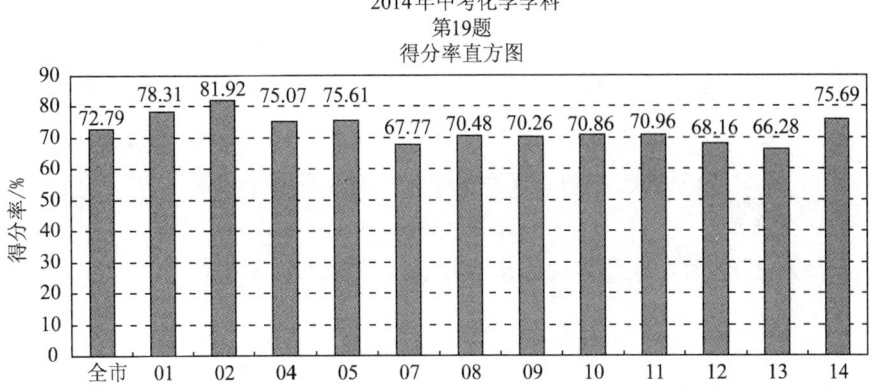

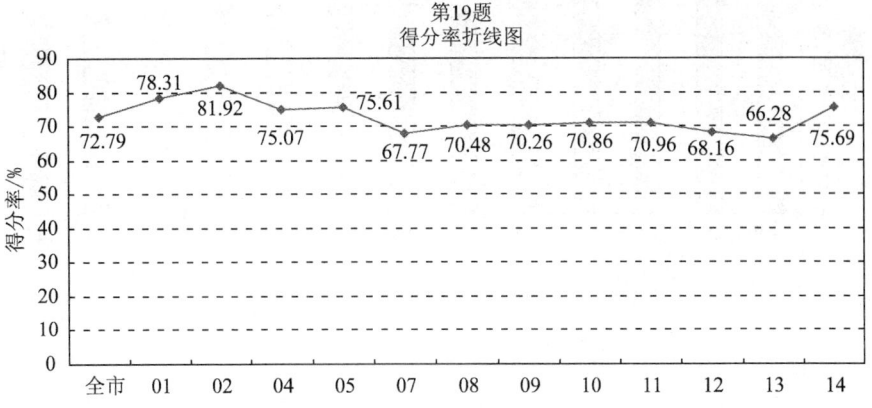

【分析】本题考查了酸碱指示剂的变色情况、酸碱中和反应等知识,要求学生能够依据已有的知识和经验进行猜想或假设,能明确地表述所发现的问题。

典型错误:(2)此时溶液中一定含有的溶质的名称写成化学式、水、NaOH、HCl 等错误。可能含有的溶质的化学式中出现 NaCl。

20. 下图中的甲、乙、丙表示初中化学常见的物质,且甲、乙、丙为不同类别的化合物,乙属于氧化物。胃液中含有适量的甲,可帮助消化。图中"—"表示两端的物质间能发生化学反应;"→"表示物质间存在转化关系;部分反应物、生成物已略去。

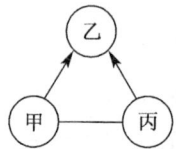

(1) 写出甲的化学式:_____。

(2) ① 若乙在常温下为液体,丙可用来改良酸性土壤,则乙的化学式为_____,丙的化学式为_____。

② 若乙在常温下为气体,且可由甲与大理石反应得到,则乙的化学式为_____,丙能与①中的丙发生复分解反应,其化学方程式为_____(写出一个即可)。

③ 写出①中的乙和②中的乙发生化合反应的化学方程式:_____。

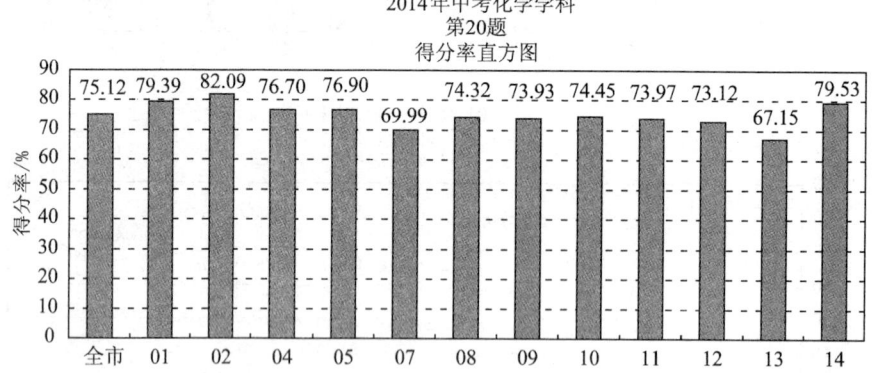

2014年中考化学学科
第20题
得分率折线图

【分析】本题设计新颖,有明暗两线,其相互联系。结构简单中隐藏了初中化学中常见的氧化物、酸、碱、盐等六种物质的相互反应和转变的多种关系,明暗相间,环环相扣。要求学生有扎实的基础知识和较强的思维推理能力,综合应用所学化学知识进行推理,并能用化学用语准确地表达出来。

典型错误:

(1) 错写化学式。

(2) ①错写化学式;

②化学方程式错写,化学方程式没有配平;

③化学方程式错写,化学方程式没有写反应条件或标注气体符号等。

21.(2) 兴趣小组同学用氧化铜与足量的炭粉按下图进行实验,对生成气体的成分进行探究。

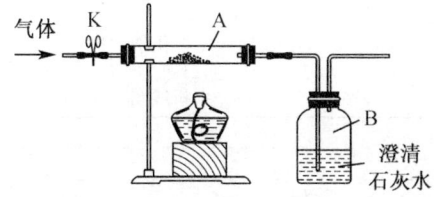

【提出问题】生成的气体中是否含有一氧化碳?

【实验与讨论】

①打开K,缓缓通入干燥的氮气一段时间。

②关闭K,加热至一定温度使之反应,用气囊收集气体样品。

③除去气体样品中的二氧化碳,并将剩余气体收集在集气瓶中以便再利用,下列装置中最为合理的是_____。

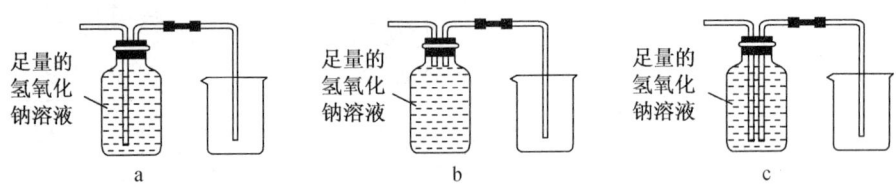

【实验求证】

将除尽二氧化碳后的气体样品干燥,仍然用甲装置进行实验,A中的固体应选用_____,B中溶液为澄清石灰水,若A中黑色固体出现了红色,B中澄清石灰水_____,则生成的气体中含有一氧化碳。

【实验反思】

炭粉还原氧化铜的实验中,若生成的气体中含有一氧化碳,则反应时消耗碳、氧元素的质量比_____(填"大于""等于"或"小于")3∶8。

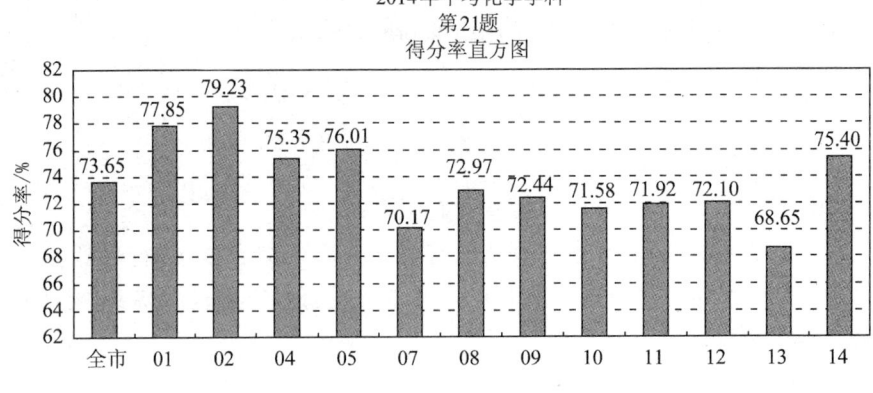

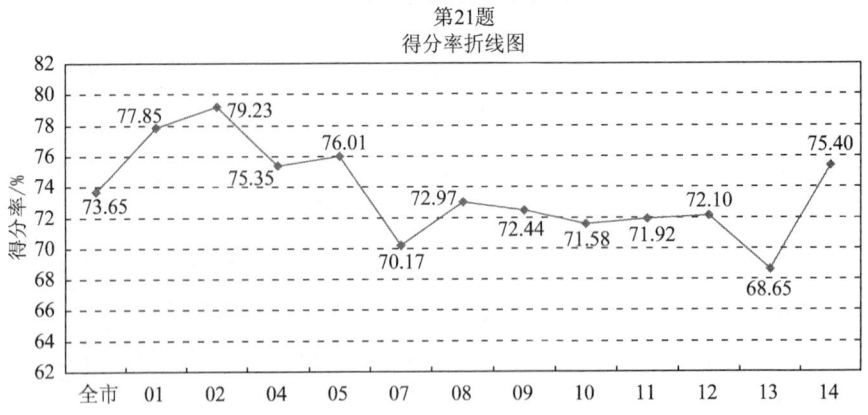

【分析】本题在教材中"碳还原氧化铜实验"的基础上进行了改变。装置改成多功能实验的甲装置,利于后续实验验证;对"氧化铜与碳反应生成二氧化碳"提出质疑"生成的气体中是否含有一氧化碳?"本题考核了常见气体的检验与除杂方法,气体的干燥(除水),碳的化学性质,书写化学方程式等知识,更注重科学探究中猜想、设计、实验验证、解释、质疑、反思、评价和数据推理等方法和能力的培养。

典型错误:

【实验与讨论】③选 a。教学中出现较多的装置是 a。学生没有真正理解装置原理。

【实验反思】选"等于"或"小于"。没有对题目中"足量的炭粉"进行关注。

六、教学建议

(1) 要进一步加强对课程标准和教材的研究,在实际教学中认真贯彻课程的基本理念,落实课程目标和内容标准的要求,认真反思教学过程中的得与失,研讨化学启蒙阶段可行的教学策略,开拓培养学生综合素养的途径,提高教学的有效性,训练学生表达的准确性,切实培养学生的学习能力,增强学生的社会责任感,为学生的终身发展奠定良好的基础。

(2) 继续开展对课程标准教学要求及新课程教学目标的探讨,结合《初中化学教学建议》和《课程标准的教学解析和实施建议·化学(九年级)》的要求,探索改进教师教学方法与学生学习方式的协同改革,以科学探究为脉络,整合化学课堂教学手段,优化夯实基础的教学过程,强化科学探究启蒙教学的措施及有效性,促使科学探究的具体目标能够有机地融合在课堂教学中。从"三维"角度有机结合出发,不再是简单的识记,而是注重运用、变式和正迁移,促进学生知识、技能与能力的发展,为进一步的学习奠定基础。

(3) 处理好基础与能力的关系。进一步明确抓"双基"的重要性,在夯实基础的前提下,注意学生学科方法与学科思想的培养,注意引导学生对学习内容进行适时的归纳比较;信息的收集整理、阅读理解、概括表述等,将化学计算基本技能与实验、具体事物的分析及说理等解决实际问题的过程与方法相结合,在运用中拓展学习视野,提高学习效率。

(4) 加强化学用语的规范性教学。化学用语包括文字、符号、图形,它是化学思维和化学交流的工具。在教学过程中,不仅要培养学生能够理解化学用语,还要培养学生会用化学用语准确、简洁地表达自己的观点和思想。

（5）精心设计科学探究活动，重视实验教学。化学是一门以实验为基础的学科，实验教学能有效提高学生的动手能力、观察能力和应用能力，培养学生对化学特有的学习兴趣和形成一定的实验科学素养。加强实验教学应从基础抓起，我们要认真对待课本上出现的实验，切忌将课本实验程式化，用教师头脑中固有的实验原理、熟悉的实验现象、解释与结论来束缚住学生的思维，应敞开实验的大门，给学生一片广阔的实验天地，在学生多角度、多视野的观察与分析中得出实验结论。教师在教学中不应惧怕实验的失败，成功与失败的实验都是培养学生科学探究能力的生成资源，教师在平时的教学中要积极引导学生进行实验探究，要让学生真正把动手操作与动脑思考结合起来，把化学实验原理与实验设计、安全操作、思维方法结合起来，从本质上了解、体会和掌握化学实验的规律性。

（6）进一步加强课堂教学技巧的研究，提高课堂教学的有效性。在课堂教学中，要将问题的设计、解决问题的过程向着有利于学生发现问题、有利于学生主动参与积极探索的方向进行研究，达到提高思维能力的成效。要注意提高学生读图、读表、读题能力，能从图、表、文字中提取解决问题的信息，加强学生对信息处理、运用能力和认知迁移能力的培养和训练。

（7）课堂教学中要坚持以学生为主体，多给学生思辨、交流与表达的时空，重视学法指导，组织有效的课堂学习活动，增强师生、生生交流，逐步培养学生的化学基本观念。教学中，要多角度、多途径地加强化学用语的规范性教学，加强学生口头表达交流及书面表达能力的训练，不断提高学生阅读与表述、交流与反思的能力；坚持评价的多元化，使每个学生均有所发展。

（8）以中考阅卷反映出的问题为案例出发，注意贴近学生的生活，联系社会实际，从提升与发展教师备课技能入手，促进教师教学方式和教学手段的改变，自觉进行务实的系统教学设计的尝试，有效开展复习和习题教学，不断提高教学反思能力。

03 2015年南京市中考化学质量分析报告

一、命题指导思想

2015年南京市中考化学试卷依据课程标准和教材,紧扣初中化学核心观念和主干知识,重点考查学生的基础知识、基本技能、基本方法。整卷以现实生活、科学技术、热点问题为背景,重视了对学生化学基础知识和基本素养的考查。在南京市2014年中考改革过渡方案顺利实施的背景下,本试卷突出了基础与能力的考查,在结构上、教学导向上,有着很好的传承、延续与发展,充分体现了化学教学应立足课本,重视"双基",关注学生。这样的命题必将对减轻学生学业负担和中学化学教学导向产生非常深远的影响。

二、试卷概况

2015年南京市中考化学试卷的题型结构、内容结构、题量和难度均比较合理。试题的思维梯度层次分明,题型丰富多样。

1. 基本信息

考试性质为"毕业考试"和"升学考试"两考合一,采用闭卷的形式,不允许使用计算器。全卷满分80分,考试时间为60分钟。

2. 具体结构

	结 构	题 号	分值	合计
目标结构	知识与技能	第1~21题	80分	(100%)
	过程与方法	第2、3、4、8、10、12、13、14、15、16、17、18、19、20、21题	66分	(>50%)
	情感、态度与价值观	第1、6、7、9、11、16、17、19、21题	48分	(>50%)

续表

结　　构		题　号	分值	合计
内容结构	科学探究(实验)	第4、16(1)(2)(3)、19(3)、21[实验探究]、[交流反思－2]、[拓展延伸]	19分	80分
	身边的化学物质	第2、7、10、、13、14、15、18(2)、20(1)(2)(3)、21[交流反思－1]	22分	
	物质构成的奥秘	第5、17(1)(2)(3)、18(1)	13分	
	物质的化学变化	第3、8、12、16(4)、19(1)(2)、20(4)	18分	
	化学与社会发展	第1、6、9、11	8分	
难度结构	容易题	第1、2、3、4、5、6、7、9、11、16(1)(3)、17(1)、19(1)	25分	80分
	较容易题	第8、12、13、14、15、16(2)(4)、17(2)(3)、19(2－1)20(1)、21[实验探究]、[交流反思－1]	31分	
	中等难度题	第17(3)、18(1)(2)、19(3)、20(2)(3)、21[交流反思－2]	16分	
	较难题	第10、19(2－2)、20(4)、21[拓展延伸]	8分	

三、试题特点

2015年南京市中考化学试卷充分体现了《义务教育化学课程标准(2011年版)》的评价理念,成功地将知识、能力与素质融为一体,在"双基"落实、时代特征、化学学科的思想方法等方面的考查做了新的探索。试卷既重点考查了学生通过初中化学学习在"知识与技能、过程与方法、情感态度与价值观"的发展程度,又引发了学生对今后的学习探究和发展的思考。该试卷遵循课标,源于课本,难易适中,区分度好,符合初中学生的认知特征,既有利于全面、准确地反映初中毕业生的学业水平,又有利于高一级学校在综合评价的基础上择优录取新生,也体现了南京市化学中考命题的连续性。

1. 突出基础考查,有效评价学生素养

2015年南京市中考化学试卷坚持以课标为依据,做到重点知识、主干知识重点考查,基本技能、学科方法突出考查。特别考查了新课标中规定的必须完成的基础化学实验。情境的设置源于课本内容,如实验、活动与探究、讨论、资料和课标的情景素材等,问题的设计落脚于教材的重点知识和基本技能,强调了化学在科技、生活和生产中的实用性。如通过"空气是一种宝贵资源"为话题,从不同的视角,把能源与环境、化合物与化合价等相关方面的知识串联成题。命题角度有:大气污染、物质分类、化学式的书写、化合价相关问题等。

在测试过程中,考查学生对基本知识和基本技能的掌握,有效地评价了学生化学学科素养。试卷中有98%以上的试题是教材知识和习题的重组或再现,其他也均为初中化学新课标所要求的知识、能力、方法的迁移和应用,既保证了考试的有效性和公平性,又充分体现出了教材的重要性和对所学知识应用的重要性。同时对教师研究课标、回归教材具有良好的导向性,也能引导学生认识到对基础知识和基本技能的掌握,不是简单地接受性学习,或通过死记硬背、机械性训练获得,而应积极主动地建构适合自己的知识网络和学习方法。

2. 联系生活实际,彰显化学学科特色

2015年南京市中考化学试卷注意将生活生产实际、社会热点和环境能源等问题设计到试题中,通过测试学生在真实的背景中,应用化学知识和技能的问题解决过程,来考查学生的学习力和对社会的关注、对事件的态度和价值观的表现,强调学以致用。如"营养素与尼古丁""鸡蛋清、葡萄汁等常见食物的pH""生活中常用的灭火方法的原理""空气是一种宝贵的资源""空气污染及$PM_{2.5}$""新能源汽车的开发"等。引导教师在教学过程中,要进一步落实课标要求,用好教材,让学生在知识的学习过程中不断地夯实、积累、深化,在已有的知识基础上运用并解决新的问题;引导学生初步学会运用观察、实验等方法获取信息,能用文字、图表和化学语言表述有关信息,初步学会运用比较、分类、归纳、概括等方法对信息进行加工,更重视知识的建构过程;引导教师和学生阅读、理解课本,让学生经历学习过程,培养良好的学习习惯和态度。

3. 重视学科方法,培养学生思维品质

2015年南京市中考化学试卷进一步注意创设试题情境,全面考查学生在新情景中解决实际问题的能力。试卷进一步注意了选用素材的广泛性,以这些素材为背景材料,创设情境,全面考查学生对以上内容的掌握情况。同时进一步加强思维的开放性和知识的迁移运用,展现了化学学科的思想和方法。如12题以教材中的质量守恒定律为背景,通过利用采点方式的图形来考查,有效地考查了学生对图表中有效信息的获取及数据的处理方法。21题以教材中的铁与硫酸溶液反应中出现的异常实验现象为背景,用定性、定量等方式对物质的成分进行探究,挖掘了教材中的学科方法、学科思想,培养了学生的思维品质。

整张试卷图文并茂,设计精致,既具有时代信息,又突显学科特点,体现了化学基础知识、基本技能及化学思想和方法的丰富内涵。试卷通过设置情境,考查学生从文字、图、表、实验装置、数据处理等方面捕捉信息、运用知识的能力,充分体现了:①实验方法和能力;②物质结构决定性质,性质决定用途;③守恒思想;④定性、定量分析问题的能力;⑤"化学—技术—社会"等学科特点。

4. 体现人文关怀,促进学生品质发展

2015年试卷在结构、教学导向上,很好地体现了传承、延续与发展,充分体现了化学教学应立足课本,重视"双基",关注学生的学习方法、学习习惯和学习态度。如"用肥皂水区分硬水与软水""在钢铁表面涂油可以防止生锈""用有颜色的植物能不能自制酸碱指示剂"等与初中化学知识贴近,使学生感受到学好化学的重要性及化学科学的发展在帮助人类改善环境方面的重大贡献,以及对改善生活和促进社会发展的积极作用,培养学生关心社会、关心自然的情感和品质。

2015年试卷版面布局,充分考虑学生在答题过程中的心理状态,体现了浓郁的人文关怀。如主观性试题的开篇就是常见基本实验装置,一方面,图文显示的是学生非常熟悉的内容,且难度不大,有利于激发学生答题的积极性;另一方面,在试题难度的编制上,既注意了大题总难度的螺旋式递进,也着意每道大题难度的由浅入深,从最基本的知识点切入,层层发展,步步拔高,便于不断增加学生的答题信心。每个版面的起始问题均很基础,大多数学生都能较好地完成。此外,版面中图、表精美,疏落有致,既给学生有效的信息情景,又让学生赏心悦目,整张试卷充分展示了化学新课程的魅力。

四、数据分析

化学中考市均分55.98,得分率69.98%,合格率74.86%,难度0.70,学生成绩呈正态分布,较好地体现了两考合一的性质。

1. 总体数据

(1) 各分数段分布图。

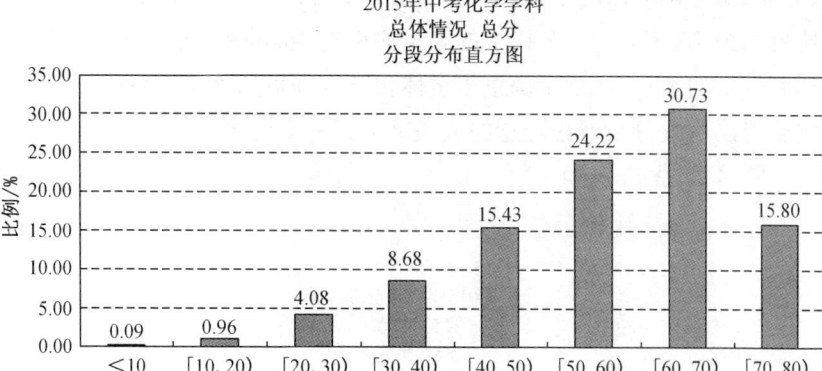

(2) 各层次得分率情况分析。

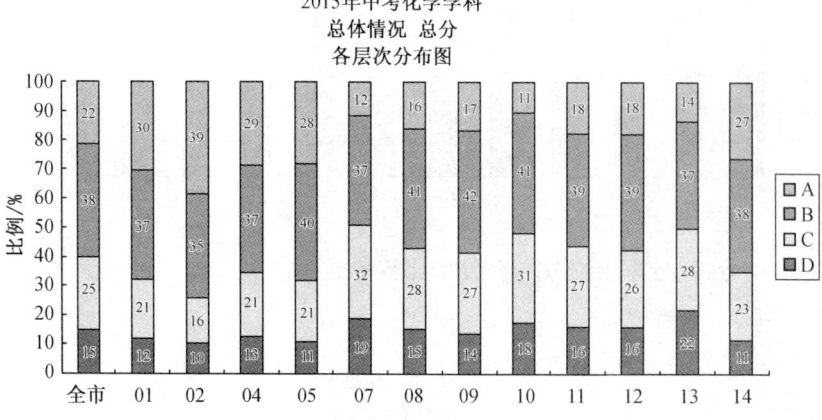

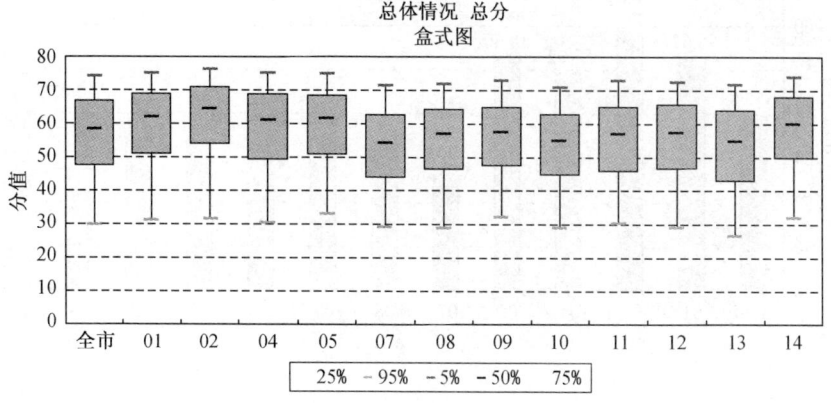

【分析】 从考试的情况来看,2015 年化学中考高分层人数增加,70 分以上的学生比例约为 15.80%,60 分以上的学生比例近 46.53%,合格率达到 74.86%,整体达到较高的水平,体现了南京市全体化学教师贯彻落实《课程标准的教学解析和实施建议》,践行新课程理念的成绩又上了一个台阶。

2. 区县考试情况分析

(1) 总分得分率比较示意图。

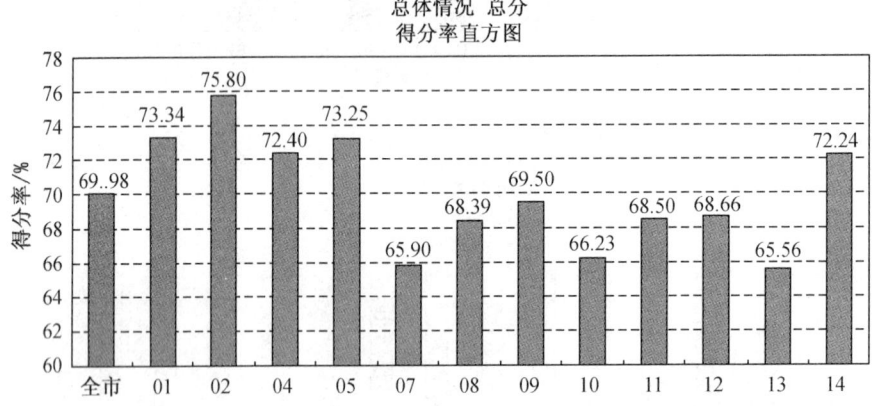

(2) 均分、优分率、合格率、差分率比较示意图。

① 均分。

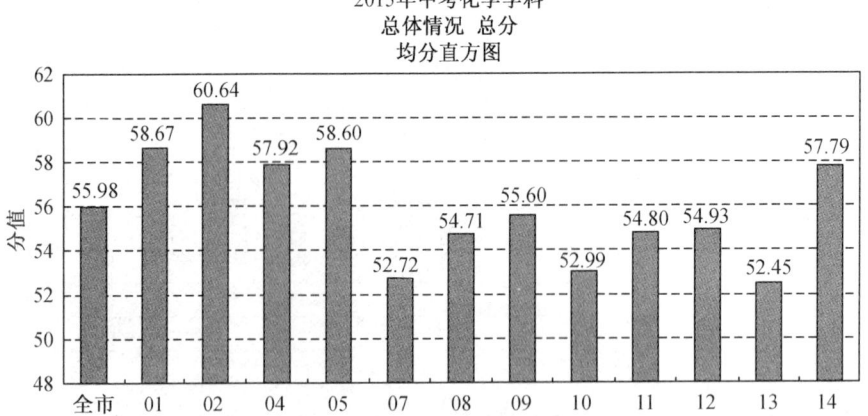

② 优分率。

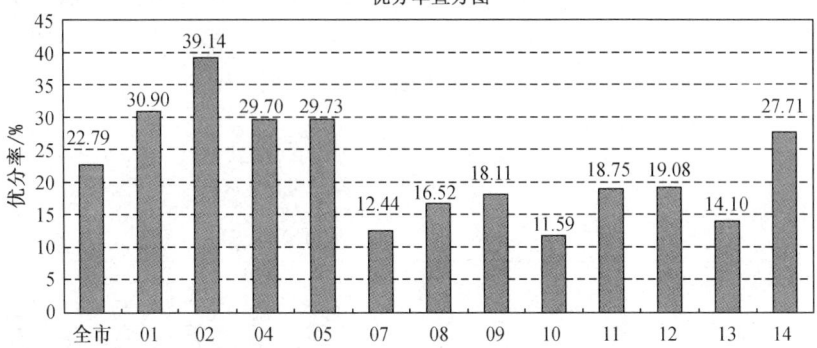

③ 合格率。

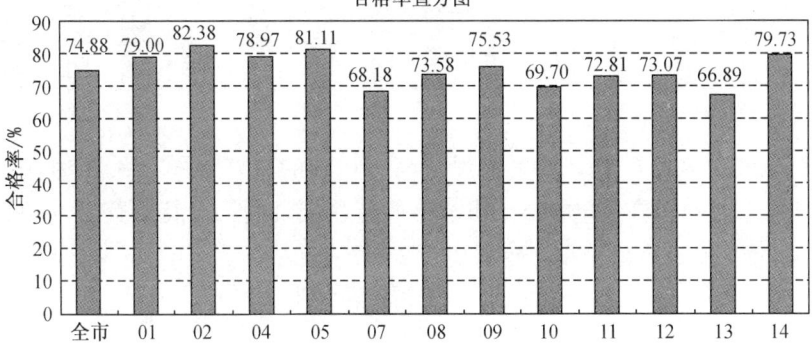

④ 差分率。

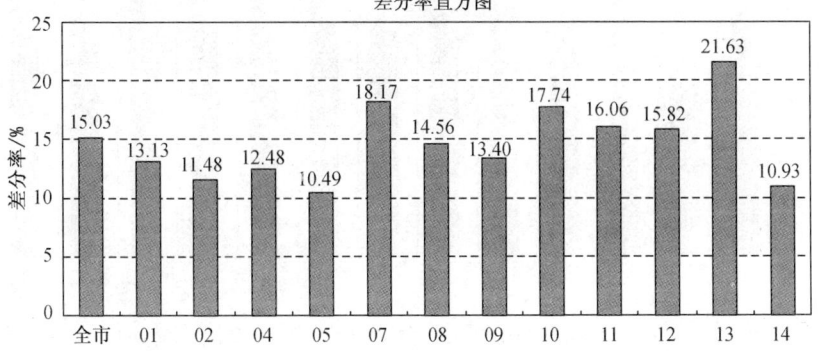

【分析】从各区县考试数据来看，2015年中考各区县均分与市均分的比率发生了变化。优分率、均分、合格率上代号01、02、04、05、14均超过了市指标，差分率上代号5和14最好。部分区县差分率比去年有所提升，需要继续强化"双基"教学。

3. 2013、2014、2015 三年数据分析

（1）总分均分。

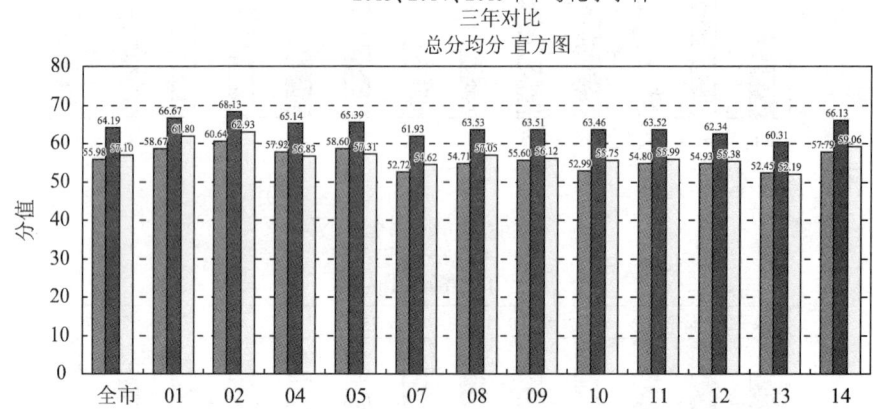

【分析】原来基础较好的区县保持高位运转的良好局面。区县01、02、04、05、09、12、13的均分变化幅小于市均分的变化幅，区县05特别突出，说明在紧扣教材，重视基础方面做得比较成功。

（2）总分合格率。

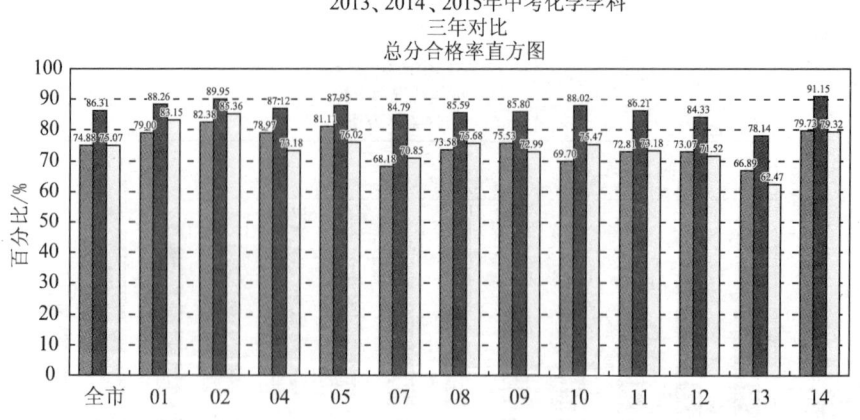

【分析】全市各区合格率保持稳定，全市化学教学水平显现高位运行的态势。

(3) 总分差分率。

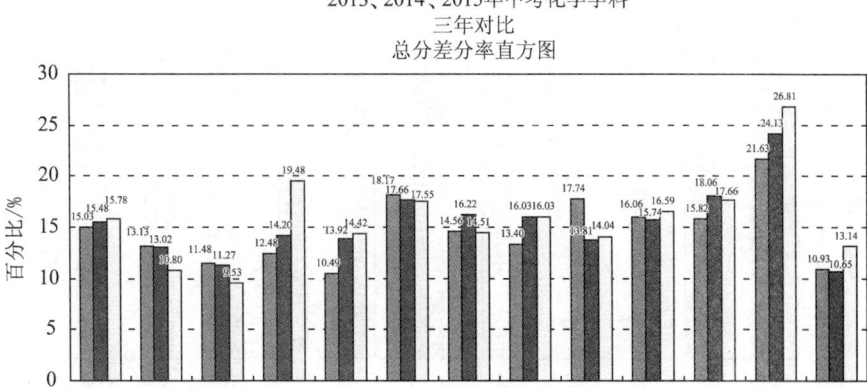

2013、2014、2015年中考化学学科
三年对比
总分差分率直方图

【分析】从近三年的中考数据分析，有的区县进步较大，如有的区县合格率不断增加，差分率降低，促使均分不断升高，所处均分的位置不断提升。大部分区县的合格率都有不同程度的进步，但差分率变化不大，这就提醒我们在平时的教学中，要进一步关心学困生，要采取科学合理的、符合学生认知水平的方法，继续加强"双基"教学，切实将学科基础知识落实到位，使每一个学生均有进步。

4. 南京市各层次学生数据分析

(1) 总分得分率比较示意图。

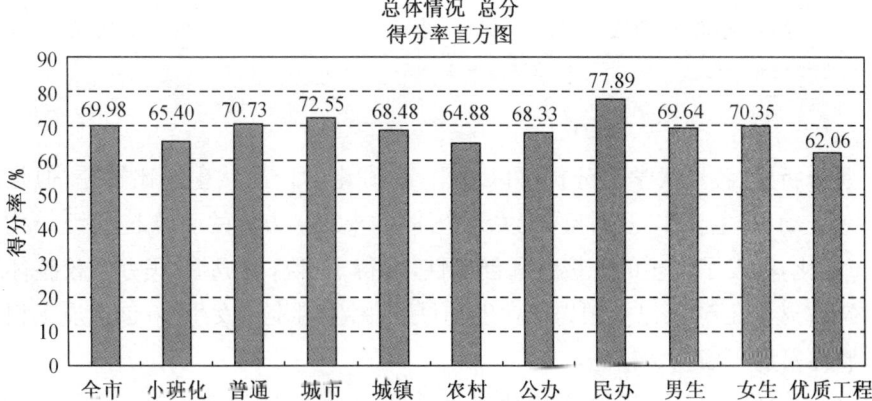

2015年中考化学学科
总体情况 总分
得分率直方图

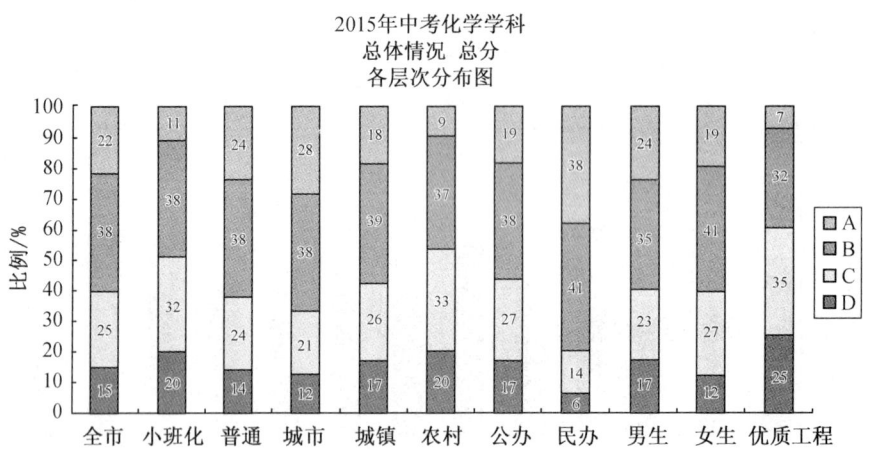

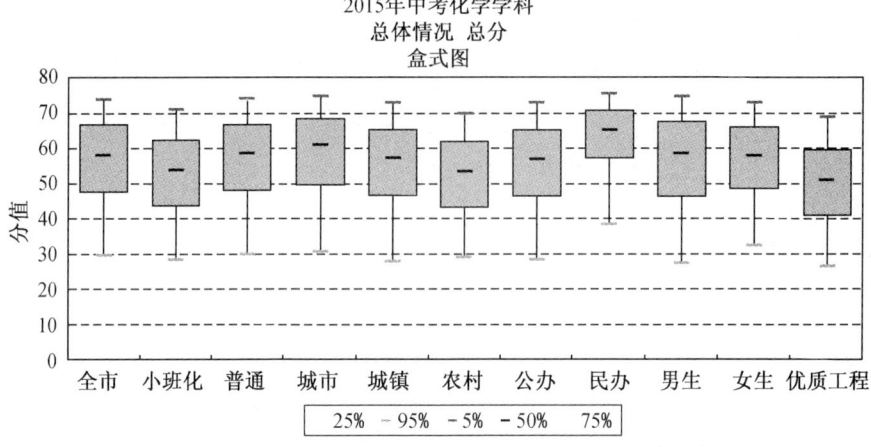

【分析】从各层次学生分析可以看出,小班化学校虽然生源比较差,但是在"有效互动、自主合作、及时反馈、关注个体"的十六字方针的引导下,课堂结构发生了变化,激发了学生的积极性和创造性,取得了可喜的成绩;民办学校整体成绩较好;男生在50%以上领先于女生,但是学困生男生比女生多;创优质工程学校,整体落后于农村学校。

(2)优分率、合格率、差分率比较示意图。

①优分率。

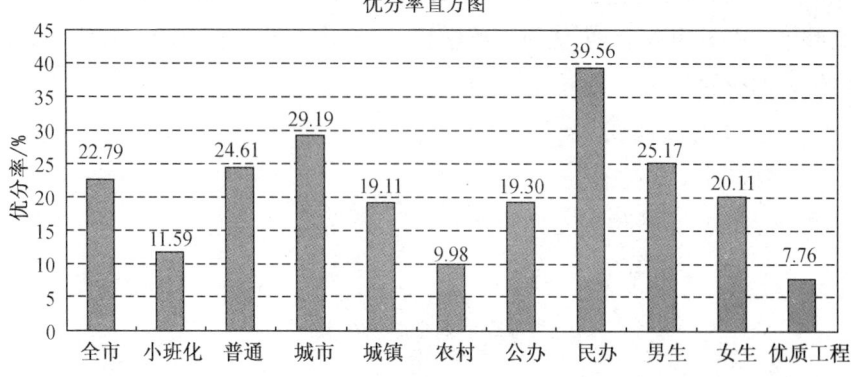

②合格率。

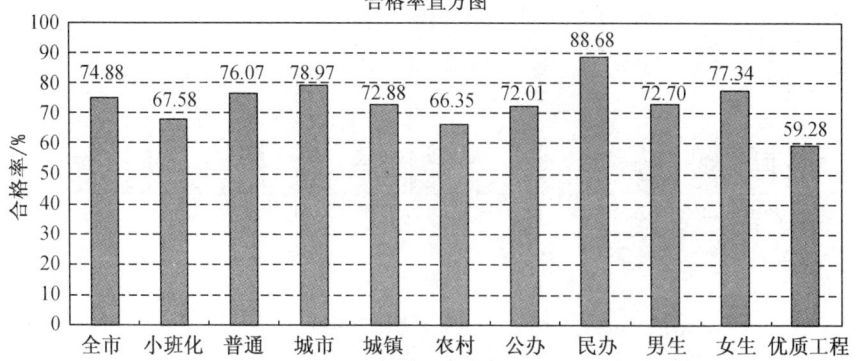

③差分率。

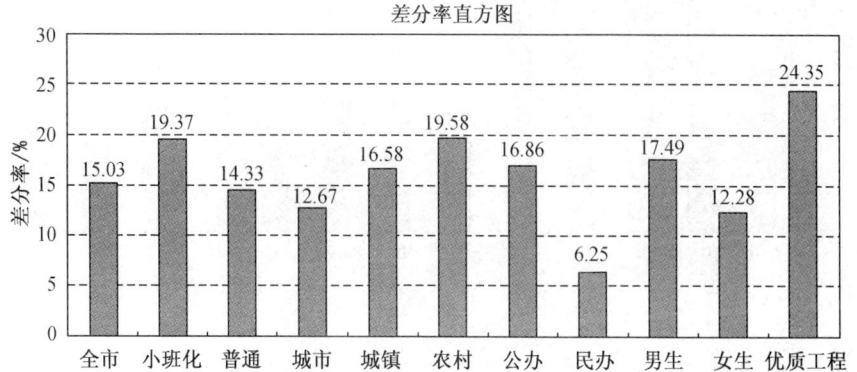

【分析】全市优秀率男生多于女生、合格率女生多于男生;创优质工程学校整体在优秀率、合格率、差分率上均有上升的空间;民办学校优秀率、合格率领先于其他群体。差分率方面,创优质工程学校、小班化学校、农村学校均需要在帮助学困生方面有所建树。

5. 各维度数据分析

(1) 内容维度

① 内容维度—科学探究得分分布图。

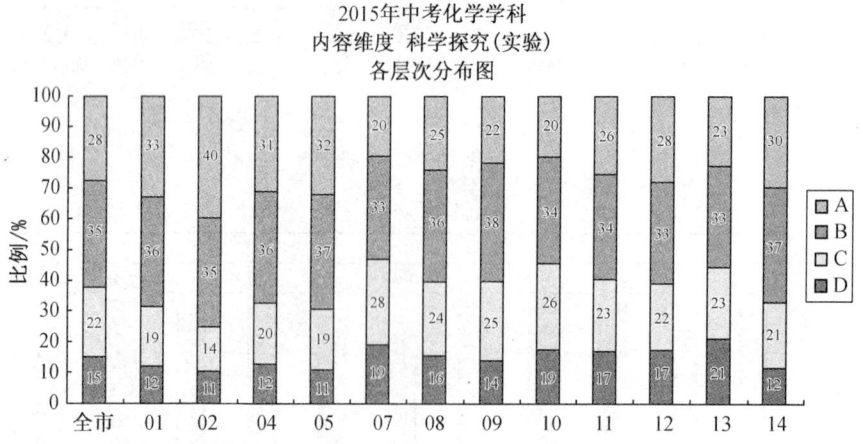

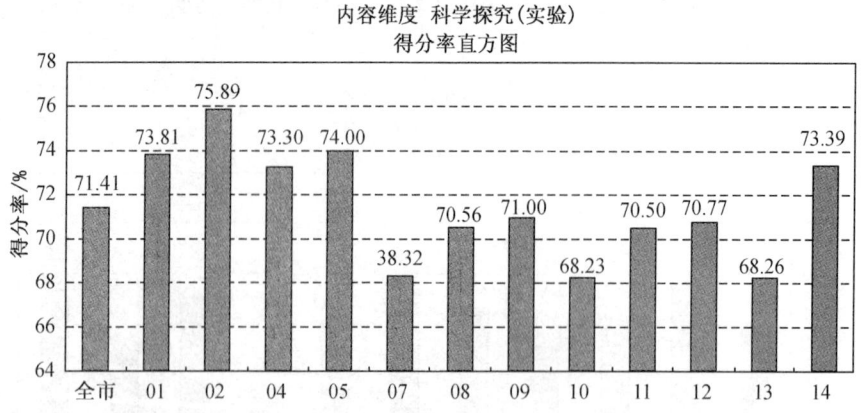

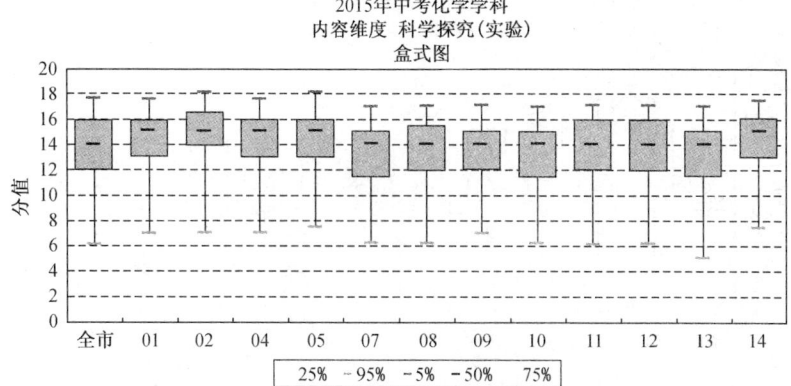

【分析】科学探究是化学新课程的脉络,近年来,南京市在"科学探究"的教与学上有了一定的探索和实践,尤其在学业评价方式上有了很大的改进,使得学生的学力得到提升。

② 内容维度—身边的化学物质得分分布图。

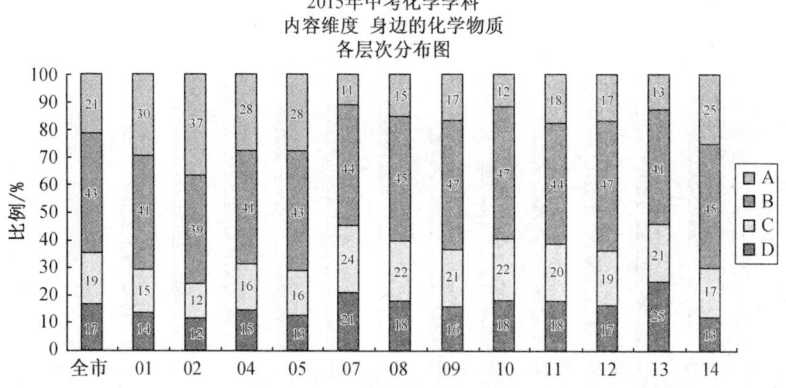

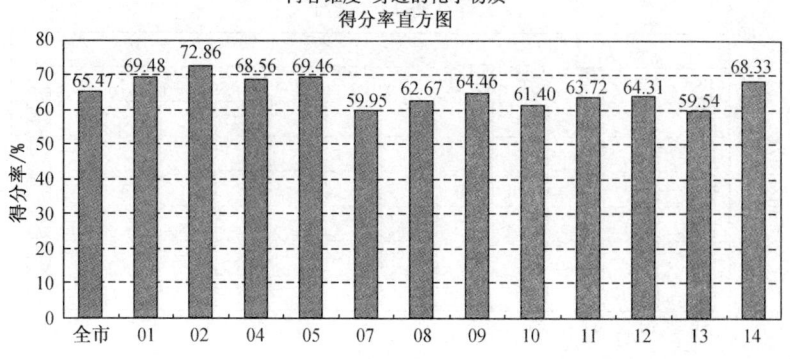

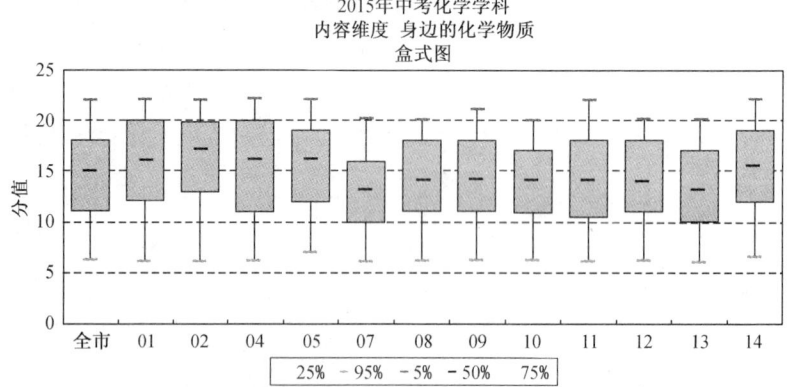

【分析】身边的化学物质是化学学科中知识与技能的重要组成部分,在本学年的教学中,各区县继续强化了化学学科观念的教学研究,尤其关注化学主干知识以及典型化学物质的教学与评价,学生的掌握情况较好。

③ 内容维度—物质构成的奥秘得分分布图。

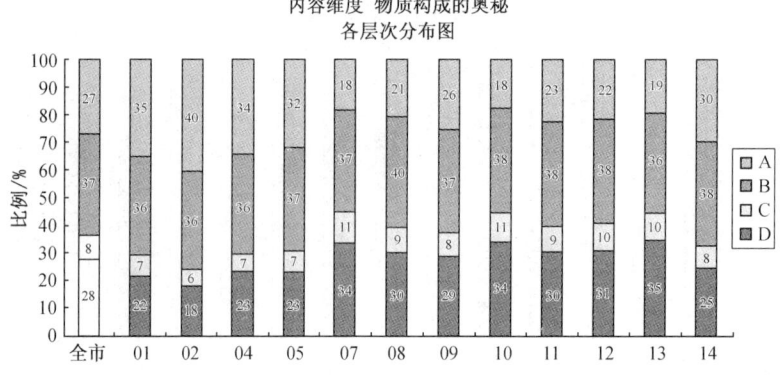

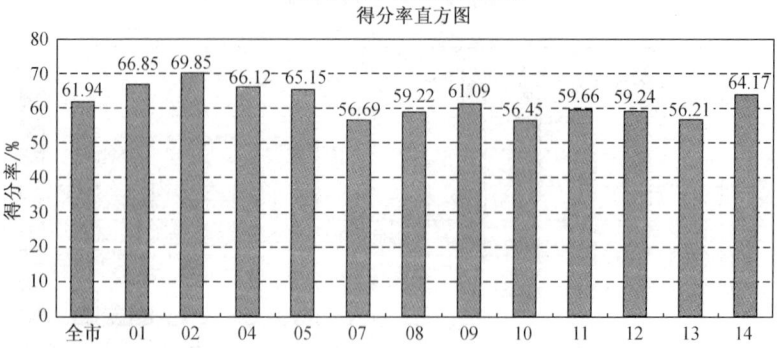

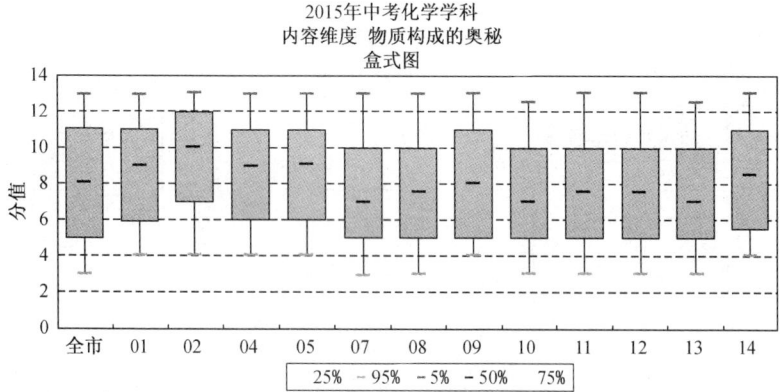

【分析】物质构成的奥秘的内容蕴含着学生形成化学思想和化学学科认识方法必不可少的技能与方法，从数据分析，各区县在教学中对学生建立元素观、微粒观、变化观等化学观念培养落实较好，各区县的得分率都有所提升。

④ 内容维度—物质的化学变化得分分布图。

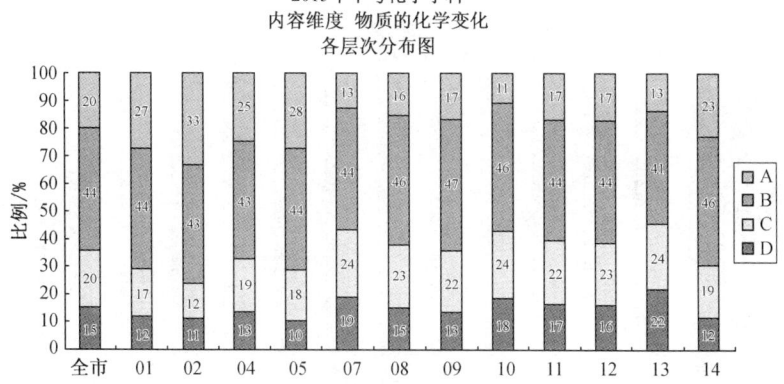

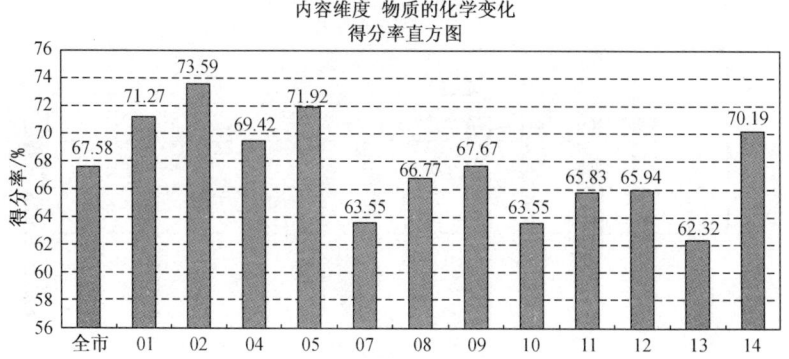

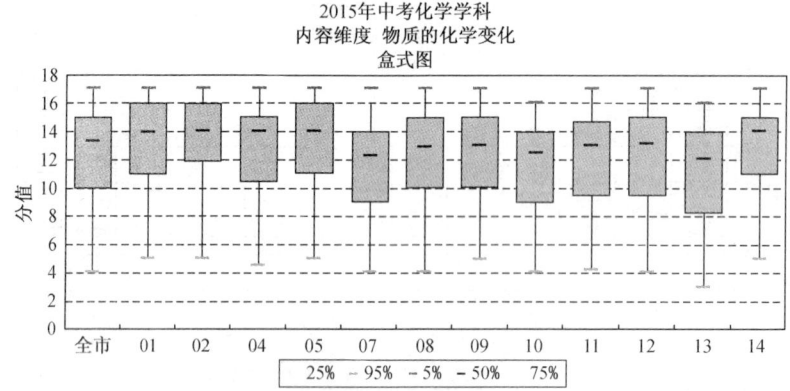

【分析】物质的化学变化部分涉及基本概念和化学用语等基础内容,试题新颖,能力要求较高,在教学中,教师需要在夯实基础的同时注意能力的培养,注重引导学生建立知识的网络。

⑤ 内容维度—化学与社会发展得分分布图。

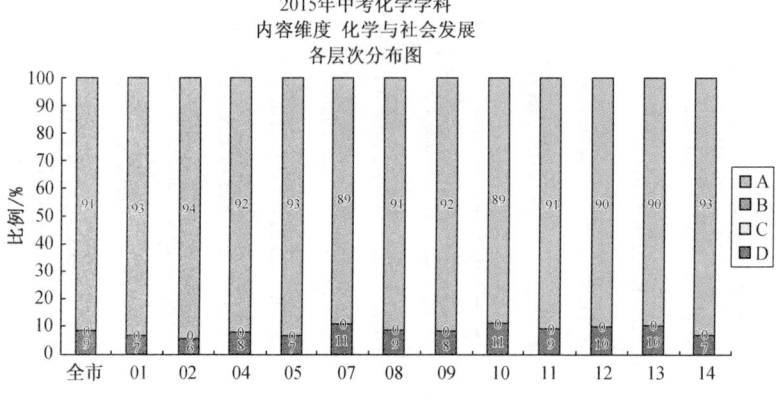

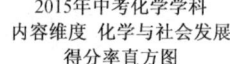

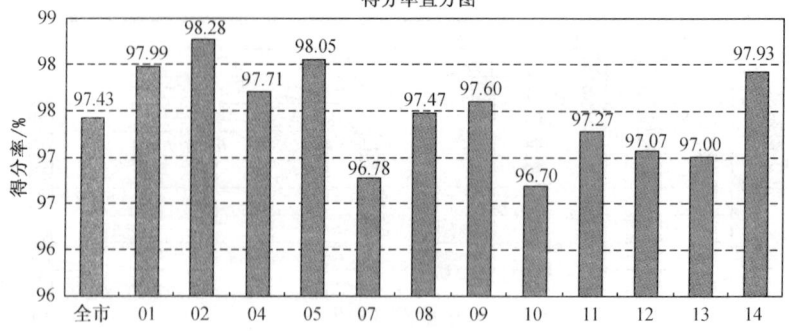

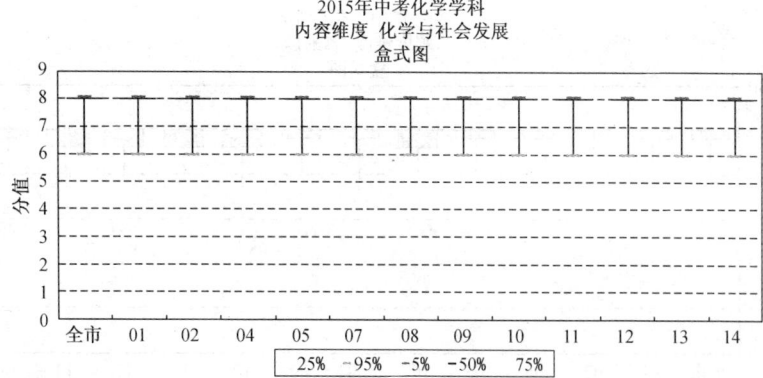

【分析】化学与社会发展部分知识的考查,试题创设的情景符合学生的生活实际,考查了学生的基本素养,从各维度的得分率分析,全市在教学中落实化学学科素养培养较好。

(2) 难度维度。

① 难度维度—容易题得分分布图。

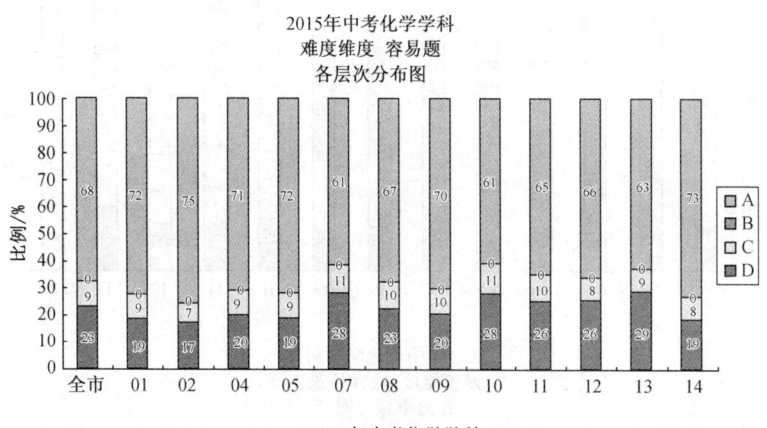

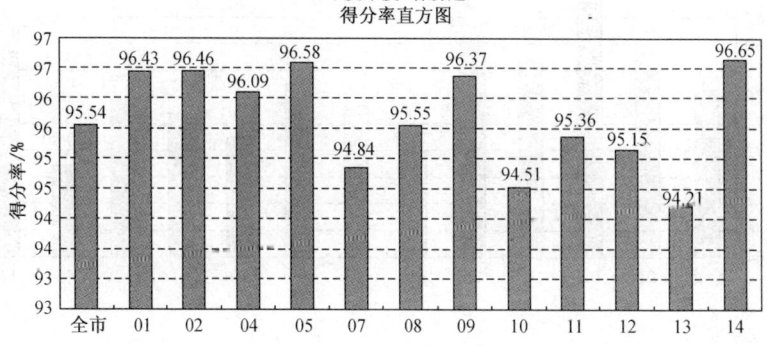

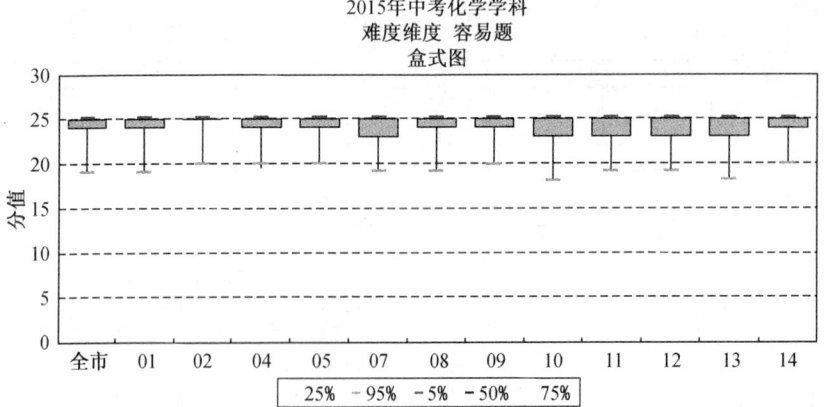

② 难度维度—较容易题得分分布图。

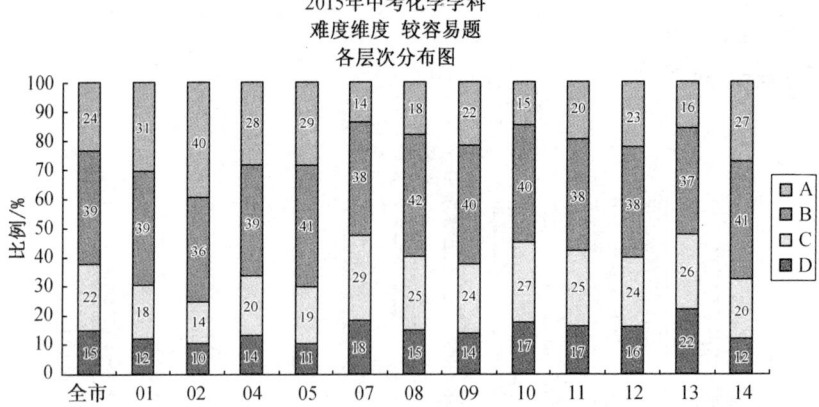

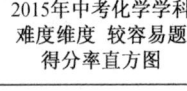

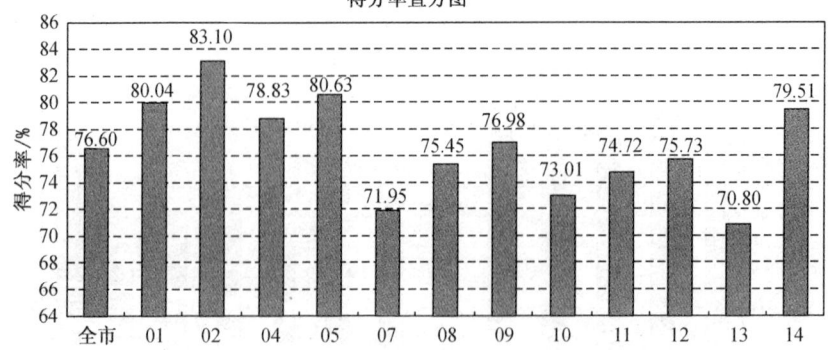

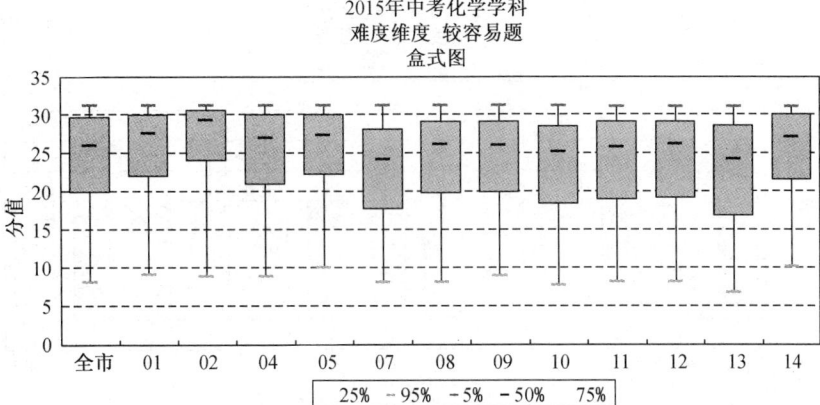

③ 难度维度—中等难度题得分分布图。

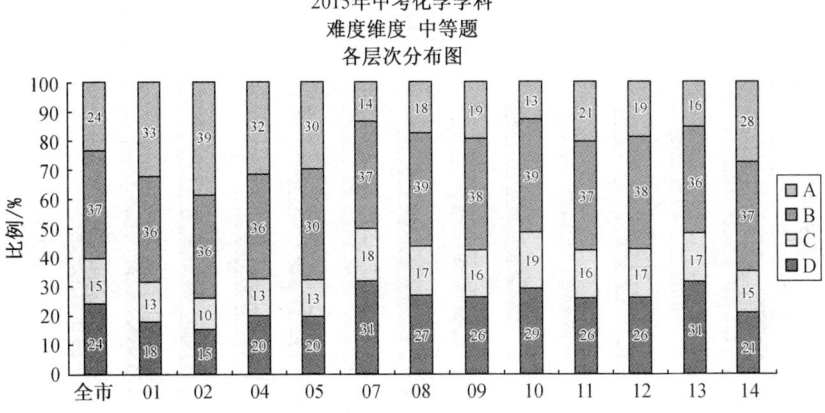

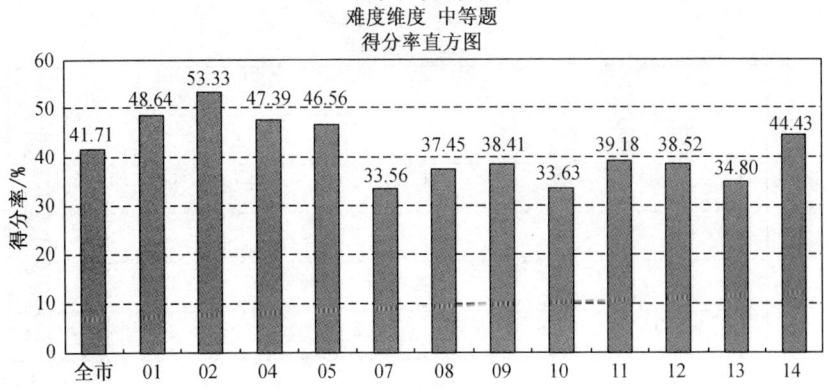

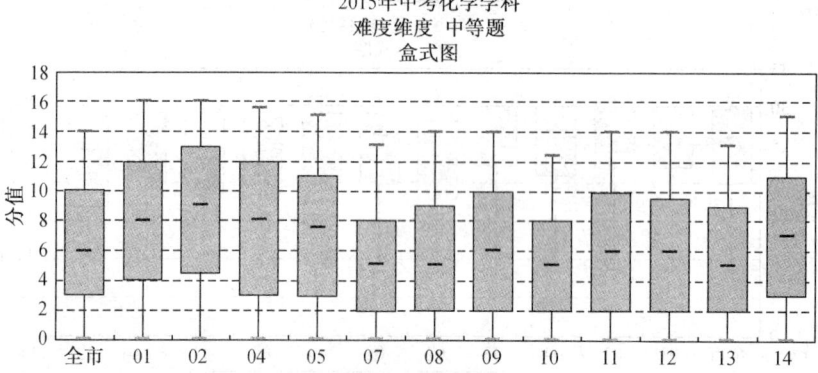

④ 难度维度—较难题得分分布图。

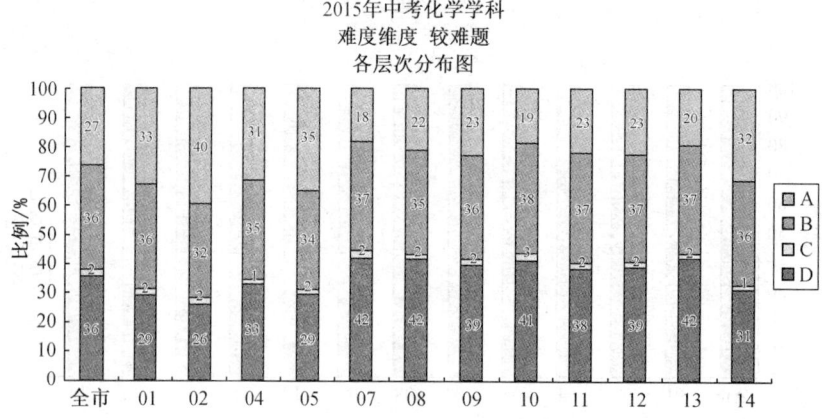

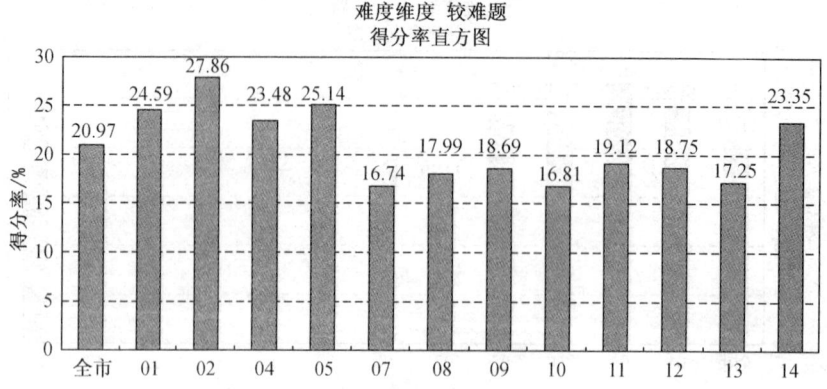

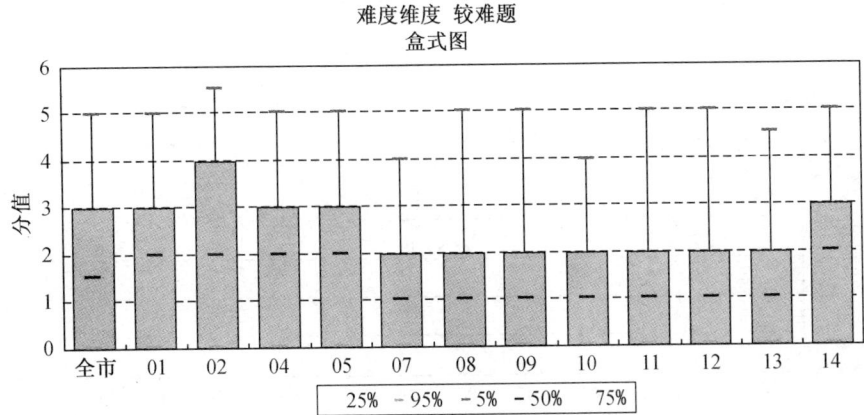

2015年中考化学学科
难度维度 较难题
盒式图

【分析】从难度数据分析，基本概念、基本规律是化学考查的主要内容和重点内容，而主干知识又是化学知识体系中的最重要的知识，学好主干知识是学好化学的关键，是提高能力的基础。课本是落实课标的载体，具有很强的权威性、指导性、规范性，研究教材是提高教学质量的重中之重。教学中要立足于本学科知识，把握好要求掌握的知识点的内涵和外延，明确知识点之间的内在联系，形成系统的知识网络，在教学中尤其要关注多元评价。

五、典型试题分析

8. 现有甲、乙、丙三种金属，采用将其中的一种金属分别放入另外两种金属的硫酸盐溶液中的方法进行实验，得到三种金属间的转化关系（如下图所示）。则三种金属活动性由强到弱的顺序是 （　　）

A. 乙、甲、丙
B. 乙、丙、甲
C. 丙、甲、乙
D. 丙、乙、甲

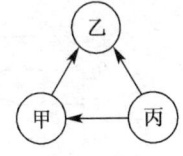

【分析】本题以图形的转化关系为背景，利用金属与盐溶液能否发生置换反应的方法来考查金属活动性的强弱，呈现的方式新颖，较好地考查了识图能力和基础知识。

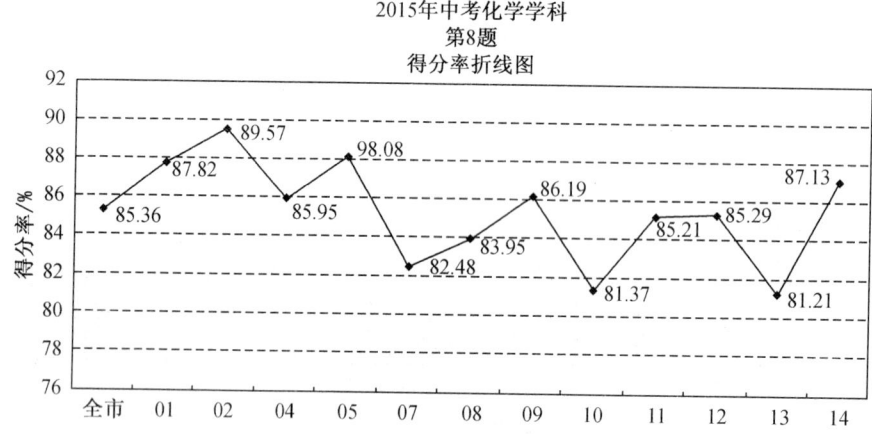

2015年中考化学学科
第8题
得分率折线图

10. 常温下,下列各组物质中,X既能与Y反应又能与Z反应的是（　　）

	X	Y	Z
①	CO_2	$Ca(OH)_2$溶液	H_2O
②	H_2	Cl_2	CuO
③	$Ba(NO_3)_2$溶液	稀硫酸	Na_2CO_3溶液
④	Fe_2O_3	CO	稀盐酸

A. ①②　　B. ①③　　C. ①③④　　D. ①②③④

【分析】以物质之间的相互反应为基点,考查了常见物质之间在常温下是否反应,理解条件对化学反应的影响。

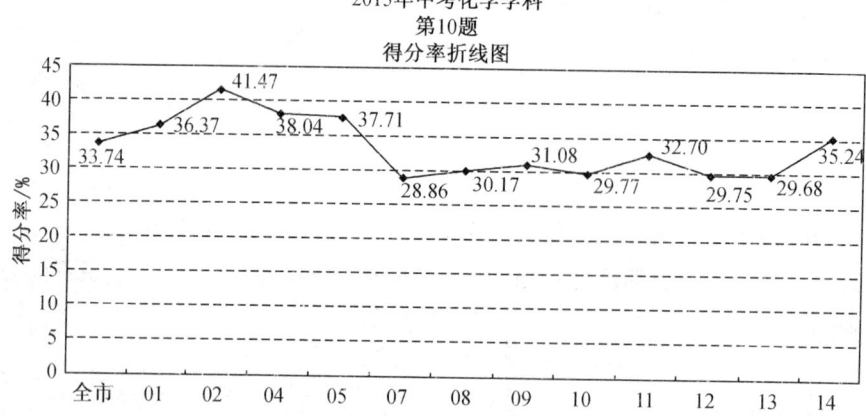

2015年中考化学学科
第10题
得分率折线图

11. 下列说法中不正确的是 （　　）

A. 农业上可采用喷灌、滴灌来节水

B. 用肥皂水可区分硬水和软水

C. 有颜色的植物均可制成酸碱指示剂

D. 在钢铁表面涂油可防止生锈

【分析】以日常生活中的知识和小实验为考点，考查了节水的措施、硬水与软水的区分、钢铁的防锈和自制酸碱指示剂等知识，很好地体现了学以致用。

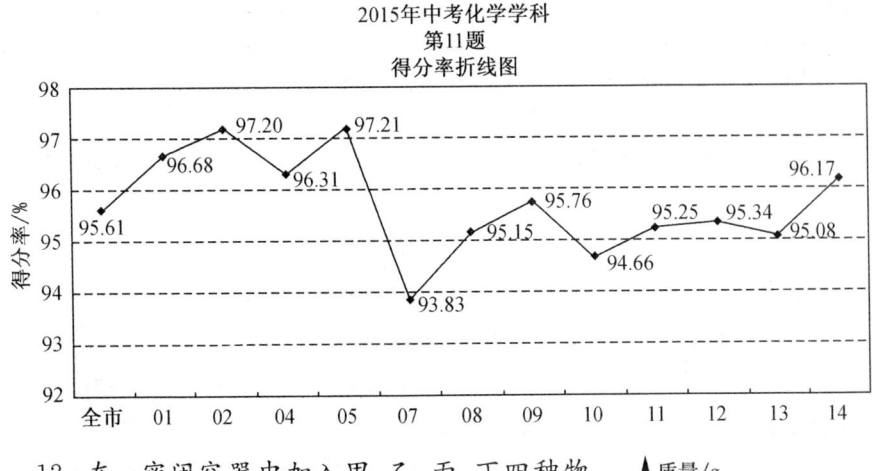

2015年中考化学学科 第11题 得分率折线图

12. 在一密闭容器中加入甲、乙、丙、丁四种物质，在一定条件下发生化学反应，测得反应前及 t_1、t_2 时各物质质量如右图所示。下列说法中不正确的是 （　　）

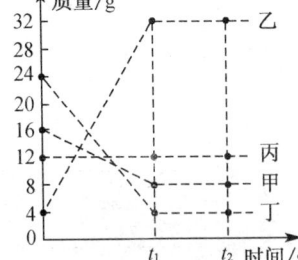

A. 该反应为化合反应

B. 丙可能为该反应的催化剂

C. 该反应中，乙、丁的质量变化之比为 7∶5

D. 该反应中，甲、乙的质量变化之比为 1∶4

【分析】用坐标图的形式，利用采点的方式测量不同时间时，反应物和生成物的质量的方法，考查了质量守恒定律的相关内容，呈现的方式独特，有效地考查了对图形中相关数据的理解、分析和处理等方面的能力以及"定量观""守恒观"的学科思想。

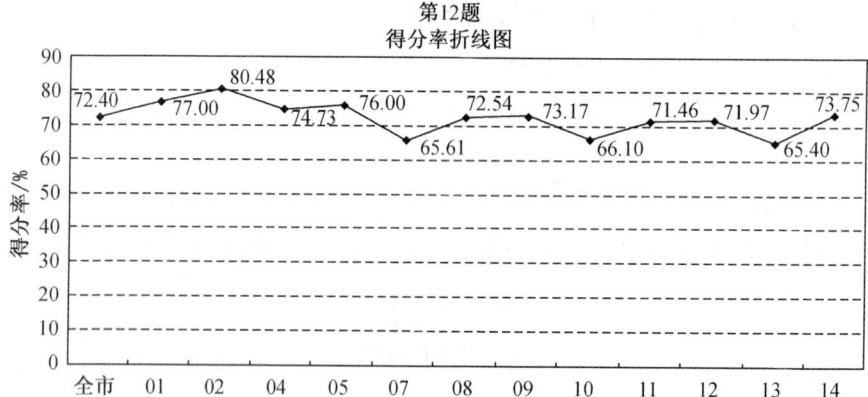

14. 除去下列物质中混有的少量杂质（括号内为杂质），拟定的实验方案可行的是（ ）

A. 木炭粉（CuO）——在空气中灼烧

B. KCl 溶液（$CaCl_2$）——通入过量的 CO_2 气体，过滤

C. NaCl 溶液（Na_2CO_3）——加入适量的澄清石灰水，过滤

D. H_2 气体（HCl 气体）——依次通过足量的 NaOH 溶液和浓硫酸

【分析】以除杂的方式为情境，利用设计实验方案的形式，考查了木炭、氧化铜、氯化钾、碳酸钠、氯化氢气体等常见物质的性质和转化关系，有效地考查了除杂的原则、方法以及实验方案的设计和评价等方面的能力。

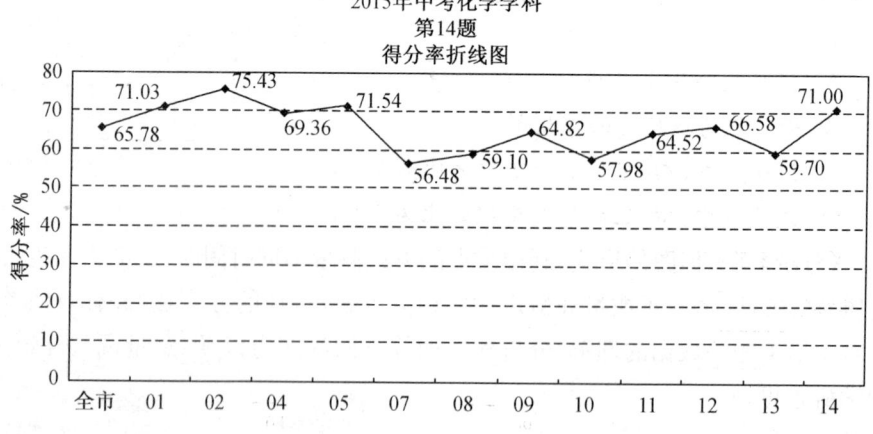

17. 空气是一种宝贵的资源。

（1）洁净的空气属于_____（填"混合物"或"纯净物"）。

(2) 据报道,今年 1~4 月南京空气中 $PM_{2.5}$ 与去年同期相比下降 22.3%,下列行为不会增加空气中 $PM_{2.5}$ 的是_____。

A. 燃煤火力发电　　　　B. 治理工地扬尘

C. 露天焚烧垃圾　　　　D. 使用氢能源汽车

(3) 氮气具有广泛用途,它是制造硝酸和氮肥的重要原料。写出含有氮元素的常见氧化物、酸、碱、盐的化学式各一个,并标出所写化学式中氮元素的化合价:

氧化物_____、酸_____、碱_____、盐_____。

【分析】以空气为素材,考查了物质的多样性、化学用语、$PM_{2.5}$ 等知识,较好地考查了对物质多样性的认识和化学用语的书写能力,体现了关注社会热点、日常生活、新能源开发、环境保护等方面的意识。

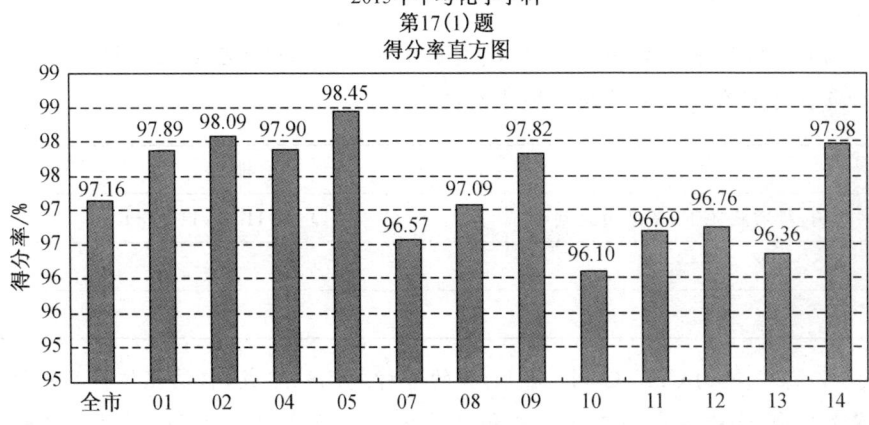

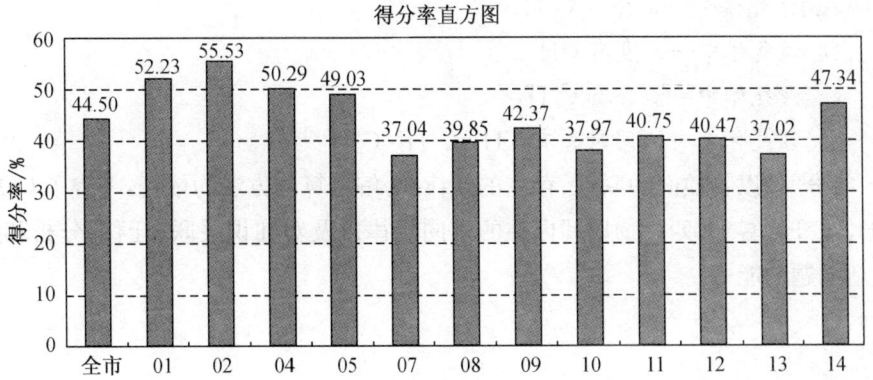

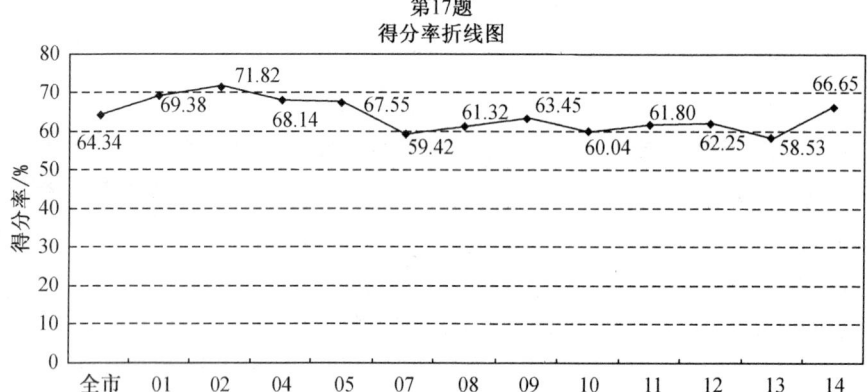

18. 物质之间存在联系,找出联系、发现规律是我们学好化学的一种基本方法。

(1) 请你仿照下表中的示例,找出 CO_2、CH_4、C_2H_2(乙炔)、C_2H_4(乙烯)这四种气体之间存在的另外两个规律并排序。

规律	排序
示例:标准状况下,密度由大到小	CO_2、C_2H_4、C_2H_2、CH_4

(2) 某气体由 CH_4、C_2H_2、C_2H_4 中的一种或几种组成,取该气体样品在氧气中完全燃烧,测得生成的二氧化碳和水的质量比为 22∶9。下列对该气体组成判断正确的是_____。

    A. 该气体中一定含有 C_2H_4

    B. 该气体中一定没有 CH_4

    C. 该气体中可能含有 C_2H_2

    D. 该气体不可能同时含有 CH_4、C_2H_2、C_2H_4

【分析】以物质间的联系、存在的规律、巧解巧算的方法为依托,考查了 CO_2、CH_4、C_2H_2、C_2H_4 四种物质间内在的不同规律以及对知识关联、迁移、分析和解决新问题的能力。

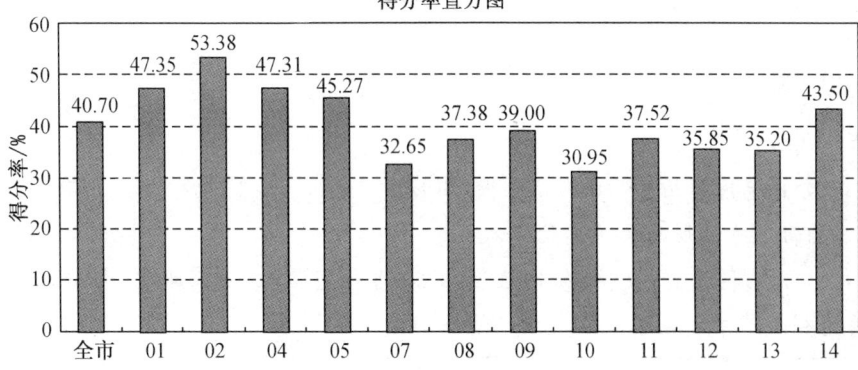

2015年中考化学学科
第18(1)题
得分率直方图

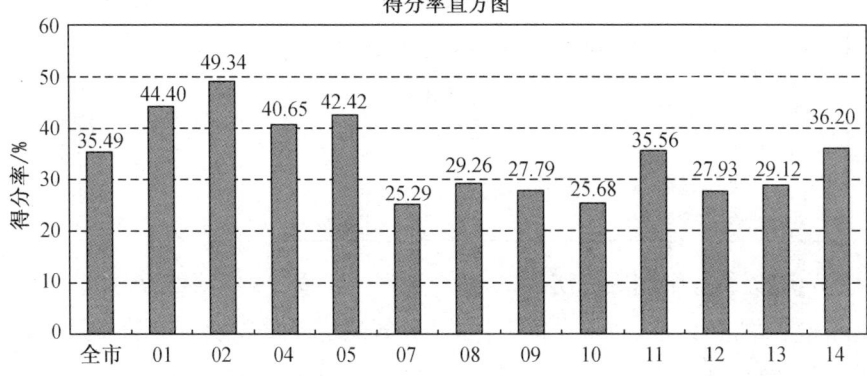

2015年中考化学学科
第18(2)题
得分率直方图

2015年中考化学学科
第18题
得分率折线图

19. 工业上,通过如下转化可制得 KClO₃ 晶体:

$$NaCl 溶液 \xrightarrow[\text{I}]{80\ ℃,通电} NaClO_3 溶液 \xrightarrow[\text{II}]{室温,KCl} KClO_3 晶体$$

(1) 完成 I 中反应的化学方程式:$NaCl + 3H_2O \xrightarrow[80\ ℃]{通电} NaClO_3 + 3\underline{\qquad}\uparrow$。

(2) II 中析出晶体后的母液是 KClO₃ 的_____(填"饱和"或"不饱和")溶液,写出母液中的所有溶质的化学式:_____。

(3) 用右图装置(夹持、加热装置已略)进行实验,②中有现象,但该现象不能作为判断①中发生了化学反应的依据的是_____。

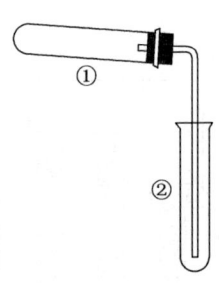

选项	①中实验	②中现象
A	加热氯酸钾和二氧化锰的混合物	伸入试管内的带火星木条复燃
B	加热碱式碳酸铜固体	澄清石灰水变浑浊
C	加热铜丝	伸入水中的导管口有气泡冒出
D	加热氯化铵和熟石灰的混合物	酚酞溶液变红

【分析】以氯酸钾制取为切入口,整合了课本中固体加热的常见实验,较好地考查了饱和溶液、结晶、质量守恒定律、复分解反应条件以及判断化学反应的依据等知识,紧密联系实际,突出"化学—技术—社会"的教育思想。

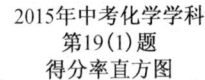

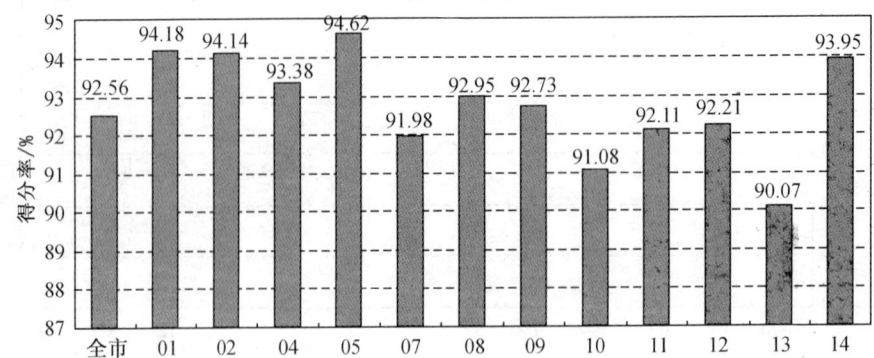

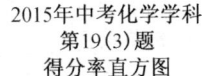

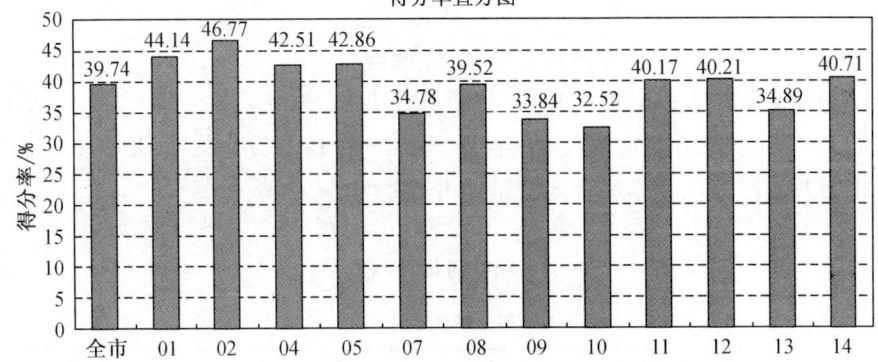

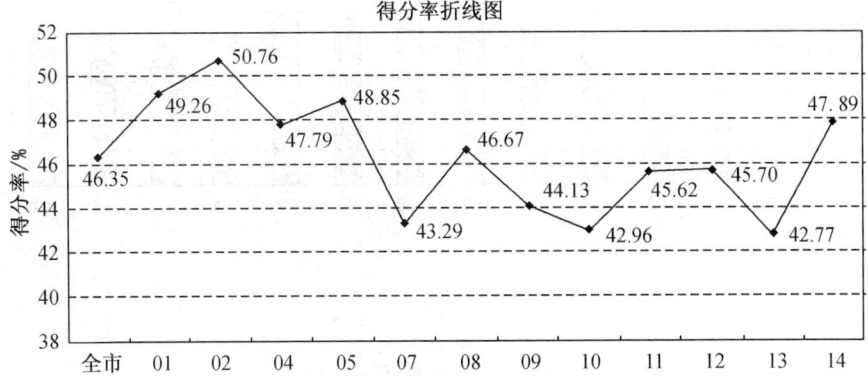

20. 图中的A~H是初中化学常见的化合物,且分别是由H、O、S、Na、Ca、Cu中的两种或三种元素组成的。其中B、E是氧化物,E中两种元素质量之比为2∶3;C、F、H为相同类别的化合物,F易溶于水并放出大量的热;G的溶液呈蓝色。图中"—"表示两端的物质间能发生化学反应;"→"表示物质间存在转化关系;部分反应物、生成物或反应条件已略去。

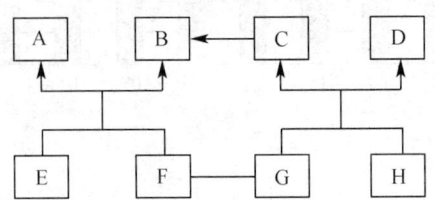

(1) G 的化学式为_____。

(2) 写出 E 和 F 反应的化学方程式：_____。

(3) G 和 H 反应的基本反应类型为_____。

(4) 写出 C→B 发生分解反应的化学方程式：_____。

【分析】从定性和定量的角度，以框图的形式考查了 SO_3、$NaOH$、$CuSO_4$、$Ca(OH)_2$、$Cu(OH)_2$ 等常见物质的性质、物质间存在的转化关系、基本反应类型等知识以及化学式、化学方程式的正确书写能力。

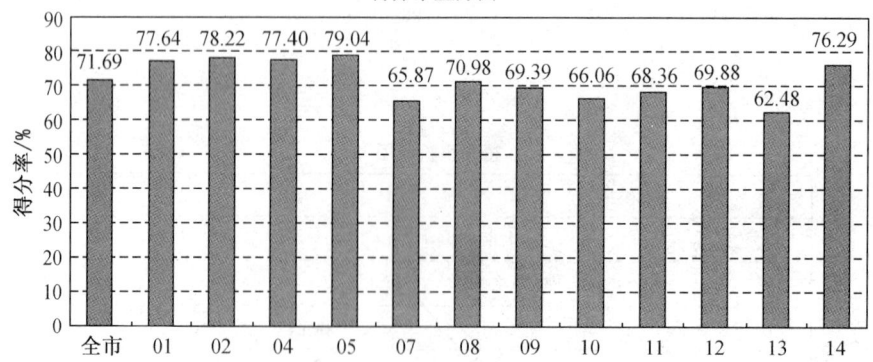

2015年中考化学学科第20(1)题得分率直方图

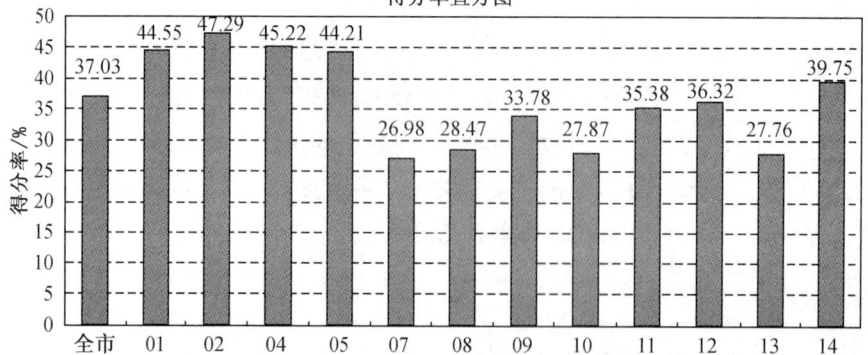

2015年中考化学学科第20(2)题得分率直方图

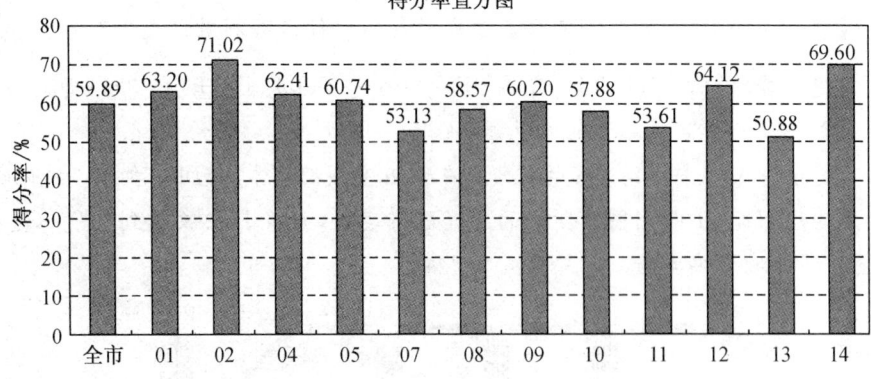

2015年中考化学学科 第20(3)题 得分率直方图

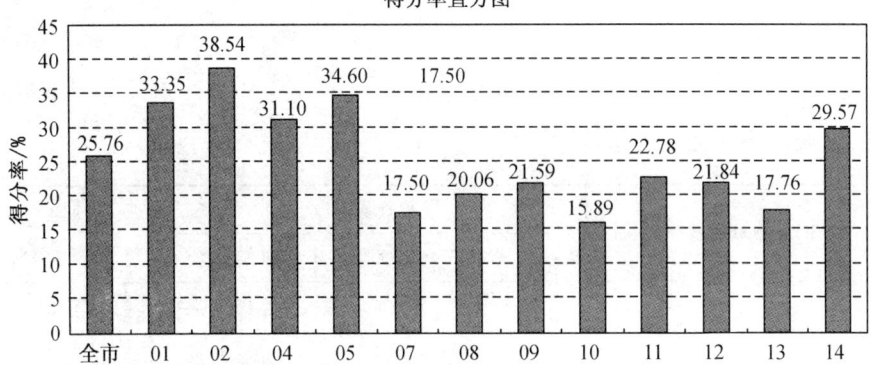

2015年中考化学学科 第20(4)题 得分率直方图

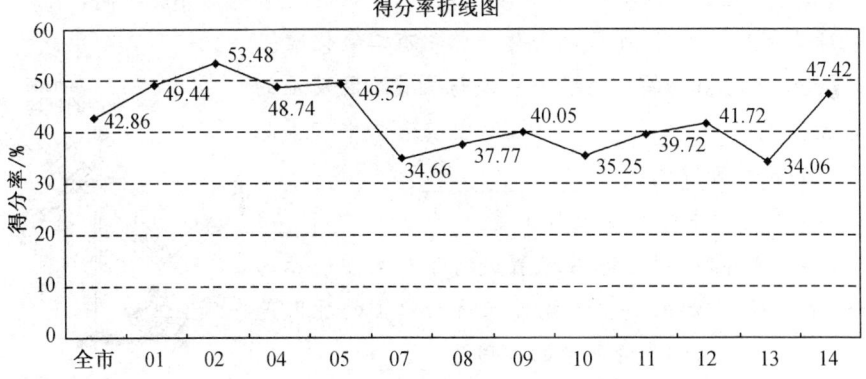

2015年中考化学学科 第20题 得分率折线图

21. 小明在做铁与硫酸溶液反应的实验时,发现生成的气体有刺激性气味,于是进行了探究。

【提出问题】铁与硫酸溶液反应生成的气体为什么有刺激性气味?

【查阅资料】(1) $6H_2SO_4(浓)+2Fe \xrightarrow{\triangle} Fe_2(SO_4)_3+6H_2O+3SO_2\uparrow$;

(2) SO_2 可使品红溶液的红色褪去。

【进行猜想】铁与不同浓度的硫酸溶液反应,生成的气体产物中可能有二氧化硫。

【实验探究】小明用图1所示的装置进行实验,并将E中收集到的气体进行如图2所示的爆鸣实验。

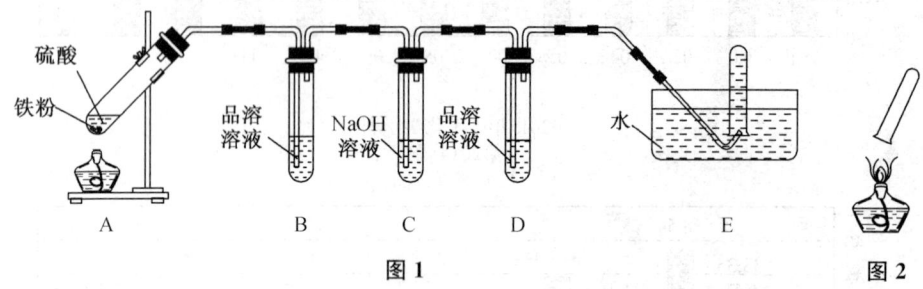

图1　　　　　　　　　　　　　　图2

请帮助小明完成下表:

	A中硫酸浓度	实验现象			A中生成气体成分
		B中品红溶液	D中品红溶液	爆鸣实验	
实验一	98%		不褪色	无爆鸣声	只有 SO_2
实验二	45%	稍有褪色	不褪色	有爆鸣声	
实验三	25%		不褪色		只有 H_2

【实验结论】铁与不同浓度的硫酸反应,生成的气体产物可能不同,当硫酸溶液浓度达到足够大时,生成的气体产物中有二氧化硫。

【交流反思】(1)写出实验三中铁与硫酸溶液反应的化学方程式:＿＿＿＿＿＿,写出实验二中发生爆鸣反应的化学方程式:＿＿＿＿＿＿。

(2)实验一中C装置的作用是＿＿＿＿＿＿。

【拓展延伸】小明又将A装置进行了如右图所示的改进,试分析:增加的导管下端伸入液面以下的原因是＿＿＿＿＿＿,该导管所起的作用是＿＿＿＿＿＿。

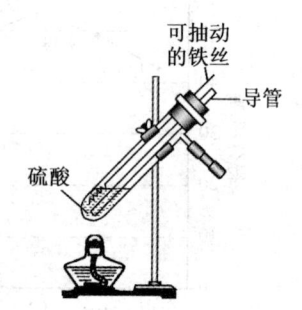

【分析】以铁与硫酸溶液反应的学生实验为情境,科学探究为主线,考查了铁与不同浓度的硫酸反应的实验、生成气体产物的检验、实验装置的作用等知识以及获取资料、实验设计、分析、改进等实验探究能力,系统地考查了科学探究的主要要素和思维的加工过程,体现了用实验来研究未知问题、对比方法、控制变量等化学学科素养。

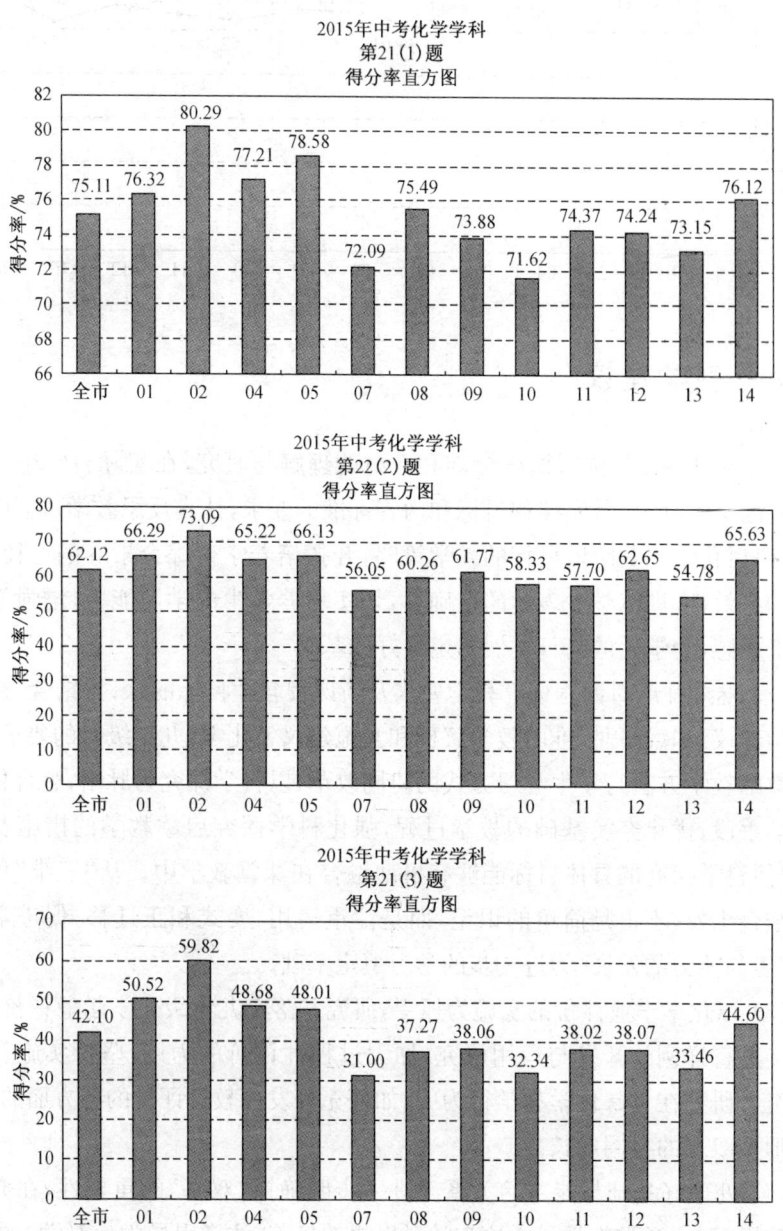

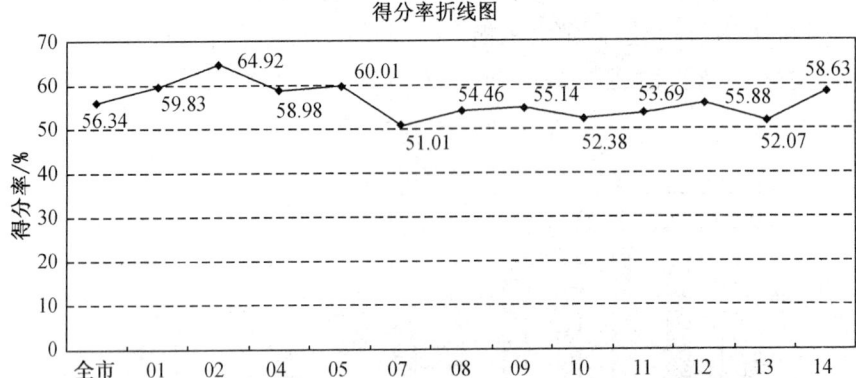

六、教学建议

(1) 要进一步加强对课程标准和教材的理解与研究,在实际教学中认真贯彻课程的基本理念,落实课程目标和内容标准的要求,认真反思教学过程中的得与失,研讨化学启蒙阶段可行的教学策略,开拓培养学生综合素养的途径,提高教学的有效性,训练学生表达的准确性,切实培养学生的学习能力,增强学生的社会责任感,为学生的终身发展奠定良好的基础。

(2) 继续开展对课程标准教学要求及新课程教学目标的探讨,结合《初中化学教学建议》和《课程标准的教学解析和实施建议·化学(九年级)》的要求,探索改进教师教学方法与学生学习方式的协同改革,以科学探究为脉络,整合化学课堂教学手段,优化夯实基础的教学过程,强化科学探究启蒙教学的措施及有效性,促使科学探究的具体目标能够有机地融合在课堂教学中。从"三维"角度的有机结合出发,不再是简单的识记,而是注重运用、变式和正迁移,促进学生知识、技能与能力的发展,为进一步的学习奠定基础。

(3) 以化学学业评价的实施为抓手,研究并落实九年级化学学业评价标准,进一步进行样例的开发与运用研究,加大过程性评价的力度,坚持实施多元评价。努力研究在日常化学教学行为中,如何充分发挥教育评价的各方面的功能,促进师生双方的共同成长。

(4) 处理好基础与能力的关系。进一步明确抓"双基"的重要性,在夯实基础的前提下,注意学生学科方法与学科思想的培养,注意引导学生对学习内容进行适时的归纳比较；信息的收集整理、阅读理解、概括表述等，将化学计算基本技能与实验、具体事物的分析及说理等解决实际问题的过程与方法相结合，在运用中拓展学习视野，提高学习效率。

（5）加强化学用语的规范性教学。化学用语包括文字、符号、图形，它是化学思维和化学交流的工具。在教学过程中，不仅要培养学生能够理解化学用语，还要培养学生会用化学用语准确、简洁地表达自己的观点和思想。

（6）精心设计科学探究活动，重视实验教学。化学是一门以实验为基础的学科，实验教学能有效提高学生的动手能力、观察能力和应用能力，培养学生对化学特有的学习兴趣和形成一定的实验科学素养。加强实验教学应从基础抓起，我们要认真对待课本上出现的实验，切忌将课本实验程式化，用教师头脑中固有的实验原理、熟悉的实验现象、解释与结论来束缚住学生的思维，应敞开实验的大门，给学生一片广阔的实验天地，在学生多角度、多视野的观察与分析中得出实验结论。教师在教学中不应惧怕实验的失败，成功与失败的实验都是培养学生科学探究能力的生成资源，教师在平时的教学中要积极引导学生进行实验探究，要让学生真正把动手操作与动脑思考结合起来，把化学实验原理与实验设计、安全操作、思维方法结合起来，从本质上了解、体会和掌握化学实验的规律性。

（7）进一步加强课堂教学技巧的研究，提高课堂教学的有效性。在课堂教学中，要将问题的设计、解决问题的过程向着有利于学生发现问题、有利于学生主动参与积极探索的方向进行研究，达到提高思维能力的成效。要注意提高学生读图、读表、读题能力，能从图、表、文字中提取解决问题的信息，加强学生对信息处理、运用能力和认知迁移能力的培养和训练。

（8）课堂教学中要坚持以学生为主体，多给学生思辨、交流与表达的时空，重视学法指导，组织有效的课堂学习活动，增强师生、生生交流，逐步培养学生的化学基本观念。教学中，要多角度、多途径地加强化学用语的规范性教学，加强学生口头表达交流及书面表达能力的训练，不断提高学生阅读与表述、交流与反思的能力，使每个学生均有所发展。

（9）以中考阅卷反映出的问题为案例出发，注意贴近学生的生活，联系社会实际，从提升与发展教师备课技能入手，促进教师教学方式和教学手段的改变，自觉进行务实的系统教学设计的尝试，有效开展复习和习题教学，不断提高教学反思能力。

主要参考文献

[1] 中华人民共和国教育部制定. 义务教育化学课程标准(2011年版)[S]. 北京:北京师范大学出版社,2012.

[2] 王晶,郑长龙. 义务教育教科书:化学(九年级上册、下册)[M]. 北京:人民教育出版社,2012.

[3] 杨剑春. 课程标准的教学解析和实施建议·化学(九年级)[M]. 南京:江苏教育出版社,2012.

[4] 朱纷. 初中化学学业评价与质量分析的研究[M]. 南京:江苏美术出版社,2012.

[5] 隋玉新. 课堂教学设计与案例[M]. 延吉:延边教育出版社,2015.